温泉镇文史丛书
第四辑

温泉镇
城市化之路纪实

温泉镇文史丛书第四辑编委会　主编

中国农业科学技术出版社

图书在版编目（CIP）数据

温泉镇城市化之路纪实/温泉镇文史丛书第四辑编委会主编. -- 北京：中国农业科学技术出版社，2021.11
ISBN 978－7－5116－5573－8

Ⅰ.①温… Ⅱ.①温… Ⅲ.①乡镇－城市化进程－研究－海淀区 Ⅳ.① F299.271.3

中国版本图书馆 CIP 数据核字（2021）第 224073 号

责任编辑	穆玉红　李美琪
责任校对	李向荣
责任印制	姜义伟　王思文

出 版 者	中国农业科学技术出版社
	北京市中关村南大街12号　邮编：100081
电　　话	（010）82106626（编辑室）（010）82109702（发行部）
	（010）82109709（读者服务部）
网　　址	http://www.castp.cn
经 销 者	各地新华书店
印 刷 者	北京尚唐印刷包装有限公司
开　　本	185 mm×260 mm　　1/16
印　　张	19.5
字　　数	300千字
版　　次	2021年11月第1版　2021年11月第1次印刷
定　　价	88.00元

版权所有·侵权必究

编委会

策 划：李 响

编 审：徐 畅　赤 飞　柳荣惠
　　　　王惠文　晏 妃　马颐琳

主 编：温泉镇文史丛书第四辑编委会

温泉十年

温泉镇
城市化
之路纪实
PREFACE

以百望山为界，北京市海淀区被分为"山前""山后"两个地区。温泉人习惯把自己叫"山后人"。这座山，对于生活在温泉地区的祖祖辈辈而言，不仅仅是"地界"的分割、经济发展条件的区别，更是心头上的"一道梁"。山的那头是繁华似锦、朝气蓬勃的城市，而山的这头，是京郊、是农村。最高海拔210米，占地2 000余亩，一座"望儿山"（百望山旧称）"困住"几代人。

当年，为了进城去采买年货，去文化馆、少年宫参加活动，去海淀图书城买书……温泉人只能搭乘公交，"一个来回搭进去半天"，早出晚归，极为不便。从1949年到2021年，72年来，黑龙潭这条"旧路"从土路到柏油马路，从两车道到多车道，交通条件改善了不少。这条温泉镇老住户们最熟悉的"进城"路，始终停留在温泉人的集体记忆中。

如今，从北四环到温泉镇，如果选择"最短路线"的话，电子导航一定还会把你引至黑龙潭、温北路。20多公里的路，时至今日即使在不堵车的情况下，依然需要"颠簸"近50分钟。新温泉人一定不会选择这条老路——京承、京新高速接驳北清路之后，如果上下高架顺利的话，还是从北四环到温泉镇，路程多了两公里，但是时间却比老路压缩了近20分钟。乘坐地铁16号线，从国家图书馆出发到温阳路站，40分钟也可以顺利到达温泉镇。

如今的温泉，大型商超、图书馆、文化馆、体育馆、公园一应俱全，满足了地区群众日益增长的物质文化需求。优质中小学的入驻解决了地区适龄青少年的入学问题，创客小镇、翠湖科技园云中心和中关村环保科技示范园的一众企业为地区经济与科技的发展增添了新的活力。

温泉这十年，道路开通了，地铁竣工了，产业发展了，经济提升了……变化还不止于此，2011年和2012年，在被誉为"（中国农村）第三次重大改革"的农村集体经济产权制度改革中，9 506位温泉人成为了集体经济合作社的股东；2014年，整建制农转居工作的展开，让温泉的"农民"集体转变角色成为"城镇居民"。"带着房产上楼""带着资本'进'城"——这十年，温泉以"折叠""跃迁"之势实现着高水平发展。

这十年，温泉镇沐风栉雨，砥砺奋进。

这十年，温泉镇从地理上走进北京核心区，从经济上迈入发展快车道，从文化上对接时代新京韵，从身份上变为新城镇居民，从心理上跨越那道"无形的山梁"……

这十年，温泉镇充分利用中央、市、区发展的政策机遇，在新型城市化的进程中积极探索，一路"领跑"，在经济形态、政治形态、社会形态、精神文明上，在思想理念突破、体制机制创新等方面取得了一系列理论和实践的重大成就。

经济形态上，率先完成村、镇两级农村集体经济产权制度改革，通过清产核资、土地确权对集体经济组织成员进行界定，通过股权的量化、固化实现"土地变资产、农民变股东"，初步解答了集体经济归谁所有，集体收益如何分配的问题，从经济形态上确立了农村集体经济发展股份经济的基础。

政治形态上，推进整建制农转居工作，并在村委会与集体经济组织"村账分离"的基础上，撤销村委会建制，不断推进农民市民化。基本消除了农民户籍、村委会建制，百姓在就学就业、社会保障等方面享受到与城镇居民同等待遇，充分共享城市化成果，向全面城市化迈出更为坚实的一步。

社会形态上，深化温泉水岸家园回迁社区管理体制创新；继续推进温泉村和白家疃村城市化管理、公共服务一体化等；加强社会组织再造，重构乡村治理结构，从社会管理体制上为集体经济减负松绑，推进基本公共服务均等化，实现传统农村社区向现代城市社区的转型。

精神文明上，围绕海淀区委重塑文化与科技深度融合的动力优势，构建新型城市形态的新部署、新要求，以"文明温泉"建设、"一镇一园"统筹平台为抓手，深入挖掘、有效整合具有地域特色的文化、科技优势资源，初步形成了"文明乡约"等一批价值引领成果，"创客小镇"等科创服务成果，逐步推动科技与文化的深度融合。

发展理念上，温泉镇提出了"科技创新强镇、生态文明重镇、和谐宜居名镇"的经济社会发展总目标，"看得见风景、摸得到幸福、载得动梦想"的新型城市化总方向，以及"三创一体、三品融合、三生和谐"的城市化发展总模式，为提升和完善新型城市形态与统筹城乡发展的理论体系贡献了温泉智慧，注入了温泉力量。通过理论和实践的不断创新，温泉新型城镇化进程不断提速，质量不断提升，已经走在全区乃至全市前列，成为温泉服务海淀战略大局最生动的实践和最有力的检验。

在新时代建设的号角下，温泉这十年只争朝夕，每天都在向着更美好的明天迈进。勤劳质朴、多才多艺的温泉人正用自己的聪明才智建设着新家园。

温泉迈步从头越，显龙山下竞风流。

为了全面展现温泉镇这十年来的发展变化，深刻反映温泉人的心路历程和情感变迁，书中记录了许多有意义的人和事儿：有40年前为了给炒货厂进货，冒着零下20度严寒露宿哈尔滨火车站的"农民企业家";有创客小镇里怀揣着凌云之志的年轻创客们;有参与农村集体经济产权制度改革的基层工作者;有文化服务中心里载歌载舞的夕阳红团队;有温泉敬老院里颐养天年的期颐老人……

十年辛苦不寻常。这十年,是温泉镇历经"阵痛"求发展的十年,也是获得"重生"勇突破的十年。

祝愿温泉的未来更加美好!

篇章一
两翼齐飞展新姿：管理体制创新

千辛万苦话腾退 ······ 3
从"咱村"到"咱小区"的艰难转变 ······ 7
专心搞建设　共筑"幸福泉" ······ 17
居民生活新体验 ······ 20
战"疫"大考显优势 ······ 25

篇章二
伟大变革勇作为：产权制度改革

第三次伟大的变革 ······ 41
摸着石头过河 ······ 45
杨家庄村的产改故事 ······ 49
获颁"1号身份证" ······ 56
新起点　再出征 ······ 59
"掌舵人"话"财经" ······ 63

篇章三
资本立镇开新局：发展战略转型

被逼出来的"法儿"	90
"本"从哪里来	94
"苛刻"带来安全	97
资本立镇	100

篇章四
产业转型立潮头：谋划产业布局

事关人才和房子的"头脑风暴"	109
一家"社区"公司的关键词	112
"高光"背后下苦功	119
翠湖祥云	127

篇章五
显龙山下竞风流：文化自觉之路

树立五大文化品牌　践行温泉文明乡约……………………… 137
红楼梦中谱新曲……………………………………………………… 145
看得见　摸得着的精神文明……………………………………… 153
圆梦温泉…………………………………………………………… 157
创造展新意　原创添活力………………………………………… 165

篇章六
幸福泉水响叮咚：社会民生写实

多种养老方式　助力老年人安度晚年………………………… 173
从"有病扛着"到"家门口看病"的转变 ………………………… 186
就业助残　感受时代幸福………………………………………… 192

篇章七
面向未来见真章：教育扬帆先行

"甜蜜"的"烦恼" ··· 202
栽好梧桐树　引来金凤凰 ····························· 205
深挖内涵　走特色之路 ································· 211
甘为育人梯　投入强保障 ····························· 216
联动家校社　泉雁建故里 ····························· 221

篇章八
十年逐梦换新颜：基础设施建设

老小区换新颜 ··· 227
莫道桑榆晚　人间重晚晴 ····························· 234
海淀北部书香飘 ·· 243

篇章九
美丽乡村共创建：公共服务一体化

城市化进程中的公共服务之困	252
一个"无底洞" 大家都为难	256
一个"小目标" 牵动各部门	260
综合整治"阵痛期"	264
村子里来了物业公司	266

篇章十
山清水秀勤耕耘：生态保护利用

河长一起来"巡河"	277
连好"绿水青山"和"金山银山"两座"山"	285
采摘园里樱桃红	292

扫码观看
精彩视频

篇章一

两翼齐飞展新姿：管理体制创新

温泉镇城市化之路纪实

首都北京核心区的西北方，有一片"上风上水"的沃土。海淀自古繁华，这里有"三山五园"，这里高校林立、文化氛围浓厚；新中国成立后，这里成为中国科技发展的最前哨……在海淀百望山以北的 226 平方公里土地，传统上被称作是"山后地区"。这里空间广阔，占整个海淀区面积的 52%。随着新版北京城市建设规划的制定，作为"三城一区"之一，中关村科学城扩大至海淀全域，"山后地区"被划定为中关村科学城北区。作为海淀的发展纵深与战略腹地，成为未来海淀最有发展潜力的地区。

从"希望的田野"到高楼林立的现代化的城市科技功能区，"山后地区"花了 10 年。走进 21 世纪的第二个 10 年，从"小城镇建设"到"（海淀区）北部（发展）办"，再到"中关村创新中心区"，温泉镇走进了城市化建设的超高速发展时期。

祖祖辈辈生活在显龙山下的老温泉人做梦也不会想到，有一天，在自己这一辈能搬进跟城里一样的小区，住上楼房，甚至不再务农，成为真真正正的"城里人"（居民）。

2021 年的早春，温泉水岸家园社区里，桃树冒出粉红的花骨朵，玉兰花也急着要绽放。三三两两的老人在檐廊下的木长椅上悠闲地晒着太阳；孩童们在滑梯上开心地玩耍；小区最北侧的居民活动中心里，有人在跑步机上挥汗如雨，有人和老街坊们一起打台球，还有人在图书室安静地阅读；社区服务站里，更是忙碌依旧，窗口工作人员热心地接待一个个居民的到来。

千辛万苦话腾退

时光轮转，退回到 10 年前的 2011 年。

为积极推进中关村国家自主创新示范区核心区建设，加快推进海淀北部开发建设进程，在区委区政府的统一部署下，山后四镇先行启动了 8 个行政村的土地腾退及安置房建设工作。温泉镇的东埠头村和太舟坞村两个行政村被确定为土地腾退及农民定向安置房建设村。

这次的腾退范围东起上庄路、西至东埠头排洪沟、南起京密引水渠、北至北清路。共需腾退安置 1 300 余个宅基地院落，此外还需要解除租赁协议近 200 家，腾退总建筑面积 80 余万平方米。腾退完成后，在原地块集中建设定向安置房，节约的土地将作为产业用地推进海淀北部科技园区建设。

"以前住村里的时候，攒点钱就盖房，攒点钱就盖房，"60 年代出生的东埠头村村民许玉枫说："我们刚结婚那时候（80 年代）经济比较困难，住的是 3 间小房子。1994 年开始，新房子陆陆续续盖了 3 年，先挖的地基，然后盖主体、起梁、上瓦、装修……看着它一点点盖起来的，到 1996 年才住了进去。2005 年又重新装修了一次，有点钱都折腾到房子里去了。"

王爱蒲 1980 年嫁到太舟坞村。以当时的收入水平，一家人一年也攒不下几百块钱，他们家却在 1986 年花了 1 万多块钱起了 5 间房。"都是东拼西凑借的。没办法，老房子住不了了。"王爱蒲说。这5间房的投入让王爱蒲家的经济十多年没缓过劲来。"90年代刚宽裕点,这房子又得修了……"王爱蒲至今还记得当年跟房子较劲的岁月。

听说村子要腾退,根据政策还能原址回迁住进定向安置房,村民们的心里是"又怕又喜"。怕的是"农民没了土地",喜的是几年后也能住上楼房,不再受那"寒窑苦"。一时间,东埠头和太舟坞两个村的村民们心里"五味杂陈"。

这一年,东埠头村的村民代表周丽有了一项"新任务":学习腾退政策,准备为村民作宣传和动员工作。"我们所有的村民代表都学习了腾退政策,遇到村民问相关政策,我们得知道怎么解释。后来还有村民代表入户去做宣传和动员工作。"

腾退前的东埠头村

腾退前的太舟坞村

为保障腾退工作有序开展,温泉镇设立了腾退安置工作总指挥部,镇党委书记和镇长担任总指挥,主管副镇长担任常务副总指挥兼现场总指挥,镇领导班子其他成员担任副总指挥。在太舟坞定向安置房展示中心,设立现场总指挥部,下设办公室,负责腾退各项工作的组织、协调等,两村分别设立了腾退工作分指挥部,由村党支部书记、村委会主任担任组长和副组长,对该村腾退安置及补偿工作全面负责。

现场总指挥部下设宣传发动组、维稳组、法律咨询调解组、政策研究与规划审批组、劳动力安置组和资金审核组6个相关工作组，分别由镇主管领导担任组长。各分指挥部和工作组根据分工积极开展工作，使腾退工作得到了有序开展。

经过前期宣传、广泛征求意见建议，东埠头村和太舟坞村于2011年8月21日召开村民代表大会，高票通过了《宅基地腾退安置及补偿工作实施细则》，由此腾退工作正式拉开了帷幕。当年9月20日，温泉镇东埠头村和太舟坞村两村同时开展腾退工作，至腾退奖励期结束，两村共签订腾退协议1335份。

当年的东埠头村民委员会

太舟坞村主要道路入口

"咱们村的腾退，不仅给房还给钱。回迁后，街坊邻居还住同一个小区，没被分散。"周丽"精通业务"，至今记得当年的腾退政策，"先腾退有奖励，另外，谁先腾退谁在选房的时候就有优先权。"

东埠头村和太舟坞村的宅基地腾退不同于实行单纯货币补偿的商业拆迁，采取的是置换定向安置房与货币补偿相结合的方式。村民根据政策原址回迁的定向安置房，同时，还可享受地上物补偿、奖励费，以货币形式支持的补偿款等。这种模式首先保障村民就地上楼，实现住有所居；由于原址回迁，不会从根本上改变邻里关系，对当地的文化能够起到很好的延续和保护作用；绝大多数村民在取得住房之后，还剩下补偿款，对今后的生活也有一定的保障作用。区委、区政府出台腾退补偿标准时充分考虑了村民的利益，结合当地的房价来看，基本达到了大多数村民的心理预期，得到了大多数村民的支持。

虽说镇政府的工作到位，但是"腾退"带来的巨大经济利益却使村民们家庭邻里之间关系变得更为微妙。

回想起历时两年的腾退工作，时任东埠头村委会主任的葛泉仍"心有余悸"，"腾退让我们农民上了楼，腾退的补偿款使我们农民也成了带着资产的人，上楼还转换了我们的身份，从农民变成了居民……这种巨变是多少代农民都不敢想象的。但是，腾退过程中的艰难，腾退纠葛起的利益冲突……让我们感触太多。"

"那时候，一天只能睡五六个小时。关键精神压力大呀！村民们眼巴巴等着你主持公道呢！家庭纠纷往往是公说公有理，婆说婆有理。关键这都牵扯着他们的自身利益呢！"多年过去了，谈起这段经历，葛泉依然表情凝重。

原东埠头村有1 000多户，在腾退过程中，因为利益纠纷需要村委会出面进行调解的就有几十户。那两年里，葛泉每天早上7点就到办公室，然后就是接待纠纷家庭。晚上10点，按照镇里的要求，要召开镇领导主持的腾退工作例会。有时会一直开到11点。"然后呢？""然后也回不了家。人家在村委会门口等着你来调解纠纷呢！"

为了保证腾退工作顺利进行，温泉镇每天组织腾退工作例会，由镇主要领导亲自挂帅负责。为了不影响白天的工作，例会被安排在了每天下班或者晚上，地点就在腾退指挥部。"镇里要求一家一家讨论、一户一户报告。镇领导现场办公，一个问题一个问题解决。"葛泉说。经过耐心的工作，东埠头村的腾退纠纷解决了一大半。

从"咱村"到"咱小区"的艰难转变

2011年,太舟坞村的王爱蒲和东埠头村的周丽率先腾空了自己的老房子,高高兴兴等着住进回迁小区。3年后的2014年,王爱蒲、周丽、许玉枫3人领到钥匙住进了水岸家园社区——这是一个占地约37万平方米,由28栋高楼4 005户组成的设施先进的现代化城市小区。

水岸家园社区

温泉镇城市化之路纪实

"住上了楼房,就不用天天发愁头上的瓦片了。环境好,生活也便利。"许玉枫说,她这辈人真是亲历了东埠头村的"沧桑巨变"。2012年,太舟坞村和东埠头村完成村级产权制度改革并成立了股份经济合作社。从这一年开始,许玉枫成了经济合作社的股东,每年根据合作社运营情况获得分红。2014年,太舟坞村和东埠头村回迁至水岸家园,并完成整建制转居工作。这一年,许玉枫住进了新家,同时在"身份"上"告别"了祖祖辈辈的农民,开始成为北京"城市居民"的一员。

这时的水岸家园小区由"两村一社"(太舟坞村、东埠头村、太舟坞社区)3 030户5 931人组成。不同村的党支部、村委会和社区党支部、居委会在一个社区里共存,还有物业公司、社区公益性组织、志愿者组织等各类组织,是典型的混合回迁小区。一时间,基层及镇党委政府的工作迎来了新的挑战。

王爱蒲至今还记得刚刚入住水岸时的一段"特殊"经历。"工作人员入户摸查居住人口情况,一天来了两拨人。"王爱蒲说,"早上村委会刚来人,进门调查家里人的情况。这下午又来一拨人,咚咚咚、咚咚咚敲门。说是居委会来查户口了。"原来,按照旧有的管理体制,村民归村委会进行管理,居民由社区管理,像王爱蒲家,家庭成员既有农民身份又有居民身份的,就出现了两拨人同时上门的情况。明明是"一件事"却被生生掰成了"两次",原本一组人一次入户便可完成,却被分解成了两组人,给住户们带来了不方便的同时也白白浪费了时间和人力。

水岸家园社区一角

2012年产权制度改革之后,村委会经济职能剥离,村民们的集体资产又由股份经济合作社来打理。可是,对于王爱蒲这样的普通居民来说,她们搞不清办事去找谁了。"当时去办事，顺着就找小区里最近的村委会。可是，村委会说了，这归居委会管。就得跑出小区去居委会办。股份分红的事，下了楼又得去找合作社。"乔迁之后，面对新的环境，王爱蒲一下子觉得自己不知所措。

这样的困境并不是个案。温泉镇党委政府的一项关于回迁后的村民社会调查中显示，回迁村民对社区居委会、物业的运行模式并不了解，在家里出现琐碎小事时仍以求助亲戚朋友为主，比例达到了61.5%，而向社区物业求助的比例只有14.97%，可以说回迁村民对自己业主的身份并不了解。

基于这样的调研结论，温泉镇党委政府总结了当时水岸社区面临的"三大巨变"和"两大困难"：回迁村民面临着"农民转居民、农村转社区、平房转楼房"三大巨变，自身身份、组织形式、居住形态的急剧转变迫使回迁居民要加速适应新角色、新环境，产生不同层次的需求。一方面，回迁村民对建立新的城市社区化组织和完善社区服务体系存在强烈的需求，对公共产品和公共服务需求也不断增长；另一方面，在思想观念和生活习惯上还没能顺利实现向城市居民身份角色的转变。由于回迁社区是一种不同村庄、区域群众混居的形式，居民在社区融入上也存在一定困难，如何变"我们村"为"我们社区"，促进人际关系的融合，是回迁社区管理面临的一大难题。

近年来，随着核心区建设的不断深入，北部地区社会经济的不断发展，农村的城市化水平快速提升，一大批村庄进行搬迁腾退，传统村庄形态消失，城市社区形态又未建立，在这一过渡时期形成了兼具城市社区形态与农村社区特质的新型社区。新型社区具有两个特点：

一是组织形态结构复杂。温泉水岸家园由东埠头、太舟坞两村和太舟坞社区混合回迁组成，形成不同村的党支部、村委会和社区党组织、居委会在一个社区里共存的格局。由于两村党支部、村委会承担着搬迁前各自村集体资产经营的经济功能，因此不能用简单撤并的方式进行整合。此外，还有物业公司、社区公益性组织、志愿者组织等各类组织，这种不同形态的大混居的复杂状态对社区管理带来全新的挑战，涉及各类组织设置方式、功能定位、关系协调等一系列新的问题。

二是组成成员身份多重。虽然原行政村的自治意义因新社区的建立而丧失，但进入新型社区的居民具有社区居民、农村村民、经济合作社社员三重性，由于不同身份、不同群体的利益诉求各异，如何兼顾社区居民整体利益及不同群体的特殊利益是亟待解决的难题。传统的农村基层社会管理显然难以适应回迁社区的新特点和新要求。

随着农民回迁安置工作的圆满完成以及整建制农转居工作的同步推进，回迁村民面临着"农民转居民、农村转社区、平房转楼房"三大巨变，自身身份、组织形式、居住形态的急剧转变迫使回迁居民要加速适应新角色、新环境，产生不同层次的需求。一方面，回迁村民对建立新的城市社区化组织和完善社区服务体系存在强烈的需求，对公共产品和公共服务需求也不断增长。另一方面，在思想观念和生活习惯上还没能顺利实现向城市居民身份角色的转变。由于回迁社区是一种不同村庄、区域群众混居的形式，居民在社区融入上也存在一定困难，如何变"我们村"为"我们社区"，促进人际关系的融合，是回迁社区管理面临的一大难题。

——摘自2015年温泉镇
《关于回迁社区管理体制创新模式和服务体系建设的探索与思考》

两翼齐飞展新姿：管理体制创新

如何在这种新型社区中体现党组织的核心领导作用，促进村居相互融合、各类社会组织协调发展？原来农村的集体经济如何发展壮大，实现集体经济保值增值？如何有效衔接农村村落传统与城市社区生活，推进基本公共服务均衡化，促使农民尽早融入城市化生活？面对新问题该如何破冰，成为当时摆在温泉镇党委政府面前最为迫切的难题。

调研调研再调研，方案征集征集再征集，推演推演再推演……经过扎实的调研和细致缜密的筹划，2014年，温泉镇成立了"温泉镇水岸家园社区管理体制创新领导小组"，决定以"地区工作委员会"的方式来统筹协调解决这三大难题。2015年更是以"一号文件"的形式确定了整个地区工委的工作方案和人员配置。

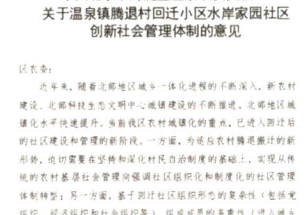 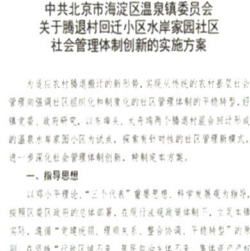 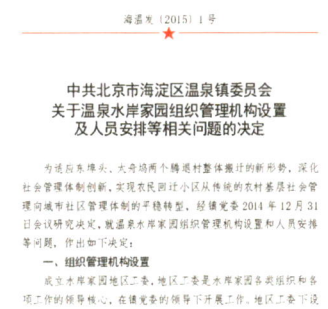

那么"地区工作委员会"的组织架构是怎样的呢？

地区工委是水岸家园各类组织和各项工作的领导核心，在镇党委的领导下开展工作。地区工委下设太舟坞村集体经济组织党支部、东埠头村集体经济组织党支部和水岸家园社区党总支，其成员及管理对象以是否为集体经济组织成员作为界定依据。成立水岸家园地区管委会，地区管委会在镇党委、镇政府和地区工委的领导下履行职责，负责统筹协调各类社区资源，做好社区公共服务工作。成立水岸家园社区居委会和社区服务站，在社区党总支的领导下开展工作。社区服务站下设党建文体组、环境综治组、民生工作组3个小组,从而形成"党组织统领全局、管委会进行管理、社区服务站提供服务"的工作格局。

具体而言,原来的集体资产还按原来的村为单位,由股份经济合作社进行管理,村民们都是各自合作社的股东——这是经济联系,村民们归属感强,是强联系,组织和办事效率比较高。与此同时,组建全新的社区居委会。合作社主抓村民们集体经济,社区居委会主要是负责各项服务。原来这两个机构是各司其职,互不相干。温泉镇在这个基础上,提出建立"地区工作委员会"的组织架构,事实上希望通过强关系(合作社、股东)带动弱纽带(社区、居民),在合作社和社区之上,搭建一个协调机制。"地区工委"负责属地一切事务,要跟镇党委、政府进行密切对接,有提出建议、统筹协调的功能。社区居委会办不成的事,可以通过地区工委协调合作社。合作社和社区居委会在一起办公,慢慢地,"新居民们"就会摆脱对原来村委会的精神依赖,转而投向社区居委会的"怀抱"。"地区

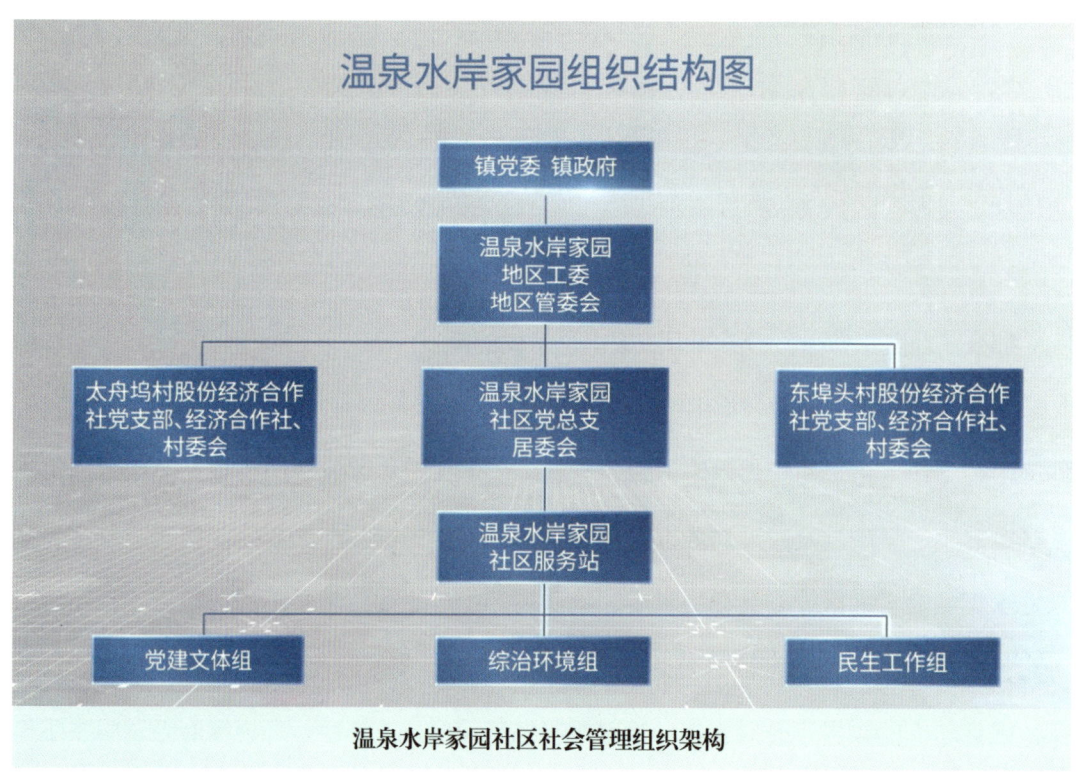

温泉水岸家园社区社会管理组织架构

工作委员会"设"地区工委书记"一职,负责统筹协调一切相关工作。

65岁的葛泉就是"温泉水岸家园地区工委书记"。不过,查遍党组织体系架构,肯定找不到有乡镇一级"地区工作委员会"外派机构这样一个机构。"地区工委书记"在干部编制序列中属于局处科股哪一级呢?答案是——无编没级。

2016年,60岁刚刚卸下村支书重任的葛泉书记原本想好好享受"上楼"转为"城里人"(农转居)的惬意时光,镇党委找葛泉书记进行了谈话,"谈当前温泉快速城市化过程中遇到的难题,特别是农转居,村民上楼后面对的新情况;谈镇里未来对温泉的总体规划,以及农转居之后村民们怎么才能融入城市生活中去;然后,就是询问,是不是愿意再留几年,帮助镇里解决这些迫切需要打开局面的问题。"葛泉书记说。

葛泉书记是东埠头人,土生土长的温泉人。1975年高中毕业后回村务农,当过专业队长,1990年到水务站做会计,2001年进村委会,2007年当上了村委会主任,2013年当了村支书——从没有离开过这里。"我们这一代人经历了历史的巨变,把农民(身份)转换成了居民。这在四五十年前,那是做梦才能想到的好事。再加上看到腾退后村里人心不齐的局面,所以,镇里找我当这个'地区工委书记'的时候,我觉得我有义务要出来,把咱们的人心给聚拢起来。"葛泉书记说,时代把他们这一辈推上了温泉发展的这个历史节点,这应该也算是他们的使命。

组织部相关负责人介绍道:"地区工委书记的人选很重要。首先,这个人要有领导力,能服众,来自不同村子的村民都要服他;其次,因为组织架构内没有领导和被领导的关系,他必须能真正发挥作用,协调合作社和社区居委会的关系,还得得到这几个机构的信任;最后,这个人还得有执行力,老村民新居民要看的是这个新机构到底能不能给我们解决问题办实事;此外,因为没有行政级别,这个人还得有奉献精神。"

谁能胜任地区工委书记呢?最后经过考察,镇党委"看上了"刚刚从村委会退下来的老支书,他们在村民当中有威望,熟悉镇党委、政府的工作,了解最基层工作的千头

温泉水岸家园社区服务站

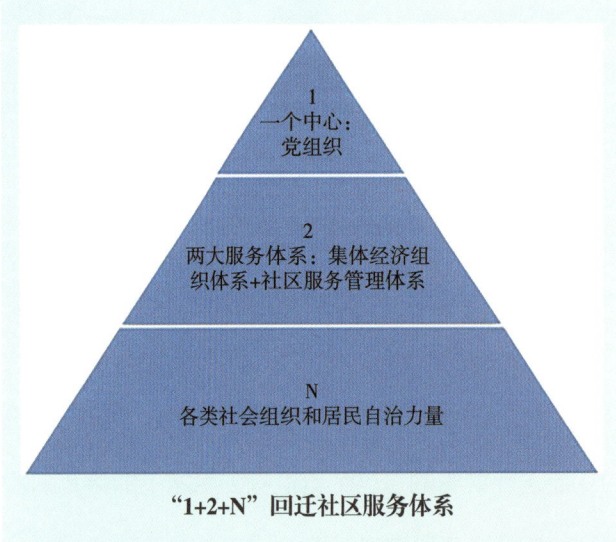

"1+2+N"回迁社区服务体系

万绪,而且也愿意奉献,最适合做地区工委书记。组织部相关负责人说,"地区工作委员会"是温泉镇为了适应发展需要提出的制度创新,当时仍处于摸索和推进阶段。

2014年创设之初,地区工委制度就受到了海淀区的肯定。这一年,温泉水岸家园地区工委被评为"海淀区创新型党组织"。此后,《温泉镇腾退村回迁社区社会管理体制创新研究》《海淀区温泉镇腾退村回迁社区社会管理体制创新研究报告》的创新研究分别获得了海淀区党建研究会2016年度课题成果一等奖和北京市党建研究会2017年度优秀自选课题成果三等奖。组织部相关负责人说:"上级部门对于温泉制度创新的肯定,给了镇里很大的鼓励。我们的思路也渐渐地清晰起来。2015年,我们进一步把温泉水岸家园的这种社区管理体制概括为'1+2+N回迁社区服务体系'。"

两翼齐飞展新姿：管理体制创新

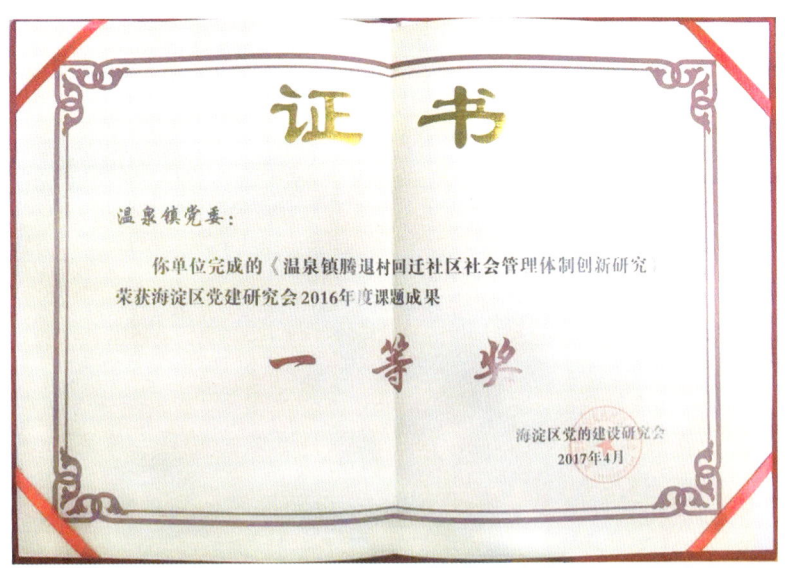

《温泉镇腾退村回迁社区社会管理体制创新研究》荣获
海淀区党建研究会2016年度课题成果一等奖

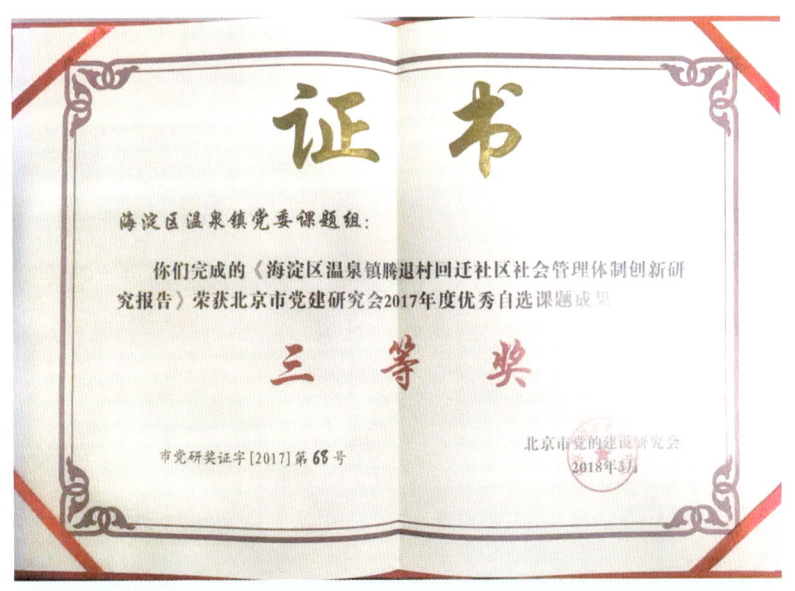

《海淀区温泉镇腾退村回迁社区社会管理体制创新研究报告》荣获
北京市党建研究会2017年度优秀自选课题成果三等奖

"1+2+N"回迁社区服务体系

"1"是指基层党组织"一个中心",设立温泉水岸家园地区工委(管委会)统筹管理全局工作,地区工委对管委会、各党支部、居委会和社区服务站实行统一领导,有利于统筹协调各类组织,集中力量办大事,树立良好的党组织和政府形象。

"2"指集体经济组织体系、社区服务管理体系"两大体系",明确界定社会管理职能与经济管理职能的边界,区分社区的公共事务与两村股份经济合作社的经营事务。原有的集体资产经过股份制改造,原村民转为股东身份,通过股东大会行使自己对集体资产所拥有的成员权、管理权和决策权。经济管理职能由两村股份经济合作社党支部负责,进而将社区居委会的权能明确定位于社区的公共事务,完成集体经济组织与社区服务体系的剥离。

"N"是指各类社会组织和居民自治力量。统筹协调社区居委会、经济组织党支部和其他社会服务组织关系,推动建立行政调控机制与社区自治机制结合、政府力量与社会力量互动的社区治理模式。通过层次分明、职责明晰的组织设置和运行机制,最终形成以党组织为核心、村居相互融合、各类社会组织协调发展、居民群众广泛参与的社区建设运行体系,使基层组织生机勃勃,各项工作顺利开展。

——摘自 2015 年温泉镇
《关于回迁社区管理体制创新模式和服务体系建设的探索与思考》

专心搞建设　共筑"幸福泉"

温泉水岸家园"1+2+N"回迁社区管理体制创新试点工作始终坚持党的领导，遵循党建统领原则，在推进过程中优先筹划党建工作、完善党组织、发挥党员作用。2014年，温泉镇党委统筹领导，成立水岸家园社区管理体制创新领导小区和筹备组，时任镇党委书记方海强和时任镇长林航担任组长，镇党委副书记和副镇长担任副组长。2014年，在充分调研的基础上，温泉镇党委、政府科学设置了水岸家园社区的组织机构，从功能定位、设置方式、运行模式和激励办法等方面做好了制度设计，保障回迁社区平稳有序地运行。

成立后的水岸家园地区工委重点打造"幸福泉"特色党群服务品牌，在办公区内放置两块触摸式显示屏，一块放置在服务大厅，让居民通过触摸显示屏可以方便查看办公区域环境、办事流程等；另一块放在中型会议室门前，让前来办事的居民方便阅览党建工作。同时，设立"心桥"党代表工作室，安排党代表值班，传党声，听民意，解民忧，帮助地区居民向上反映需要解决的问题，吸引地区群众紧密依靠在基层党组织周围，充分发挥基层党组织服务社会的作用，真正走进群众的心里。

在日常工作中，温泉水岸家园社区党总支充分发挥党员作用，提高党员和党组织在居民群众中的威信。组织党员积极参与"共产党员献爱心"爱心捐款活动、重大节日安排党员进行值守、开展志愿服务活动及党员承诺践诺活动、积极参与社区垃圾分类宣传，发挥党员先锋模范带头作用。

温泉镇
城市化
之路纪实

水岸家园社区党群活动服务中心揭牌

水岸家园社区"幸福泉"项目启动仪式

通过管理体制创新，东埠头村和太舟坞村集体经济组织与社区的公共服务分别开展。原来由村里支付的办公经费、公益事业金及其他经费统一纳入社区公共服务范围，为村集体经济减轻支出负担。另一方面，大量烦琐的事务工作转移到社区居委会职能中，有利于两个村的股份经济合作社经营管理，集中人力、物力和财力投入到"一镇一园"等镇级集体经济开发建设项目中。

"以前一个村都是各管各的，现在由工委统筹，加上居委会和两个股份合作社，整体去操盘水岸家园整个辖区所有的事项，更有凝聚力，更好办事了。"东埠头村股份经济合作社书记焦连山说。

对东埠头1 581个股东和太舟坞1 546个股东来说，管理体制创新让他们有了更实在的收获。自2014年筹备设立到2015年试运行管理体制创新制度，两年间，两个村的股份经济合作社"甩"掉了公共服务的负担，一心发展集体经济，集体收入和股东个人分红连年提高。2014年与前一年相比，太舟坞村个人股东分红增长了2.8倍；东埠头村个人股东分红增长了3.4倍。2015年，这两个数字分别为1.2倍和1.3倍。王爱蒲和丈夫同是太舟坞村股份经济合作社的股东，她开心地说："每年春节前后，合作社就把分红打到我们的农商银行存折上,随时可以去取。"

两村 2013—2015 年集体总收入、个人股东分红情况

单位:元

		2013 年	2014 年	2015 年
太舟坞村	村集体总收入	7 589 322.38	7 812 572.60	11 190 050.20
	个人股东分红	1 000.00	3 800.00	8 200.00
东埠头村	村集体总收入	7 891 933.45	8 539 900.65	13 940 822.99
	个人股东分红	800.00	3 500.00	8 200.00

"那么多人,那么多事,管得过来吗?"我们问葛泉书记。

"其实,现在好多了。我经常开玩笑,当年在村委会,我们要管整个村子的'吃喝拉撒掏'。什么是'掏'呢?就是掏粪。那才叫管得宽呢!上了楼以后,虽然规模大了,但是很多问题自然就解决了,比如计划生育、安全生产,当然'掏'的问题自然就解决了……"腾退之前,东埠头村每年投在村里公共服务上的资金从几十万元到 100 多万元不等,全部由村集体来承担。葛泉书记感叹地说:"'减负'以后,我们能腾出更多的时间来做好对居民的服务。"

领导力、执行力、能服众是对地区工委书记人选的组织考察要点,不过,在实际工作中,个人的人格魅力,才是这一切能力的源头。"平时要跟村民们、居民们多聊天,要去帮他们解决实际困难。否则,有事来的时候,怎么能发挥作用呢?"葛泉书记说,"我的办公室不关门,推门就进。有事情,随时来,我随时接待。不过,事情到我这里,就结了。我能给你办,一定给你办,不推脱。"

居民生活新体验

"跟村里比,还是这里方便。"来到温泉水岸家园社区服务站办事的王爱蒲连连说,"原来在村里,得跑好几个办公室,现在一个窗口就能办结了。"

走进宽敞明亮的社区服务站,就业服务站、文教妇联、助老帮困、助残服务、计生服务、流管站等服务窗口设置清晰明了,哪个窗口办理什么业务一目了然。居民看清楚窗口说明,直接办理就可以。服务站协助政府职能部门办理本社区内各种公共事务,把政府公共服务延伸到了社区,实现了政府职能重心的下移。"2016年的11月18号,焕然一新的办公区正式挂牌启用。"葛泉书记开心地说。

水岸家园社区服务站的工作人员周秋霞说:"社区服务站设有办事窗口和居民活动中心。平时,服务窗口每天要接待和办理各种事项几十项。在办理计划生育家庭意外保险,领取独生子女费、独生子女父母一次性奖励、超转人员采暖补贴时,服务站的6个窗口甚至一天要办理上百件事务。"民生事项事无巨细都得办妥,还不能出错。

要想让居民们融合起来,首先政令要统一。为了让两村一社(区)真正融合起来,就要把原来分散在小区各处的机构合到一处合署办公。在镇党委、政府的支持下,两个经济合作社收回了原来出租的小区底商的四层,改造成了现在的"温泉水岸家园幸福泉党群活动服务中心"。中心总面积2 210平方米,包含社区居委会、两个村股份经济合作社办公室、社区服务站、居民活动中心等,并争取资金配备了体育、文化、培训、宣传教育等设施。整合人力资源和交叉职能，积极推进涵盖社会救助、劳动就业、卫生计生、科教文化、综治平安等公共服务体系建设，构建起"职能合理、相互配合、运转顺畅、工作有力"的社区管理服务体系。此外，社区卫生服务站、银行、超市、邮局等服务设施的建设，超市发、菜市场、药店、幼儿培训等便民机构的引进，让社区居民能够享受一站式、均衡化的社会服务。

水岸家园社区服务站服务窗口

不到十分钟办妥业务后，王爱蒲要去小区里的活动中心打牌。为了丰富转居后村民们的精神文化生活，温泉镇政府统筹建设了

水岸家园社区周边配套设施健全

居民活动中心，开园后，这里成为居民的健身娱乐家园，满足了各个年龄层居民的精神文化需求。活动中心总占地面积约1 200平方米，按照年龄层划分为7个区域，乐趣园为儿童活动区，乐颐园有老年日间照料室，乐娱园有老年餐桌、棋牌室，乐康园则是健身康复中心、健身房，乐汇园拥有多功能厅，乐思园建有文化沙龙、图书阅览室、电子阅览室和书画室，乐姿园是文艺活动区。

虽然时间已经临近午饭时间，但是，棋牌室、健身房、舞蹈室，娱乐和锻炼的大爷大妈们依然兴致勃勃。乐思园图书阅览室里，小朋友们正在看书学习。"居民们可以在活动中心里使用无线畅游网络，并且这里所有的服务都是免费的。通过镇政府购买服务的方式委托引进第三方服务公司协同开展课程运行。"周秋霞介绍说。中心每天都排有课程,有日常开展的连续课程,如书法、合唱乐理知识、舞蹈、瑜伽、老年科技班、身边名医;有不间断开展的心理咨询、身边律师、手工制作、安全用药、天文科普等;也有为青少年寒暑假开展的冬夏令营等。"活动中心的日常管理模式是由镇政府各科室认领对接服务。"周秋霞说,"有了地区工委以后,很多事,我们内部就能协调解决。内部解决不了的,再由工委统一与镇政府对接,方便了很多。"

水岸家园社区居民精神生活丰富多彩

水岸家园社区青少年活动

由地区工委牵头,区里、镇里资助开展丰富多彩的文化生活,源自温泉镇针对水岸社区"回迁农民市民化培育"的一项调查。调查发现,回迁村民的闲暇时间安排较枯燥,仍以看电视、做家务和上网为主。对于城市人的多种娱乐休闲方式如唱歌、跳舞、健身、逛公园等项目涉足较少,还有部分村民出现了不知如何合理安排闲暇时间的状况。回迁村民在搬进新的社区后没有参加任何社区活动的比例占到被调查者的近60%,究其原因最主要的是没有时间参与(34.22%)和没有兴趣参与(30.48%),另有27.27%村民不知道有活动。回迁居民的社区融入和参与普遍不足。鼓励新居民们走出家门，融入社区，温泉镇党委、政府也是不遗余力。

地区工委管理的事务还包括管理绿化、物业服务的对接；跟镇党委、政府协调小区建设，比如增设健身器械、儿童滑梯、电子显示屏，以及升级小区安保监控等。地铁通到北部地区来了，水岸家园离地铁还有点距离，就由工委出面协调，东埠头村股份经济合作社书记去跟公交集团协商，给小区增设了临时站点，方便居民出行。

2019年4月开始，水岸家园社区工委开始实行"接诉即办"工作。办公室实施工委与物业"双派件"模式，解决了物业与居民的"双僵"现象，充分运用"街乡吹哨、部门报到"机制，推进急事难事的解决。

通过几年的运行，"1+2+N"管理体制创新制度让集体经济组织体系和社区服务管理体系实现了"两翼齐飞"。

在"1+2+N"管理体制创新制度成果不断深化的同时，对于地区工委更大的考验，在2020年的春节悄然而至。

"村居并行"管理模式的运作机制

东埠头村集体经济组织党支部主要负责东埠头村集体经济经营管理及东埠头村集体经济组织成员中党员的教育管理工作；太舟坞村集体经济组织党支部负责太舟坞村集体经济经营管理及太舟坞村集体经济组织成员中党员的教育管理工作；温泉水岸家园居民党支部主要负责非集体经济组织成员所有党员的教育管理。

同时，成立社区管理委员会，统筹管理居委会和村委会（待完成整建制转居并达到成熟条件后，将村级组织对村民管理职能统一向社区化转移）。成立社区综合服务中心，统筹配套设施、公共服务站点和便民助民场所，办理本社区居民的公共事务和公益事业，开展多种形式的社区便民利民服务活动，为居民提供高效、便捷的公共服务。

通过构建以社区党组织为核心、村居相互融合、各类社会组织协调发展的社区服务体系，最终形成"社区党组织统领全局、社区管委会进行管理、社区综合服务中心提供服务"的工作格局，有效衔接村与社区的管理，真正将农民、居民统一纳入大社区管理，实行组织化和制度化的社区管理体制。

——摘自2014年中共海淀区温泉镇委员会文件（海温字【2014年13号】)《中共北京市海淀区温泉镇委员会关于温泉镇腾退村回迁小区水岸家园社区创新社会管理体制的意见》

战"疫"大考显优势

共和国的历史将永远铭记,在这场与肉眼看不见的病毒抗争的过程中,伟大的中国人民所作出的巨大贡献、努力和付出。大写的人民,正是由一个个平凡如你我的普通人写就的。

随着新冠肺炎疫情的发展,在党中央的坚强领导下,伟大的武汉人民作出巨大牺牲,选择"封城"和自我隔离,来稳定防疫大局。疫情突如其来,令人措手不及。共和国成立70多年来,第一次"封城"、实施紧急战时状态,将原本计划的团圆、休假全部打乱。病毒的传染机制是怎样的?未知!病毒离开宿主后的存活时间有多长?未知!病毒的源头在哪里?未知!未知、未知,不明、不明……有太多的未知,足以使普通人陷入深深的不安。

陈明(化名)是湖北黄石人,在北京经营着一家小企业,安家在温泉镇的水岸家园。2019年有了孩子后,他们过年提早回黄石老家一起团圆。看着疫情进展,因担心之后北京的公司发展,陈明决定提前回京。在黄石当地办理了出城证明、做足各项检查后,他们一家就开车上了路。一路上无暇耽搁,湖北进京车辆一路"囧途",令他们十分担心进京后该怎么办。家可能没法直接回了,因为不知道北京防疫的具体情况,心里盘算着来京先住酒店,等问清状况再回水岸家园的家中。没想到,来京之后,没有酒店有能力接待来自湖北的客人。

车里，刚满周岁的孩子紧紧依偎在妈妈怀中，车外，农历新年的第二股寒潮已突倏而至。回北京，在平日里，一抬脚就能进门，再平常不过，但是，如今家虽然近在咫尺却有门难入。抱着试探的心理，陈明给水岸家园地区工委的工作人员李晓婷打了电话，说明了自己的情况。

1月25日，大年初一，中央政治局召开疫情防控工作当天，温泉镇就召开了紧急会议，进行落实和部署。干部下沉、社工值守，温泉镇党委书记、镇长亲赴一线。李晓婷说："才刚进入紧急状态，很多环节还没真正理顺，我就第一次接到了陈明打来的电话，提到可能要从湖北返京。没想到才过两天，他第二次打来电话，说已经到京，并且马上要回家了。"怎么办？李晓婷也做不了主。社区马上上报给镇里的疫情防控工作领导小组办公室。国家有关部门，市里、区里当时都没有相关规定和细则——不让进，陈明已无路可退；让进，事关整个社区居民的安危。镇领导班子赶紧来跟地区工委共同商讨对策。最终决定：同意陈明回家。葛泉书记说："镇里所有主要领导都来了。上下楼、对接，怎么办

区镇领导慰问水岸家园社区

都做好了预案。"

面对突如其来的疫情，在温泉镇疫情防控领导小组的组织下，地区工委组织成立温泉水岸家园疫情防控工作领导小组。地区工委书记葛泉任组长，统筹协调、监督辖区防疫工作。副组长为温泉水岸家园社区党总支书记和两个合作社党支部书记。小组成员除了3个党（总）支部全体班子成员，还有治保负责人、社区民警、物业公司经理等。由温泉水岸家园地区工委统筹协调配置辖区资源，社区居委会包片社区居民、公租房、各家租户，股份经济合作社包片各自股东及家庭成员，全面开展疫情防控。封闭管理期间，由地区工委协调两股份社联防人员协同物业保安严把小区入口关，共同做好进入小区人员的信息登记工作，构建严密防线，有效切断病毒传播途径。小区从封闭管理到常态化管理，社区共有382人参与社区疫情防控工作，充分发挥"1+2+N"创新回迁社区服务体系的优势。在工委的统筹下，社区发动党员和楼门长力量，两村动员股东力量，经多方积极摸索，共同做好疫情排查工作。刚刚离任的水岸家园社区居委会主任袁生，对地区工委协调两村一社区的作用体会很深，他说："居委会和两个村的合作社没有隶属关系，因此由地区工委牵头开会、分配工作，建立了特别有效的沟通协调机制。特别是在这次新冠肺炎疫情期间，地区工委制度发挥了太大的作用，这也是我们水岸社区在此次疫情防控中取得成效的重要原因。"

疫情防控进入常态化后，物业保安负责各点位的值守，加强小区内外巡查，要求访客扫码登记后进入小区。社区通过在小区出入口张贴防控宣传指引海报、横幅和标语，并通过电子屏滚动播放和微信群发的宣传方式营造浓厚的防控提示氛围，提高居民的防控意识和配合度。对出入人员进行口头宣传引导和提醒，对重点区域返京人员做到"应检尽检"，做好政策解读，切实在思想上帮助居民绷紧疫情防控弦。

对于像陈明这样的"新温泉人"而言，疫情之下社区没有抛弃他们，反而在自己最需要帮助的时候，伸出了双手。消毒水的味道是刺鼻的，防盗门外的天气是冰冷的，但是，他们的心却是温暖的——"他们（社区）给我们留了一扇能够回家的门"。"经过这个阶

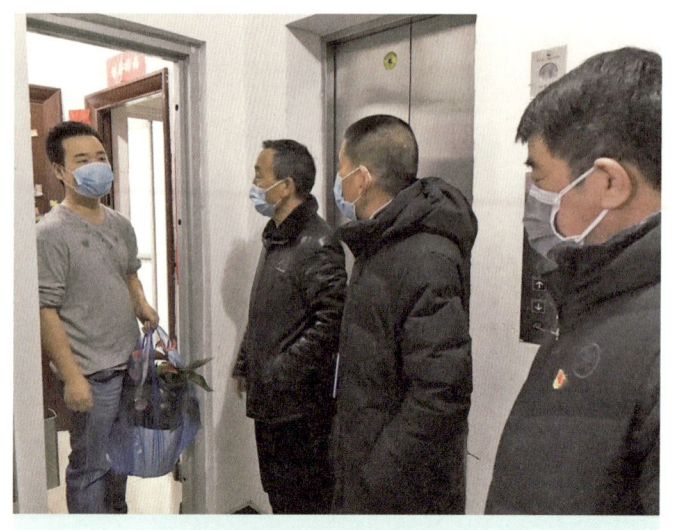
水岸家园地区工委看望解除隔离人员

水岸家园地区工委协调人员进行值守

段，我们现在跟很多湖北籍的住户关系都很好。解除隔离之后，他们常来我们办公室看看我们。带些土特产，虽然他们知道我们不会收。但是，那是一个心意。在小区里，远远瞅见，都会十分热情地跟我们打招呼。"李晓婷说。

娄子成副镇长还记得当时葛泉书记找到他，问在隔离户门口安装摄像监控是否是一定要执行的规定。"为什么要问这个问题呢？"娄子成副镇长问。"安装摄像头的做法伤人心呐！"葛泉书记说，"要不是强制执行的规定，我建议不安。我保证，我们水岸家园的隔离户都会严格遵守隔离规定。"——暖心！娄子成副镇长同意了。

经历过疫情大考，"1+2+N管理体制"更加显示出了它的优越性。对外，贯彻和落实疫情防控镇政府的统一指挥和统一调控，对接指令更为便捷和顺畅；对内，协调经济合作社、居委会力量，发动广大居民充实抗疫力量。地区工委党员干部带头冲在一线，就像反映温泉镇战疫写实的《平凡的感动》MV歌词中说的"多少个长夜的路口，多少个天未亮的时候……你让我知道，凡人也是英雄……"

"1+2+N" 回迁社区管理体制创新制度发展历程

2011年，太舟坞村和东埠头村开始村庄腾退工作。

2012年，太舟坞村和东埠头村完成村级产权制度改革并成立股份经济合作社。

2014年，太舟坞村和东埠头村回迁至水岸家园，并完成整建制转居工作；温泉镇党委、镇政府着手启动水岸家园社区管理体制创新试点工作；同年，温泉水岸家园地区工委被评为"海淀区创新型党组织"。

2015年1月，成立温泉水岸家园地区工委（管委会），下设2个集体经济组织党支部及水岸家园居民党支部（社区居委会），形成"党组织统领全局、管委会进行管理、社区服务站提供服务"的工作格局。"1+2+N"回迁社区管理体制创新体系试运行。

2016年，推进市级党建创新项目——水岸家园回迁社区管理体制创新工作，水岸家园"幸福泉"社区党群活动服务中心正式揭牌，建立"1+2+N"回迁社区服务体系，初步形成"以党组织为核心、村居相互融合、各类社会组织协调发展、居民群众广泛参与"的生动局面；《温泉镇腾退村回迁社区社会管理体制创新研究》荣获海淀区党建研究会2016年度课题成果一等奖。

2016年年底，杨家庄村和杨庄社区整合成立温泉人家地区工委（管委会）；白家疃村、温泉村的村居一体化工作有序进行。

2017年，《海淀区温泉镇腾退村回迁社区社会管理体制创新研究报告》荣获北京市党建研究会2017年度优秀自选课题成果三等奖。

2018年，温泉水岸家园地区工委被评为温泉镇"先进基层党组织"。

2020年4月15日,海淀区委机关报《海淀报》发表头版文章《温泉镇:以党建为引领 打造宜居宜业"幸福泉"》,报道"1+2+N"创新管理体制在水岸家园社区管理中的作用。

2021年,中共北京市海淀区农村工作领导小组关于印发《海淀区加强和改进乡村治理工作方案》的通知中指出,在探索完善腾退回迁安置社区治理体系方面,总结温泉镇水岸家园社区创新治理试点经验……"理顺体制机制、推进社区基本公共服务城乡均等化,稳妥解决腾退回迁安置社区'村居并行'多头治理问题,打造治理典范。"

"1+2+N"管理体制创新成功运行七年的经验

(一)坚持党的领导,强化党组织功能,是回迁社区管理体制创新的根本动力;

(二)实行社经分离,做好集体资产管理,是回迁社区管理有序推进的关键因素;

(三)构建公共平台,优化社区职能,是回迁社区管理服务开展的基础保障;

(四)引入城市文明,留存乡土亲情,是回迁社区管理积极作用的重要体现。

附件一

中共北京市海淀区温泉镇委员会关于腾退村回迁小区水岸家园社区社会管理体制创新的实施方案

为适应农村腾退搬迁的新形势，实现从传统的农村基层社会管理向强调社区组织化和制度化的社区管理体制的平稳转型，经镇党委、政府研究，以东埠头、太舟坞两个腾退村混合回迁形成的温泉水岸家园小区为试点，探索有针对性的社区管理新模式，进一步深化社会管理体制创新，特制订本方案。

一、指导思想

以邓小平理论、"三个代表"重要思想、科学发展观为指导，按照区委区政府的总体部署，在现行法规政策体制下，立足本镇实际，遵循"党建统领、理顺关系、整合协调、平稳转型"的原则，在坚持"行政区域不变、居民自治主体不变、集体资产产权不变"的前提下，循序渐进、积极稳妥地推进回迁安置小区的社会管理体制创新，努力实现基本公共服务均等化，顺利完成传统农村社区向现代城市社区的过渡，不断推进城乡发展一体化。

二、工作目标

通过构建以党组织为核心、村居相互融合、各类社会组织协调发展的社区服务体系，最终形成"党组织统领全局、社区管委会进行管理、社区综合服务中心提供服务"的工作格局，有效衔接村与社区的管理，实行组织化和制度化的社区管理体制。

三、组织领导

成立温泉镇水岸家园社区管理体制创新领导小组,镇党委书记方海强、镇长林航任组长;镇党委副书记张月娥、副镇长王洪彬任副组长;成员单位包括镇办公室、镇组织部、镇居民科、太舟坞村、东埠头村、太舟坞社区。领导小组下设筹备组,具体名单见附件1。温泉水岸家园社区管理体制创新领导小组对本项工作进行统一领导和总体部署,按照"统筹安排、分工明确、分段推进"的工作要求,完成试点深化和扩大工作。

四、主要措施

(一)规范组织设置。坚持社会管理全覆盖,依法设置基层党组织、居委会、村委会,深化集体经济组织的产权制度改革,聘用物业公司,支持社区公益性民间组织和志愿者组织开展活动。党组织是党在社区全部工作和战斗力的基础,是社区各种组织和各项工作的领导核心。居委会、村委会在党组织的领导下依法履行职责。集体经济组织通过产权制度改革,改建为股份经济合作社,自主经营管理集体资产,独立进行财务核算。物业公司是对居住物业实施专业化、社会化、企业化管理的经营实体,回迁之初就要依法聘用物业公司,指导其与回迁户签订物业服务合同,形成"花钱买服务"的共识。各类社区公益性组织和志愿者组织,依法依章程开展活动。回迁安置小区各类组织要在党组织的统筹协调下,依法运行,相互促进,确保和谐稳定。

(二)整合资源、职能。由社区管委会统筹协调社区各类资源,实行统一规划、统一部署、统一落实。一是整合构建社区综合服务中心,为社区居民提供一站式、均衡化社会服务。努力拓展居家养老、保健康复、社区教育、科普宣传、心理咨询、法律援助等现代社区服务形态,配套建设社区卫生服务站、银行、超市、邮局等社区服务设施,最大限度地满足居民的生活需求;二是整合人力资源和交叉职能。在社区综合服务中心下设党建文体、环境综治、民生工作三个小组,积极推进涵盖社会救助、劳动就业、卫生计生、科教文化、综治平安等公共服务体系建设,构建起"职能合理、相互配合、运转顺畅、工作有力"的社区管理服务体系，逐步形成组织上的融合；三是统一管理财务，实行独立建账。区财政拨付的办公经费、公益事业金及其他经费，由社区管委会集中统一管理，参照"四议两公开"民主程序使用，由镇财政部门监管资金使用情况。社区管理委员会中的所有公职人员兼职不兼薪；工作人员薪酬待遇由区、镇两级财政拨付的经费中列支。

（三）合理调配人员。根据组织设置和功能定位，在水岸家园地区工委（社区管委会）下形成集体经济组织党支部（村委会）与社区党支部（居委会）两大组织体系，前者只对本村集体经济组织成员负责，自主经营管理集体资产，独立进行财务核算，其工作经费、人员工资等经费由本村集体组织自行承担；后者对水岸家园社区所有居民负责，承担社区服务管理职能，参照城市社区居委会进行管理，其工作经费、人员报工资以及服务设施等项经费纳入财政预算。因此，必须合理调配、分别管理两大组织体系工作人员。在水岸家园社区管理体制创新领导小组的领导下，由筹备组牵头，根据实际工作需要，对现东、太两村及太舟坞居委会两委管理人员进行统筹安排，为实现平稳转型提供必要的队伍保障和组织保障。（其中，按照城市社区标准，社区居委会在编人员最多不超过13人。）

（四）注重心理疏导。一方面，优先做好回迁社区的硬件建设，抓好新建社区基础设施和配套工程建设，为回迁农民提供城市化居住条件，促进回迁居民尽快融入城市生活；另一方面，积极传承本地区厚重的乡土文明，减小"再组织"成本。借鉴"邻里中心"新型社区管理服务概念和相关做法，深入开展"邻里守望、服务连心"等活动，促进邻里互知、互敬、互信、互助，构建和谐邻里关系，维系"熟人社会"乡土亲情，并有效解决好联系服务群众的"最后一公里"问题。

（五）稳妥撤村转居。突出强化居委会的公共管理职能，逐步淡化村委会职能，积极做好征地农转非工作，有序推进整建制农转非工作。整建制转居完成之后，东埠头、太舟坞两村成立股东议事会，村集体经济党支部、村委会对股东议事会负责，进一步弱化"村民"在思想观念、资源资产、财产权益等方面对"村委会"的依附关系，强化"股民"身份认同及与"集体经济组织"的关系，在条件成熟时撤村建居。

五、实施步骤

(一)第一阶段:准备动员阶段(2014年8—9月)

1. 调查研究

在对东埠头村、太舟坞村、太舟坞社区社会管理现状进行全面摸底调查的基础上,借鉴其他地区回迁社区社会管理体制创新的优秀经验,对回迁社区社会管理体制创新的模式、目标、步骤等问题进行深入研究。

主责单位:镇办公室

配合单位:镇组织部、镇居民科、东埠头村、太舟坞村、太舟坞社区

2. 制订方案

在与区农委等上级部门充分沟通、充分征求东埠头、太舟坞两村村民意见建议的基础上,于9月底前出台具体实施方案。

主责单位:镇办公室

配合单位:镇组织部、镇居民科、东埠头村、太舟坞村、太舟坞社区

3. 动员部署

按照总体部署,加强领导,健全机制,分解任务。动员东埠头、太舟坞两村及太舟坞社区干部积极参与到社会管理体制创新工作中,把深化回迁社区社会管理体制改革与为群众办好事、办实事紧密结合起来,认真解决影响回迁居民的突出问题和群众反映强烈的热点问题,提升回迁社区综合管理水平。

主责单位:镇组织部、镇居民科

配合单位:东埠头村、太舟坞村、太舟坞社区

(二)第二阶段:整体推进阶段(2014年10—11月中旬)

1. 统筹安排人员配备和职责分工

按照"统筹安排、合理调配、逐步消化"的原则,根据逐步向城市社区标准过渡的要求和东埠头、太舟坞两村及太舟坞社区现有两委人员职责分工情况,拟定水岸家园过渡时

期各组织机构人员设置建议名单和职责分工,通过镇领导班子会后实施。

主责单位:镇组织部、

配合单位:镇居民科、温泉水岸家园社区管理体制创新筹备组

2. 协调解决办公用房相关问题

协调宏泉物业公司于9月底前清理原办公用房,由兴泉公司提供水岸家园社区1 000平方米办公用房;由镇居民科牵头制订装修方案,对办公用房进行装修,办公场所涵盖综合服务大厅、综合活动中心、日间照料室等便民场所、居委会办公用房及会议室等。

主责单位:镇居民科

配合单位:温泉水岸家园社区管理体制创新筹备组、兴泉置业公司、宏泉物业公司

(三)第三阶段:试行反馈阶段(2014年11月中旬至12月)

1. 协调解决人员编制、经费保障等问题

协调区政府办、区农委等上级部门对过渡时期人员编制、社区工作者工资待遇、办公经费等方面给予政策倾斜和经费支持。

主责单位:镇组织部、镇居民科

配合单位:温泉水岸家园社区管理体制创新筹备组

2. 协调解决小区前期物业管理问题

针对回迁居民反映强烈的小区环境卫生、垃圾清运、交通秩序、物业管理等方面的问题,制订具体解决方案,逐步协调解决。

主责单位:温泉水岸家园社区管理体制创新筹备组

配合单位:镇居民科、镇综治办、镇城管分队、宏泉物业公司、兴泉置业公司

3. 完善实施方案

根据试运行期间居民反馈的意见和问题完善实施方案。

主责单位:镇办公室

配合单位:镇组织部、镇居民科、温泉水岸家园社区管理体制创新筹备组

（四）第四阶段：正式运行阶段（2015—2016年）

根据修订完善后的实施方案正式运行，直至达到城市社区建设标准，实现平稳转型。

六、工作要求

（一）提高认识，加强领导

创新回迁社区社会管理体制是我镇适应腾退搬迁新形势、应对城乡一体化加快这一深刻变化的重要举措，更是关系到城乡发展一体化大局、基层政权建设和广大人民群众切身利益的大事。其根本目的是统筹城乡发展、构建和谐社会，使农民尽早融入城市化生活、享受城市化成果。各相关单位要充分认识这项工作的重要性和紧迫性，加强领导，周密部署，勇于担当，妥善解决实际工作中的各项具体问题，确保该项工作落实到位。

（二）统一思想，服从大局

各相关部门和单位要高度重视此项工作，树立大局意识和责任意识，同心协力、紧密配合，严格落实各项工作要求，确保工作顺利进行。要积极组织干部认真学习，做好宣传引导，明确工作方向，切实将广大干部群众的思想和行动统一到镇党委镇政府的要求和部署上来。

（三）加快进度，务求实效

此项工作涉及面广，创新性强，事关重大，必须周密部署，积极稳妥地落实各项工作任务。各相关部门和单位要结合实际，进一步细化明确相关部署要求，不拖不等不靠，尽快制定切实可行的细则，明确工作步骤，抓紧推动落实，务求取得实效。

（四）严格纪律，确保稳定

各相关部门和单位在推进过程中要严格组织纪律，涉及人员调整的，要做好耐心细致的思想政治工作。要做好体制调整前后的衔接，在新的工作机制尚未正式开始运行前，原有的工作机制不能停止运行。纪检监察部门要加强监督检查，在工作过程中切实做到思想不散、秩序不乱，纪律井然，工作正常开展。

中共北京市海淀区温泉镇委员会
2014年11月12日

温泉水岸家园社区管理体制创新领导小组成员名单

组　　长：镇党委书记　　　　　　　　　　方海强

　　　　　镇长　　　　　　　　　　　　　林　航

副组长：镇党委副书记　　　　　　　　　　张月娥

　　　　　副镇长　　　　　　　　　　　　王洪彬

成　　员：镇办公室主任　　　　　　　　　柳　涛

　　　　　镇组织部部长　　　　　　　　　鲁育群

　　　　　镇居民科主任　　　　　　　　　姜丽娜

　　　　　东埠头村党支部书记、村委会主任　葛　泉

　　　　　太舟坞村党支部书记　　　　　　张更生

　　　　　太舟坞村委会主任　　　　　　　袁　生

　　　　　太舟坞社区居委会主任　　　　　钮东辉

　　　　　镇办公室科员　　　　　　　　　吴杏红

温泉水岸家园社区管理体制创新筹备组成员名单

组　　　长：副镇长　　　　　　　　　　　王洪彬

常务副组长：东埠头村党支部书记、村委会主任　葛　泉

副　组　长：太舟坞村党支部书记　　　　　张更生

成　　　员：太舟坞村委会主任　　　　　　袁　生

　　　　　　太舟坞社区居委会主任　　　　钮东辉

　　　　　　东埠头村政工　　　　　　　　王艳霞

　　　　　　太舟坞村政工　　　　　　　　彭娟文

　　　　　　太舟坞社区副主任　　　　　　付爱民

扫码观看
精彩视频

篇章二

伟大变革勇作为：产权制度改革

温泉镇城市化之路纪实

75岁的海淀区温泉镇太舟坞村"原住民"刘长生精神抖擞,采访时,他总把"现在的生活就像活在蜜罐里一样幸福"挂在嘴边。1984年,刘长生向当时的太舟坞村建议开办一个食品厂,以生产花生、瓜子、榛子、松子等炒货为主。村里投资了一万块钱,当年5月,食品厂成立,刘长生当上了厂长。"当年弯腰种地就想改变命运,改革开放给了我们这个机会。那一年,我不到40岁。"刘长生回忆起自己的创业史。"都是白手起家,两眼一抹黑,生闯出来的路。"他不无感慨地说道。当年为了找到货源,刘长生跑到哈尔滨,在零下20多度的夜里走在乡间找旅馆,遍寻不获,最终只能在半夜走回哈尔滨火车站,在候车大厅凑合一夜。当年的村集体经济发展虽然艰辛,但是充满着希望。"效益好的时候,一年能赚到百八十万元,解决了村里五六十人的工作。"

如今,刘长生住进了温泉镇水岸家园社区,过起了安逸的退休日子。"农转居解决了退休金和医疗保险的问题;腾退安置补偿了不止一套房,不仅解决了住的问题,还能租出去赚钱;农村集体经济产权制度改革让我们成了股东,每年还能有分红。"——这就是当下多数老温泉人的生活。

40岁的温泉镇杨家庄人姚志勇大学毕业后在市区打拼了多年,工作十几年之后,他想自己创业。2020年,第三次创业的姚志勇选择把公司注册在温泉镇。"因为觉得这里是自己的家。另外,这几年温泉的发展太快了。对于创业的人来说,这里有创客小镇,创业的环境和氛围跟市里差别不大了。"这次,姚志勇的创业选择自己从事多年的文化、广告类行业。用姚志勇自己的话说,他能三次创业源自他"没有后顾之忧"。村庄腾退后,姚志勇家安置补偿了房子,杨家庄村股份经济合作社股东的身份还让他每年有过万的分红。"生活不成问题,就想按着自己的理想去闯一闯。"姚志勇说。

伟大变革勇作为：产权制度改革

第三次伟大的变革

农业、农村、农民问题一直是党中央关心的"头号大事"。2004年至2021年，中央一号文件连续18年聚焦"三农"工作，表明了"三农"问题在中国社会主义现代化时期"重中之重"的地位。

摆脱贫困，走进新时代，农业、农村、农民的持续发展之路该走向何方？习近平总书记在党的十九大报告中提出"乡村振兴战略"，"三农"问题上升到国家战略的高度。与此同时，还对实现农村集体土地的使用与管理给出了顶层设计。坚持农业农村优先发展，按照产业兴旺、生态宜居、乡风文明、治理有效、生活富裕的总要

各村股东拥有的股权证

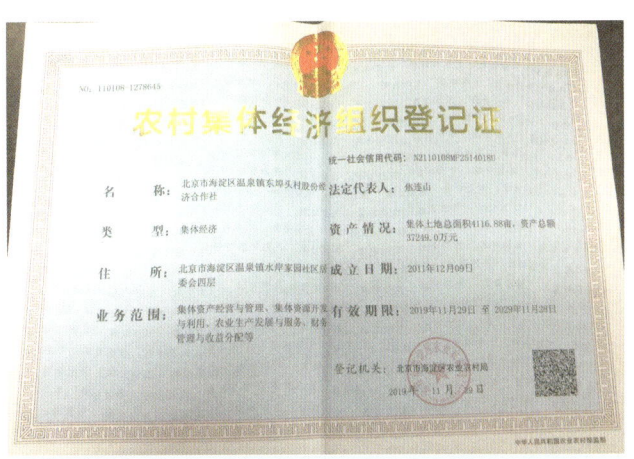

东埠头村股份经济合作社的农村集体经济组织登记证

41

求,建立健全城乡融合发展体制机制和政策体系,加快推进农业农村现代化。巩固和完善农村基本经营制度,深化农村土地制度改革,完善承包地"三权"分置制度。深化农村集体产权制度改革,保障农民财产权益,壮大集体经济。保障农民集体经济组织成员权利,积极发展农民股份合作,赋予农民对集体资产股份占有、收益、有偿退出及抵押、担保、继承权的改革任务。

党的十八大和十九大明确的这次产权制度改革是中华人民共和国成立以来继解放初期的高级社、80年代的土地承包政策以后,农村第三次重大改革,是涉及时间最长、面最广、人最多、政策性最强、操作程序最繁杂的一场改革。这项改革涉及亿万农民的切身利益,涉及诸多法律政策的修改完善。农村情况千差万别,各村的具体情况又不相同,情况十分复杂。这是一项牵一发而动全身的改革,需要试点先行。作为京城的近郊,海淀区的农村地区,再次成为引领示范的先驱。

2011年5月,海淀区政府正式下发《海淀区农村集体经济产权制度改革工作方案(2011—2013年)》,明确3年内(2013年年底之前)完成区农村集体经济产权制度改革,其中,2011年全面推动,当年山后地区50%的村完成改革。在这一轮改革中,海淀区又将农业农村工作基础较好的温泉镇列为产权制度改革的试点。2011年,恰逢温泉镇城市化进程的关键时期,东埠头与辛庄两个村被列为"产权制度改革重点推进村"。

海淀区农村集体经济管理模式及其发展历程

海淀区农村集体经济发展伴随着国家大政方针的变化而变化。从新中国成立后直到1950年3月海淀区完成土地改革工作,一直到1957年上半年都是处于互助组、初级社时期,从总体上看,由于当时坚持在私有基础上的合作和自愿互利的原则，同时采取典型示范、稳步推进的步骤，在搞好农业生产的同时积极发展副业生产，发展的比较顺利，效果也不错。

1958年开始，海淀区进入人民公社时代，直至1984年成立乡一级政府，人民公社体制正式结束。人民公社时期实行公社一级所有，政社合一，一切生产资料归公社所有，实行高度集中统一的经营管理制度，包生活、办公共食堂，实行工资制与供给制相结合，取消家庭自营经济，收回自留地，取消集市贸易。公社化违背了生产关系必须适应生产力发展要求的基本规律，当时的集体企业存在吃社队集体"大锅饭"和职工吃企业"大锅饭"的弊端，加之"共产风、浮夸风、命令风、干部特殊风和生产瞎指挥风"等"五风"的泛滥，农村集体经济生产力遭到了很大破坏，农民生活相对艰难。

1984年乡一级政府成立后，乡一级集体经济组织定名为农工商总公司，负责管理乡级集体企业；20世纪90年代，海淀区按照市里统一要求成立乡级经济合作联社，但是乡级经济合作联社作为镇级集体经济组织与当时各乡农工商总公司为"两块牌子、一班人马"，几乎是被搁置的状态。以温泉镇为例，直到2015年为了完成镇级产权制度改革工作召开了经济合作联社第一届社员代表大会第二次会议，从实质上来讲这个机构处于一种虚置的状态；不过，值得庆幸的是，海淀区所有行政村在乡级经济合作联合社成立后，按照市、区统一要求成立了村级经济合作社，一直作为村级集体经济组织的经济实体在发挥一定的经营管理职能。随着改革开放的不断推进，20世纪80年代末和90年代初期，在全国农村改革的推动和邓小平同志视察南方重要讲话的指引下，海淀区的乡镇企业也异军突起，但是随着市场经济体制的建立，很多企业由于负债率过高、信誉下降导致融资困难，大多走上了重组转制的道路。

> 近年来，随着地区城市化进程不断加快，为了进一步深化农村土地和房屋产权制度改革，建立健全归属明晰、权责明确、保护严格、流转顺畅的农村产权制度，完善市场化配置资源机制，进一步解放和发展农村生产力，2010年开始在全区范围内正式开展村级产权制度改革工作。截至目前，海淀区大部分村级集体经济组织已经全部按计划顺利成立股份经济合作社，以温泉镇为例，温泉镇的7个行政村已经于2012年8月全部民主选举产生了董事会、监事会，这为逐步消除城乡二元结构体制性障碍、推动农村资产资本化、加快促进农民生产生活方式的根本转变奠定了坚实的基础，这同时也为下一步镇级产权制度改革工作做好了充足的保障。目前温泉镇7个村级股份经济合作社都在正常运营，温泉镇农经部门按照区里有关要求制定了7个镇级制度性文件和10个股份经济合作社制度性文件，从内部监管到上级监管明确了制度规定和工作流程。
>
> 摘自2015年《海淀区农村集体资产管理工作存在的问题及其对策——基于温泉镇农村集体资产监督管理工作实际》

摸着石头过河

海淀区的农村集体经济产权制度改革工作方案以年进度安排、季度进度安排的方式明确了各个时间节点和需要完成的任务安排。方案中要求，温泉镇2011年完成改革的村数，占应改革村数的比例不低于50%。温泉镇应在本轮改革中覆盖全镇7个村以及镇级集体资产的股份制改革。2011年完成4个村、2012年完成3个村，2013年完成镇级集体资产的改革；对于需要在2011年完成产权制度改革的村，第一二季度，要建立健全领导机构和工作机构，完成业务培训。完成人员界定，包括核实老股金、人员身份和劳龄。第三四季度完成清产核资，制订集体资产处置方案。完成集体资产处置和份额流转，建立股份经济合作社，完成改革。"山后各镇应尽早研究乡镇级集体经济组织产

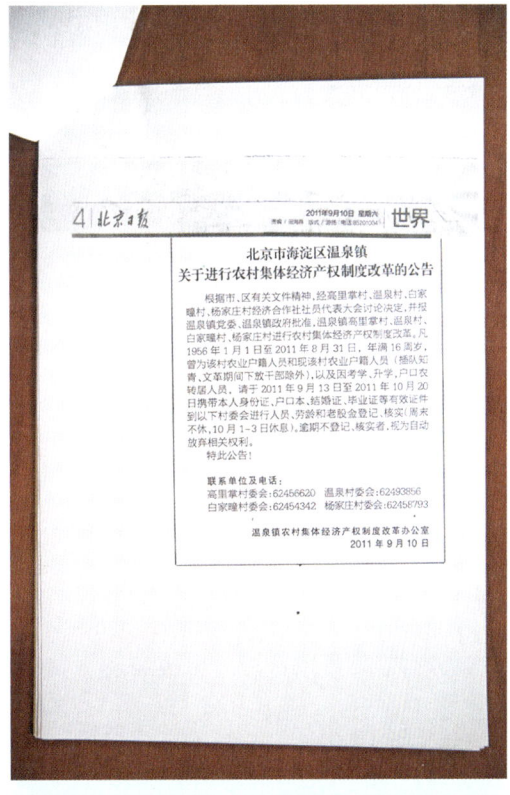

刊登在《北京日报》上的《北京市海淀区温泉镇关于进行农村集体经济产权制度改革的公告》

权制度改革事宜，早启动、早完成。原则上，上半年进行前期调研，下半年制定完成改革方案。"鼓点敲得紧，任务压得实。

这可是涉及全镇7个村、15 000多人切身利益的大事。如何有条不紊地把产权制度改革做好呢？"勇先自安，谋而后动"。温泉镇党委、政府多次召开领导班子会议，成立以镇党委书记、镇长为组长，镇党委副书记、纪委书记、主管镇长为副组长，镇相关科室负责人、各村党（总）支部书记为成员的温泉镇农村集体经济产权制度改革领导小组。下设办公室，办公室设在镇农经站，由镇农经站牵头对接区改革领导小组以及相关部门，并具体承担相应工作。镇主要领导加相关科室负责人实行包村制，包括方案的制定、人员的登记、问题的指导等。各村也相应成立了改制领导小组。"刚开始的时候，大家还比较茫然。当时，现成能借鉴的也就是海淀山前地区的经验。但是，我们调研了之后发现，海淀山前山后，由于地理位置、历史原因等问题，其实在发展的过程和阶段上，区别太大了，可借鉴的方面比较有限。当时我们基本是'摸着石头过河'。"时任温泉镇农村集体经济产权制度改革领导小组办公室主任、农经站站长的金连悦回忆，"当时，镇产权制度改革领导小组确定温泉的改革坚持'滚动式进行'，即全面培训，分批启动，重点推进，先期启动东埠头、辛庄两个村。"

形成一个从始至终贯穿整个产权制度改革的纲领性文件，制定一个合法、合规、合情合理的，具有可操作、可执行的指导全镇改革的原则性纲领性文件，是这次产权制度改革成败与否的关键。在区改革领导小组的指导下，结合温泉镇实际，2010年12月，在大量调研和测算的基础上，温泉镇农村集体经济产权制度改革领导小组研究制定了《温泉镇农村集体经济产权制度改革指导意见》《关于恢复和健全村级经济合作社指导意见》和《温泉镇农村集体经济产权制度改革清产核资工作指导意见》——这3个指导意见明确了产权制度改革的实施原则、村级经济合作社的组织和组建以及村集体经济清产核资的操作，如"定海神针"一样保证了温泉镇产权制度改革的方向。为了鼓励各村积极开展产权制度改革工作，结合区财政配套资金，镇产权制度改革领导小组还出台了《温泉镇关于加快推进农村集体经济产权制度改革实施政策性奖励办法》,调动各村和村民们的积极性,让大家都参与和投入到集体经济产权制度改革这项工作中来。

"我们不抢时间,不争数量,集思广益,踏踏实实做好前期调研工作。"参与指导意见起草的温泉镇农经站工作人员李伟回忆,"在制定3个意见的过程中,我们认真学习产改

2013年,辛庄村股份经济合作社的股东领到股权证

辛庄村股份经济合作社股权证颁发暨2013股份分红仪式

文件，领会产改政策，把控产改原则，虚心听取各级领导、专家、党员、干部、群众的意见和建议，虚心向山前乡镇学习，吸取经验教训，充分考虑每一群体大多数人的根本利益及弱势群体的切身利益。'意见'中的每一条款、每组措词、每个标点符号都经仔细推敲，充分考虑每一群体、每件事物、每个时点。"经过温泉镇内部的12次研讨，上级和专业人士的8次座谈，15次初稿的修改、补充和完善，共历时8个月的时间，这3个"指导意见"才始得出炉。

意见出台后，温泉镇并没有机械地盲目执行，而是结合辛庄、东埠头两个重点村的推进情况，不断发现问题，消化矛盾，解决问题，就消化和解决效果出台修改条款或补充规定。"在分析总结重点推进村的矛盾问题中，我们前后修改了3项条款，做了4次补充规定。"金连悦说。

2011年12月上旬，温泉镇两个重点推进村都在规定时限内保质保量完成了产权制度改革任务。东埠头村股份经济合作社的成立，是海淀北部地区全面推广产权制度改革以来，第一个成立的股份经济合作社，区农委、区农经站都给予了高度的评价和充分的肯定。

伟大变革勇作为：产权制度改革

杨家庄村的产改故事

今年 74 岁的杨家庄村人张文敏，2011 年的时候本已退休在家含饴弄孙。6 月的一天，她接到了时任杨家庄村党支部书记董长有的电话，请她"出山"参加"杨家庄村集体经济产权制度改革领导小组"的工作。

这时的杨家庄村集体经济组织经过 20 多年的努力，积累了一定的资产，并拥有土地等自然资源。从 20 世纪 90 年代初期成立杨家庄村集体经济合作社到改革前，村域经济得到了明显的发展壮大，90 年代初期总收入为 1 311 万元，可支配收入 136 万元，到 2010 年年底总收入 5 318 万元，可支配收入 542 万元，两项指标同比分别增长 3.1 倍和 3 倍。但由于长期以来集体经济的产权不清晰，造成管理不严、效益较差，体制性弊端制约了经济发展。原来那套"共同共有"的产权制度已经越来越不适应市场经济发展的客观要求，走向"产权清晰、权责明确、政企分开、管理科学"的股份经济

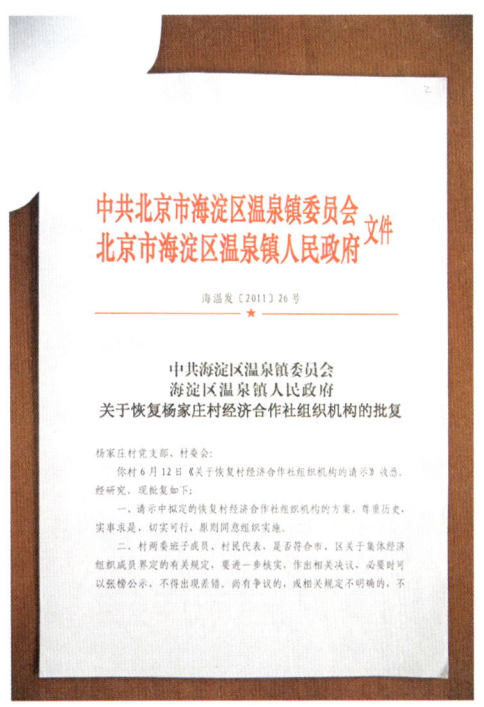

49

合作社模式已经成了发展的必需。

"加入小组，第一件事情就是学习。"张文敏清楚地记得，那年夏天大会小会开个不停。"首先是务虚会，区里的、镇里的专家们就跟我们讲，农村产权制度改革对于咱们农村来说有多重要——它的意义跟当年家庭联产承包责任制比起来不差。然后，就是培训。培训我们怎么填写相关的表格，怎么联合派出所、几届村委会来共同做好摸查工作。"当年，温泉镇农村集体经济产权制度改革领导小组组织镇村改制领导小组成员、村"两委"干部进行了两期，每期3天的封闭式学习培训，请专家讲课，请先进单位介绍经验；根据每阶段的内容组织镇、村两级领导干部学习、研讨；各村分别召开党员、干部、村民代表等参与的各种会议，根据各阶段的工作进行宣讲。在整个产权制度改革过程中，温泉镇参加人员登记的工作人员多达116人，所有工作人员参加了多次全面、有效的业务培训。村级培训中，结合自身实际，多举实例，以身讲表，互相填表，增进每一名工作人员对政策和表格的理解，在学习专业知识和业务实践相结合的循环中，提升处理和解决实际问题的能力，让每一位工作人员"掌握政策会干活，积极工作有信心"。

产权制度改革涉及广大农民群众的切身利益，是将集体经济的资产所有权、经营权、收益权、处置权交还给农民群众，使资产变股权，农民成股东，变资产共同共有为按份共有。这是对农民群众利益的最根本保护，是一项民心工程。为了让产权制度改革工作真正做到家喻户晓，人人皆知，个个明白，温泉镇展开了形式多样的宣传发动。广播、电视、内部通讯、板报、宣传栏、一封信等多种形式"齐齐上阵"宣传改制政策。给每家每户发放《致社员的一封信》和《知识问答手册》两份材料通俗易懂，村民们一看就懂，被大家称作"明白纸"。

按照《温泉镇农村集体经济产权制度改革指导意见》的规定，杨家庄的改制组由指导组、忆评组、身份界定组、清产核资组、老股金退偿组、劳龄核实组等6个工作小组组成。村领导小组由党（总）支部（书记任组长，成员包括村委会主任、主管财务领导、会计、群众代表等）5名成员构成。领导小组在村党（总）支部的领导下开展工作，村党

（总）支部把这项工作作为支部创先争优活动的一项重要内容，并要求支部广大党员在村集体经济产权制度改革工作中发挥党员的先锋模范作用。

第一步，人员界定。这一步直接关系到村民是否是村集体经济组织成员身份，劳龄登记以及原始入社股金登记直接体现个人与集体财产之间的占比。张文敏退休前曾在村委会工作多年，"轻车熟路"自然成了这个工作小组的骨干。村两委成员王永利也进入了这个工作小组。

"老股金"（原始入社股金）的登记、劳龄的确认都要追溯到1956年，当时的资料还没有电子化。张文敏等几个小组成员就去派出所认真细致地将人员信息全部手抄了回来。"上世纪五六十年代初期的户籍登记还比较混乱，只有一张名片大小的小白卡。后来，跟村民手头的材料以及忆评组的老人们的记忆比照，发现还有不少误差。"张文敏回忆，"誊抄回来以后，复印造册。前前后后忙了半个多月。"

温泉镇的产权制度改革充分听取了群众的意见，考虑村民们的诉求。根据原有的确权规定，针对"因考学转居的大学生"群体，只有改制基准日依然在校的大学生可以分配股金。在前期的试点中，有干部和村民提出，只考虑在校生的利益完全不顾及已毕业学生感受的政策似有不妥，应给予已毕业学生部分政策性补贴。一是为平衡他们的落差心理，二也可以认为是对他们把土地留让给集体的政策性奖励。经镇、村反复研讨并征求区产权制度改革领导小组意见批准同意后，最终形成了相关的补充规定，即对1956年后在大中专院校已毕业并转居学生实行阶梯式分配模式，分别给予1万元和3万元的政策性补贴。这种人性化的政策措施较好地解决了同

杨家庄村集体经济产权制度改革社员代表座谈会

为转居学生而利益差距过大的失衡心理,得到了广大群众的支持。

群体构成复杂,个人情况又各有不同,还要考虑多种利益,温泉镇产权制度改革领导小组归类出15个不同群体,设计了人员登记、劳龄确认、老股金退偿等9套简单易行的登记表格,为每一个群体量身打造了一套行之有效的登记办法。

"我们杨家庄的登记采取的是:按照9套表格分成9组工作人员,每组两人。填表当天,我们设置了引导员,根据村民们的不同情况,引导他们去相应的填表处登记。"谈起当年的工作,张文敏至今非常兴奋。杨家庄采取的这个填表模式,效率最高,后来其他村也争相来取经。

杨家庄村的人员登记情况:享受基本份额人员773人;劳龄确认登记共计1 404人,总计30 264年;政策性转居10人;享受1万元补助的学生88人;享受3万元补助的学生114人。

第二步,原始入社股金的登记工作。由于年代久远,农村体制多次变革,造成入社初期集体账册和个人股权证缺失。为保护老股金权益人合法权益,温泉镇原则上将1956年入社时年满16周岁及以上的劳动力,均视为老股权持有人。

"时间太久了,老股金确认的工作最困难了。"王永利说。杨家庄村邀请了老的村委会干部、村里的老人组成了"忆评组","这些老人们发挥大作用了。谁谁谁怎么个情况,心里一清二楚。他们心里就有材料,甚至精确到哪一年哪个月落实的什么政策……"在这项工作中,温泉镇产权制度改革领导小组在个别群体、个别人或事物上坚持不违背大原则下的"宜宽不宜严、宜松不宜紧",争取百姓利益最大化。因此,当旧的登记记录与村民申诉不相符时,只要村民能提供相关的证据,经过核验,工作组会采纳事实证据。当村民申诉,但又拿不出证据的时候,通过"忆评组"老人们的回忆去核实——这种做法不仅化解了村民心中的不满,也体现了对村民利益负责的宗旨。原始入社股金的登记彻底解决了历史遗留问题,保障了老股金持有人的合法权益。

第三步,"摸家底"。要把多年来集体经济发展的经营性资产、非经营性资产和资源性资产及控股企业和其他需要清查的全部资产进行清查。这一步的工作相对庞杂。根据《北京市海淀区人民政府关于印发〈我区城乡结合部地区乡村集体资产处置及集体经济体制改革试点工作的意见〉的通知》以及《北京市海淀区人民政府办公室关于印发〈关于集体资产处置及经济体制改革中乡村进行清产核资的指导意见〉的通知》等有关政策的规定，温泉镇结合具体情况，制定了《温泉镇农村集体经济产权制度改革清产核资工作指导意见》，可操作性强：资产、负债、所有者权益、账外资产、资源性资产的界定都是清晰明确的。根据《杨家庄村经济合作社清产核资报告》，杨家庄村经济合作社账内账外资产总额为228 938 960元，负债总额为8 724 437元，所有者权益总额为220 214 523元。

第四步，集体资产进行股份量化和重组。把过去的集体经济组织中，大家共有的产权制度改造成"按份持股"的新型集体经济组织。每个人按照对集体的贡献和社员身份，享受相对应的股份，成立新型集体经济组织，社员变股东，年终收益按股分红。

在重组前，先要完善旧模式，再启新组织。2011年8月底，杨家庄村党支部分别召开了支部会议和两委联席会议，完成了向镇党委、政府提交改制申请及《关于恢复经济合作社组织机构的请示》的工作。经温泉镇党委、政府慎重研究，作出了相关批复。杨家庄还召开了老党员、老干部、村民代表和部分群众座谈会，听取恢复和健全本村经济合作社以及社员代表大会制度事宜的相关建议。2011年8月9日，召开了第二届社员代表大会第一次会议，表决通过了村经济合作社《章程》，选举产生了村经济合作社管理委员会和监察委员会。

2011年8月28日，杨家庄村召开第二届社员代表大会第二次会议，通过了《杨家庄村集体资产处置和集体经济体制改革工作计划》《清产核资工作实施方案》《杨家庄关于集体经济产权制度改革人员登记确认规定》。

2012年4月24日，审议通过了《杨家庄村产权制度改革人员登记工作报告》《杨家庄村清产核资报告》《杨家庄村产权制度改革关于村集体资产量化份额实施方案》《杨家庄村关于兑现工作规定》。

2012年5月，杨家庄村经济合作社召开第二届社员代表大会第四次会议，这是第二届社员代表大会最后一次会议。

杨家庄村经济合作社可量化净资产220 214 523元，退偿老股金786 600元，享受特殊政策人员的补贴4 600 000元。按照上级文件精神，应保留一定比例的集体资产量化份额，经社代会同意，即集体资产份额 53 706 980 元，余下的 161 120 942 元，为个人资产量化份额，其中，基本份额实为 75 726 843 元，劳龄份额为 85 394 099 元。按规定，量化的基本份额必须全部转股，不予兑现。将个人资产量化份额中的基本份额设置为杨家庄村股份经济合作社个人股，占总股本的 70%；设置集体股，占总股本的 30%。即杨家庄村股份经济合作社总股本 108 181 204 元，其中，个人股总额为 75 726 843 元，集体股总额为 32 454 361 元。

2012 年 5 月 21 日，杨家庄村股份经济合作社正式成立。新的合作社召开第一届股东代表大会第一次会议，审议通过了工作报告和章程（草案），并选举产生了董事会、监事会。

获颁"1号身份证"

温泉镇股份经济合作联合社第二届股东代表大会第一次会议

温泉镇股联社获得编号为1号的农村集体经济组织登记证书

从2010年启动村级产权制度改革，到2012年8月7个行政村顺利组建股份经济合作社，温泉镇花了两年多的时间。通过核资确权，最后确认，全镇共有股东9 506人。

2015年，根据海淀区的统一部署，温泉镇启动了镇级产权制度改革试点工作，依然由镇农经站负责日常工作，金连悦说："温泉镇镇级产权制度改革的重点是镇属企业资产的核算。然后，根据温泉镇7个村确认的股东总数量再进行量化。"

2016年3月，温泉镇股份经济合作联合社成立，股东为镇集体股和 7 个村股份经济合作社，其中镇集体股占 20%，7 个村集体股占 80%。通过产权制度改革，明确了农村集体产权归属，将集体资产以股份形式量化到本集体成员，赋予农民更多财产权利，建立了产权明晰、运转高效的体制机制，镇村两级股份经济合作社的成立也标志着温泉镇农村产权制度改革基础性工作基本完成，为放活资源打下坚实的制度基础。

2018 年 11 月 16 日，全国农村集体产权制度改革试点推进会在南京举行。会上，农业农村部首次为来自全国各地的 10 个农村集体经济组织颁发了登记证书，温泉镇股联社作为 10 个组织之一，获颁编号为 1 号的登记证书。登记证也被称作是集体经济的"身份证"，是农村经济产权制度改革成果的缩影。

2017 年，《中华人民共和国民法总则》（以下简称为《民法总则》）明确了农村集体经济组织特别法人地位。为落实《民法总则》规定、赋予集体经济组织市场主体地位，经过不断努力，农业农村部开展了农村集体经济组织登记赋码工作，启用了组织登记证印制标准，并开通了组织登记赋码管理系统。这也意味着农村集体经济组织规范化管理取得了实质性进展。今后，有了统一"身份证"的农村集体经济组织，不仅具有法人地位，还可以开设银行账户、进行市场经营活动，将有助于进一步规范运行，推动深化农村集体产权制度改革，探索集体经济新的实现形式，发展壮大集体经济，推进城乡一体化协调发展。

温泉镇农村产权制度改革过程中的"三项创新""两个确保"和"一个第一"

整个产权制度改革工作中，温泉镇开展了 3 项创新，实现了两个确保，确立了一个第一。第一个创新是改制基准日在校与已毕业的农转居大学生实行阶梯式分配模式。第二个创新是给予村社代会劳龄份额留、转、退高度自主决策权。第三个创新就是拿出一个纵贯始终的、适应各村的综合性指导意见来，这是北部各镇乃至山前都没有做到的。两个确保，一是根据各村实际资产量，合理分配劳龄份额与基本份额的分配比例关系；二是确保了产权制度改革引发的所有矛盾和问题全部得以在镇域内解决，避免了大规模群体上访事件的发生。也正是因为温泉镇产权制度改革工作扎实、程序严谨、质量上乘、社会稳定，才得以在2011年获得了海淀区先进单位称号。确定了一个第一是温泉镇东埠头村成为海淀北部地区第一个正式成立股份经济合作社的村级单位，为此，区产权制度改革领导小组、区农委、区农经站给予了高度重视，相关单位主要领导莅临成立大会，并对温泉镇产改工作给予了充分肯定与高度评价。

——摘自2012年《科学发展，铸就辉煌，奋力谱写温泉镇农村经济建设新篇章——温泉镇农村集体经济产权制度改革工作材料》

新起点 再出征

经过这一轮的产权制度改革,农村集体经济的进一步发展基础已经奠定。随着海淀北部地区经济社会发展与城市化快速推进,在农民转变为居民、传统农村逐渐向社区转型、农业向新型产业过渡的大背景下,温泉镇也在谋划农村改革的新思路:

首先是积极推进村级组织账务分离工作,明晰村集体经济与村民委员会的职能关系;其次是完善制度建设,进一步健全股份经济合作社内部治理和运行机制;再次是加强"三资"监管,深化集体资产监管体制机制改革;最后是盘活集体产业用地,探索农村集体经济发展的多种有效实现形式。

清楚明白分开"灶"

2017年,温泉镇成为海淀区村级账务分离改革的试点,启动村账分离工作。旧的管理模式中,村委会与村股份合作社实行账套合一,仅有经济合作社的账套,村委会是没有账套的。村委会和村集体经济组织在单位性质、治理结构、运行机制、资金来源等诸多方面事实上是不一样的。村委会和村股份社账套合一的做法,无法反映集体资产经营情况和公共管理服务资金使用的情况,不利于村务监督委员会和村股份社监事会履行内部监督职责,也不利于民政、财政、农经、审计等职能部门对村级组织进行预算管理、考核评价和必要的行政监督。

为什么要村账分离呢？杨家庄村股份经济合作社党支部书记吕振东说："就是要责权明确，理顺关系，让经济合作社专心搞经济，村委会专心做好村民的服务。"温泉镇开展了实地调研，用数据说话，通过对近3年各村实际工作及经费支出的考察，明晰村委会工作职责、运行所需资金及资金来源。镇农经站牵头，与组织、财政、民政等多个科室会商，与村级集体经济组织负责人、村委会主任及"两委"人员多次座谈。经过一年多的筹备，在2018年顺利实现了"村账分离"：一是分设村股份社与村委会的会计账套和银行账户；二是划分村股份社与村委会对原先账务合一情况下的资产产权归属；三是明晰农村基层公共管理职能与集体经济经营管理职能的边界，明确村委会的职责；四是按照村委会职责制定经费预算，确定账务分离后村委会履行公共管理服务职责所需资金及其来源；五是构建账务分离后村委会和村股份社各自的财务监管体系。

负责管好"钱袋子"

"从经济合作社成立之初，我们就在不断完善监管制度的建设。"吕振东2016年当选杨家庄村股份经济合作社党支部书记，谈到合作社工作时，他觉得最重要的就是"为股东们负责管好'钱袋子'"。

2013年年底，海淀区委区政府尝试进一步规范农村集体资金资产资源管理，借鉴"国资委"方式组建"农资委"管理农村集体资金资产资源。以整合资源、理顺关系、强化监督、务求实效为核心，强化区、镇两级的农经监管机构的职能，完善工作机制，提高行政效能，确保农村集体资产安全运营、保值增值。在镇级层面，进一步明确镇党委、政府促进区域经济发展、管理镇级集体资产、监督指导村级集体资产管理的职责和领导责任。根据各镇农村集体资产管理的现状，对镇级监管部门予以适当调整。镇级集体经济组织，在区农资委的领导下，明确由区农经站来监管，对于镇级的农用地管理、财务管理、征地补偿费使用管理、集体经济合同管理、产权制度改革五大重点工作都需要由区农经站进行定期检查审计，重要事项和重要资料要报区农经站备案。对于村级集体经济组织，在镇农经站进行监管的基础上，区农经站对涉及大额资金使用、重大事项、土地流转的村级集体经济组织认真履行监管职责，加大管理力度、创新管理手段、建立科学长效的管理机制，切实把村级集体经济组织管好。

根据海淀区的部署，2014年10月，温泉镇农村集体资产监督管理委员会（以下简称"镇农资委"）成立，由镇党政主要领导、分管领导以及经济发展、农经、财政、纪检等科室的负责人组成，与镇级的党政议事机制相衔接，其主任由镇党委书记担任。镇农资委办公室设在镇农经站，承担镇农资委的日常工作，并强化镇农经站对农村集体资产进行监督管理的职责。在严格落实《海淀区农村集体资产管理意见》的基础上，重新梳理、修订完善农用地管理、财务管理、征地补偿费使用管理、集体经济合同管理、产权制度改革等重要方面的规章制度，调整完善可操作性的管理实施细则，建立第三方审计制度，审计结果公开，从制度上确保监管不缺位。

时任温泉镇农资委办公室副主任的尹曙光说："这是一个真正有管束力的监管机构。"农资委工作实行例会制，基本上每月召开一次，遇上有重大事项需及时研究决定，随时召开，重点做好资金使用审批、合同管理、审计、考核评价等工作。

温泉镇农资委工作职责

重点做好资金使用审批、合同管理、审计、考核评价等工作。

（1）在资金使用方面，严格按照相关审批流程执行，加强对征地补偿费的使用监管。

（2）规范合同管理，严格合同审批流程，完善规划、农林、安全生产、司法等部门联审制度，确保新增、续签合同符合地区发展方向，合同文本完整规范，有效保护集体资产。

（3）建立第三方审计制度，加大内审工作力度，按照"横向到边、纵向到底、三年全覆盖"的原则，对集体经济组织财务收支、集体经济组织负责人经济责任进行审计，并依据审计报告，开展深度整改，针对历史形成的难以整改的问题，采取各种措施进行防范，防止今后再次发生。

（4）强化考核评价机制，每年结合农经重点工作及审计中出现的问题，开展"三资"管理考评工作。

村级股份经济合作社运行监管机制

各村股份经济合作社依据本单位章程等配套制度运行。股东代表大会作为股份经济合作社的最高权力机构，"三重一大"事项必须经股东代表大会决策；董事会为股东代表大会的执行机构，负责处理集体经济组织的日常事务；监事会作为股份社监督机构，开展监督工作。董事会、监事会均需要向股东代表大会报告工作。

股份经济合作社实行按季度财务公开，公开内容包括收支预算、对外投资、收益分配、土地征收补偿及使用情况、集体资产资源租赁等，保障股东知情权，接受股东监督。

"掌舵人"话"财经"

腾退补偿、征地补偿、村办企业多年积累……目前，温泉镇7个村的股份合作社都有数亿规模不等的资产。"合作社要给股东们分红，而且形成了一个惯例，每年要有一定幅度的增长。"吕振东书记说。

村级股份经济合作社成立后，几位合作社的书记每天"心无旁骛"，就为如何使村集体资产保值、增值殚精竭虑。"压力非常大。"白家疃村党（总）支书记王博说，"合作社不仅每年要赚出给股东的分红，为了长远，还得在这个基础上，考虑今后的发展。"

由北京市整体规划引导，海淀北部地区正在面临产业格局的转型，原来村集体经济投入建设的服装厂、木器厂、印刷厂等第一二产业已经不再符合温泉未来发展的定位了。可是，各村的集体经济体量、技术实力，又无法直接对接高新技术产业。与此同时，手握的资本因为要求绝对安全，造成对接资本、融资市场面十分狭窄，"只能放在银行做理财，而且要明确是保本理财产品。"

"股东们把自己辛辛苦苦赚来的钱放在了合作社，我们就得对得起大家的信任。"杨家庄村股份经济合作社吕振东书记说，集体经济运营的增值保值是对经济合作社运营情况的考核要点。采访中，几位股份经济合作社的书记都踌躇满志。

"各个村有一定的经济体量，但是，在市场当中又不足以形成一定的规模。投资保值要求严格，造成渠道相对单一，资金回报相对较低。"时任温泉镇农经站站长的金连悦分析说,"只有把各个股份合作社的资金集结起来,才能获得更多的投资回报。"

温泉镇党委、政府的统筹谋划再次发挥了作用。在地区产业格局上,温泉镇确定新战略:以国家创新发展战略和首都"四个中心"定位为总纲,依托中关村科学城核心区和海淀区科技资源优势,以科创服务和共享经济为抓手,在"一镇一园"集体产业用地基础上营造宜业宜居、创新发展环境,打造了集集体经济发展、创新驱动发展、产城融合发展和可持续发展等特征于一体的"中关村创客小镇"特色项目。

"中关村创客小镇"为海淀区创客人才公共租赁住房试点项目,该项目土地和产权仍为温泉镇下属集体经济所有,整体按双创社区模式进行改造建设和运营管理。创客小镇社区为集体经济统筹统建公租房,改变了村民散租棚户房的低效"瓦片经济",通过政府趸租方式预先实现了集体经济房屋基础租金"旱涝保收"的保值目标;小镇吸引了科技创新项目有序聚集和融合发展,促进了地区科技创新产业能力的提升,创造了集体经济产业化指数级发展的上升空间;小镇由温泉镇集体经济控股,引入社会资本和专业力量成立了"北京创客小镇科技有限公司"进行运营管理,开启了集体经济控股、市场化运营管理的创新模式,进一步确保了集体资产的安全、增值和效益最大化。

2019年,温泉镇党委、政府以"资本立镇"为努力方向,聘请专业化人才组建"兴泉资本",以各股份合作社自愿认股加入的方式,解决村级股份合作社资金融资渠道少的困难。"银行理财只能是保个本,利润率甚至还跑不过通胀。"做过专业会计的吕振东书记说,"村集体经济势必要走出目前的困境。兴泉资本成立之初,在其他人还将信将疑的时候,我就说服了我们的股东,认投了一个亿。他们是专业化的团队,在资本市场上经验丰富,另外,由镇党委和政府监管着,我们也放心。现在我们股份社的钱到期结算,本息都放在那里利滚利。安全省心,回报还高。"

除了温泉镇政府的引导,各村股份合作社的发展也有自己的"高招"。会计出身的吕振东书记坚信资本要流动起来,把资本变为资产,特别是投入到知根知底的地产中,回报不菲。杨家庄村股份经济合作社就在中关村环保科技示范园投资一个亿买了一栋写字楼。

伟大变革勇作为：产权制度改革

杨家庄村股份经济合作社在中关村环保科技示范园购买的写字楼

"看中的是知根知底价格优惠。重要的是，这块地位于北京自由贸易试验区，未来增长潜力很大。"吕振东说。

东埠头村股份经济合作社的焦连山书记则注重投资"农民们的老本行"农业畜牧业的项目。"我们考察北京周边省份相对'落后'的地区，他们有畜牧业的优势，我们手头有资本的优势，两相结合，强强携手，合作共赢。"焦书记说。

每个村级股份经济合作社都由"能人"来掌舵，每个"掌舵人"都一心一意谋发展，温泉镇的集体经济迎来了大发展的契机。

杨家庄村股份经济合作社历年分红情况表

年份	股份分红	股东人数	分红总额	发放日期
2013	3 600.00	773.00	2 782 800.00	2014-1
2014	5 600.00	773.00	4 328 800.00	2015-1

65

续表

年份	股份分红	股东人数	分红总额	发放日期
2015	8 200.00	773.00	6 338 600.00	2016-1
2016	8 660.00	773.00	6 694 180.00	2017-1
2017	9 352.00	773.00	7 229 096.00	2018-1
2018	11 971.00	773.00	9 253 583.00	2019-1
2019	13 745.00	773.00	10 624 885.00	2020-1
2020	15 120.00	773.00	11 687 760.00	2021-1

温泉镇产权制度改革相关数据

（一）全镇参加人员登记工作人员116人，历时357天；

参加清产核资工作人员74人，历时382天；

参加忆评人员67人，历时130天；

（二）全镇所有者权益213 738万元，其中土地征占款129 853万元，劳动积累83 885万元

（三）全镇参加劳龄登记15 774人，劳龄341 598年，90 042万元；

老股金持有者4 597人，828万元；

基本份额9 500人（其中在校学生126人）64 387万元；

政策补贴2 329人，4 269万元；

全镇基本份额人均67 775元，年劳均2 635元；

（四）全镇注册资本（总股本）91 985万元，其中集体股27 595万元，个人股64 390万元

全镇共有股东9 506人，股东代表329人。

（五）全镇劳龄款、老股金、政策性补贴兑现情况

劳龄份额的额度确定下来之后，是转为股份还是现金退偿，亦或留滞待资金足额后再予清退，留滞待退的劳龄款是否给付利息等问题也浮现出来。在这个问题上，我们采取的方式是由村社代会征求大多数社员意见自主决策。辛庄、温泉、杨家庄、白家疃均采取了一次性全额退偿方式；高里掌、太舟坞将老股金、已故和部分劳龄款、政策补贴款全额兑现，其他待土地补偿款足额后支付，并支付利息；而东埠头无论何时发放只付本金。

2012年年底，全镇共发放78 819万元。

附件一

温泉镇农村集体经济产权制度改革指导意见

为了贯彻市、区有关文件精神，更好地发展农村集体经济，明晰集体资产产权，保持农村社会稳定，我镇决定全面启动和推进集体资产处置及产权制度改革工作，促进农村集体经济组织真正成为市场经济主体。现提出如下意见。

一、指导思想

以科学发展观为指导，加快推进我镇城市化进程，深化农村集体经济产权制度改革，建立集体经济可持续发展的高效运行机制。

二、主要目标

以产权制度改革为手段，落实农村集体资产所有者权益，实现乡、村集体产权清晰，解决历史遗留的经济问题，按照"产权清晰、权责明确、政企分开、管理科学"的原则，把农村集体经济组织改造成股份经济合作社。

三、基本原则

坚持维护社会稳定的原则。

坚持公开、公正、公平的原则。

坚持保护和发展社会生产力的原则。

坚持尊重历史、实事求是的原则。

四、宣传动员

进行产权制度改革的村要召开村党支部（总支）会议、村级党员大会、村级领导班子联席会议，认真学习市委、市政府以及区委、区政府关于积极推进乡村集体经济产权制度改革的一系列文件，充分认识推进集体经济产权制度改革的重大意义。通过广播、电视、内部通信、板报、宣传栏、一封信等宣传工具和形式进行宣传，做到家喻户晓、人人皆知。

五、基础准备

1. 建立领导机构。镇村建立健全领导组织机构，改制村根据实际需要设置指导组、忆评组、身份界定组、清产核资组、老股金退偿组、劳龄核实组等各个工作小组。

村领导小组由党支部（总支）书记任组长，成员包括村委会主任、主管财务领导、会计、群众代表等，领导小组由 5 ~ 7 名成员构成。领导小组在村党支部（总支）的领导下开展工作。

2. 恢复和健全社员代表大会制度。进行产权制度改革的村，可以根据本村实际情况，按照《北京市农村工作委员会 北京市人民政府农林办公室关于村经济合作社社员代表大会的若干规定（试行）》（京农发【1996】22号）的规定，组织社员民主选举社员代表。在此基础上，召开社员代表大会，民主选举产生村经济合作社管理委员会。

群众基础好、村民代表结构合理、形势稳定的村经党支部（总支）申请、镇党委批复程序，也可以由具有本村集体经济组织成员身份的村民代表作为社员代表，恢复社代会，并召开会议民主选举产生村经济合作社管理委员会。

本届社代会统称为 XX 村经济合作社第二届社员代表大会。

3. 提出申请，上报审批。改制村集体经济组织提出改制动议，村党支部（总支）形成改制决议，向镇党委、镇政府提出申请，经批复后，改制村制订改制工作计划。村社员代表大会对计划审议表决通过后,再进行集体经济产权制度改革的各项准备工作。

4. 制订改制工作计划。

六、全面进行产权界定、清产核资(另附方案)

原则上以财务年度终点即12月31日为清查时点,改制基准日与清产核资清查时点一致。

七、开展人员和劳龄登记

(一)人员登记范围(自合作社成立以来,在乡镇企事业单位工作、劳动的职工,回本村参加登记并参与资产量化)

统计日期以改制基准日为截止日期。

1. 本村农业户籍人员;

2. 因土地征占农转居人员;

3. 正在服刑、劳教的农业户籍人员;

4. 原为农业户口现在失踪的人员;

5. 本村拥有土地承包经营权的义务兵和符合国家有关规定的士官;

6. 自1997年(含)全国统一实行高校收费改革以后考学、升学,改制基准日之前毕业的农转居大中专学生;

7. 改制基准日,在大中专院校读书且转为非农业集体户口的集体经济组织成员子女;

8. 改制基准日之前因政策性转居的劳动力;

9. 改制基准日之前因婚姻关系户口迁出人员;

10. 改制基准日之前已经死亡的人员;

11. 改制基准日之前转为国家工作人员的劳动力;

12. 改制基准日之前被招工转工的劳动力;

13. 改制基准日之前户口迁出本市的劳动力；

14. 取得过本村土地承包经营权，后来把户口迁出本村且没有在现户口所在村取得土地承包经营权的农户及其衍生人口；

15. 集体经济组织成员大会或者成员代表大会认定的其他享有集体资产权益的人员。

（二）开展劳龄登记（另附程序）

（三）集体经济组织成员劳龄计算办法

1. 起止日期：自1956年1月1日起，合作化初期到改制基准日止，为个人劳龄有效期。

2. 劳龄计算办法：自1956年入社以来，凡本村农业户籍且年满16周岁（含）以上人员均视为并计算劳龄。

（1）非本村出生的农业户籍人口，以户口本为证明依据，劳龄从户口迁入本村时日开始计算；

（2）退休人员劳龄：实行退休制度以前的老社员，按照实际参加劳动的时间计算；实行退休制度以后的社员，劳龄计算至退休年龄止。

3. 劳龄计算单位：以年度为单位计算，不满6个月的不计算，超过6个月的按1年计算。

4. 在乡（镇）企事业（含政府机关）工作或退休的农业户籍人员，视同本村劳动力计算劳龄。

5. 本村参军入伍，初级士官以下复员军人，军龄视为劳龄。

6. 曾被判刑、劳教人员，经政府平反的，其刑期计算劳龄。

下列情况不予劳龄确认：

1. 征地转非后虽在本村劳动，但已领取劳动力安置费的，不计算劳龄。

2. 参加过集体劳动，改制基准日前已是国家工作人员，其劳龄计算为工龄的，不再计算劳龄。

3. 未参加过集体生产劳动直接考入或升入大中专院校的学生，不确认劳龄。

4. 原为城镇企事业单位职工，因子女顶替接班，其本人转为农业户口，但仍享有退休金等城镇居民社会保障的，不确认劳龄。

5. 曾被判刑、劳教人员，未经政府平反的，其刑期不计算劳龄。

6. 改制基准日前为农业户籍，在行政事业单位工作，享受着国家社会保障及福利待遇的人员，其工龄不确认劳龄。

八、开展老股金登记

（另附细则）

九、制订改制方案，并社代会表决通过

进行产权制度改革的村要组织制订符合本村的改制方案，改制方案要严格遵守国家的法律法规，认真贯彻执行市委、市政府和区委、区政府关于推进农村集体经济产权制度改革的方针、政策；符合本集体经济组织的实际，照顾到本集体经济组织绝大多数成员利益。改制方案报镇改制领导小组审核同意，由村社代会表决通过。

十、原始入社股金处置

由于年代久远，农村体制多次变革，造成入社初期集体账册和个人股权证缺失。为保护老股金权益人合法权益，进行产权制度改革的村，原则上1956年入社时年满16周岁（含）以上的劳动力，均视为老股权持有人，每个老股权持有人按照1 500～1 800元标准退偿。

经征求大多数社员同意，并经社员代表大会表决通过，也可以不进行老股权的现金退偿，统一分摊量化到成员个人。

十一、特殊群体补贴政策

1. 政策性农转非劳动力；

2. 自 1997 年（含）全国统一实行高校收费改革以后考学、升学，改制基准日之前毕业的农转居大中专学生。

以上人员享受 3 万～5 万元一次性政策补贴。

十二、可量化资产的处置

退偿老股金及政策性补贴之后的净资产数额为可量化资产。

（一）集体资产量化份额

量化比例为可量化资产的 30%。用于已退休人员的费用、集体经济组织补缴和欠缴的费用、一些必要的社会性支出和不可预见问题的处理，以及用于处置遗留问题、本集体经济组织成员社会保障支出和一些必要的社会性支出。

（二）个人资产量化份额

将扣除集体资产量化份额之后的可量化资产作为"个人量化资产"，并将其全部量化给个人。"个人量化资产"按照基本份额、劳龄份额的方法和比例进行量化。

1. 基本份额。

量化比例：占"个人量化资产"的 50%～70%。

量化对象：有下列情况之一的，有权享受基本份额。

（1）改制基准日，户口在本乡村的农业户籍人员；

（2）征地转非未参加集体资产处置的人员；

（3）本村拥有土地承包经营权的义务兵和符合国家有关规定的士官；

（4）改制基准日，在大中专院校读书且转为非农业集体户口的集体经济组织成员子女。

量化方法：按人平均量化。

2. 劳龄份额。

量化比例：占"个人量化资产"的30%～50%。

量化对象：改制基准日，凡被认定为拥有有效劳龄的人员。

量化方法：按劳龄量化。

（三）有下列情况之一的，不参加基本份额量化，只参加劳龄份额量化。

1. 政策性农转非劳动力；

2. 改制基准日前已经亡故的；

3. 改制基准日前户口迁出本村的（不包括征地转非人员）；

4. 改制基准日前已是国家工作人员的。国家工作人员是指国家机关和参照公务员管理单位的工作人员；

5. 改制基准日前，被国家招工转工的劳动力；

6. 在本村参加过集体劳动，改制基准日前因婚姻关系户口迁出本村的；

（四）下列人员不参与集体资产处置。

1. 空挂户；

2. 插队知青；

3. 文化大革命期间的下放干部；

4. 原为城镇企事业单位职工，因子女顶替接班，其本人转为农业户口，但仍享有退休金等城镇居民社会保障的；

5. 与本村社员结婚后，户口迁入本村的外省市人员，离异再婚的，其为外省市户口且未缴纳集体积累的再婚配偶及其配偶子女。

（五）在集体资产处置过程中，个人部分只有劳龄份额的，以现金方式一次性支付；个人部分既包括基本份额，又享受劳龄份额的，量化为股权，不量化现金。

集体经济组织经济实力有限，无力一次性支付劳龄份额的，要与劳龄份额持有者签订

《还款协议》，分期支付。但每年要支付未还款项的利息，应不低于银行一年期定期存款利息。

十三、组建股份经济合作社

1. 股权设置，设置集体股和个人股。

2. 集体经营收益按股分红。

3. 改制时点后新发生的土地补偿款原则上在征地时点在集体经济组织成员间合理量化，具体方案另行制订。

中共海淀区温泉镇委员会

温泉镇人民政府

2010 年

附件二

关于恢复和健全村级经济合作社的指导意见

为贯彻落实《中共北京市委、北京市人民政府关于加强乡村合作社建设，巩固发展集体经济的决定》和《中共北京市委农村工作委员会、北京市人民政府农林办公室关于村级经济合作社社员代表大会的若干决定（试行）》，恢复和健全我镇村级经济合作社，结合本镇实际情况制定本意见。

一、恢复和健全村级经济合作社的意义

当前，全镇村级经济产权制度改革势在必行，按照市、区有关文件的规定，经济合作社是农村集体资产的所有者代表，在集体经济产权制度改革中履行所有者代表职能。但是，目前我镇各村还没有恢复和健全经济合作社这一所有者代表组织，即集体经济产权主体缺位。恢复和健全村级经济合作社是集体经济产权制度改革的第一步，也是当务之急。

二、恢复和健全村级经济合作社的基本任务

恢复和健全村级经济合作社的基本任务是在镇党委和镇政府的领导下，由各村党支部牵头开展以下三项工作：

确认社员范围；

确定社员代表；

召开社员代表大会选举管委会和监委会。

三、村级经济合作社的社员代表

（一）社员代表的任职条件

1. 年满 16 周岁，享有选举权和被选举权的农业户口和征地转非人员；

2. 拥护中国共产党领导，遵守国家法律，具有较强的政策文化水平和议事能力；

3. 关心集体，熟悉情况，公道、正派、责任心强；

4. 密切联系群众，在群众中有较高威信；

5. 身体健康，能适应工作。

（二）社员代表的结构和比例。社员代表的构成应兼顾不同年龄、性别、经历、行业及不同经济成分，以保证代表的广泛性。社员代表总名额控制在 20～60 人，各村可在此规定范围内根据本村实际情况确定。

（三）社员代表的确定。村级经济合作社社员代表候选人由全体社员推选，社员代表的选举采取无记名投票方式，实行一人一票制。选举所投票数等于或少于实际投票人数的，其选举有效；选举所投票数多于实际投票人数的，其选举无效。获得参加投票社员过半数赞成票的社员代表候选人多于应选人数时，得票多者当选；如遇票数相等不能确定候选人时，应当就票数相等的候选人重新投票，得票多者当选。经申请、批复，也可以由具有本村社员身份的村民代表作为社员代表。各村确定社员代表的具体办法由党支部根据上述规定提出，报镇党委、镇政府批准后实施。

四、村级经济合作社的组织结构

村级经济合作社的最高决策机构是社员代表大会，社员代表大会下设管理委员会（以下简称管委会）和监察委员会（以下简称监委会）作为常设机构。

（一）社员代表大会。村级经济合作社实行社员代表大会制度，每三年进行一次换届，实行一人一票制。社员代表大会须有三分之二以上的代表参加，始得举行；决议必须有占全体代表半数以上的代表通过，方为有效。社员代表大会每年召开次数不少于两次。

（二）管委会。经济合作社管委会是社员代表大会的执行机构，在社员代表大会闭会期间负责处理合作社的日常事务，对社员代表大会负责。管委会由5～7人组成。管委会成员由社员代表磋商提名产生初步候选人，由村党支部研究拟定正式候选人，并报镇党委审议后确定，经社员代表大会采取无记名投票的方式，选举产生管委会。管委会产生社长一名，副社长若干名。管委会任期3年，可以连选连任。管委会、党支部、村委会的干部可以交叉任职。

（三）监委会。经济合作社监委会是社员代表大会的监督机构，在社员代表大会闭会期间负责对社员代表大会决议的执行情况进行监督，对社员代表大会负责，监委会由3～5人组成，由社员代表磋商提名，经村党支部拟定正式候选人并报镇党委审议确定后，提交社员代表大会采取无记名投票方式进行选举，获全体代表半数以上票数同意方可当选，任期三年，可连选连任。监委会成员和管委会成员不交叉任职，经济合作社监委会主任可由镇党委推荐，监委会全体成员选举产生。

五、恢复和健全村级经济合作社的工作要求

（一）坚持党支部（总支）对村内事务的核心领导地位。

（二）健全组织机构。镇成立恢复和健全经济合作社领导小组，由镇党委书记任组长，其他镇领导以及相关部门负责人为成员，领导小组负责对本项工作中的重大事项进行决策，领导小组下设办公室，在镇领导小组的领导下对本项工作进行具体指导，领导小组办公室设在镇农经站。

各村成立恢复和健全经济合作社工作组，由村党支部书记任组长，其他领导及相关工作人员为成员，工作组要在镇领导小组的领导下负责本项工作的具体操作。

（三）搞好政策宣传。镇领导小组办公室要分期分批地认真搞好对村干部的培训工作，使村干部懂政策，会操作，各村党支部要采取有效形式向广大群众宣传市、区、镇恢复和

健全村级经济合作社的各项政策,要讲究宣传实效和宣传浓度,切实做到家喻户晓。在宣传过程中,要耐心解释群众提出的各项问题,使恢复和健全村级经济合作社的工作得以顺利进行。

(四)制订实施方案。各村要根据本意见,结合各自的实际情况,认真制定实施方案草案,报镇领导小组审查批准后方可实施。

(五)积极稳步操作。恢复和健全经济合作社的工作是村级产权制度改革的关键,各村党支部和村委会的领导一定要提高认识,统一思想,加强领导,在恢复和健全经济合作社的工作中,社员代表、管委会、监委会人选的推荐和选举是基础,要认真贯彻本指导意见精神,讲党性、顾大局、保稳定,精心全力地搞好这项工作。

附件:恢复和健全村级经济合作社领导小组成员名单

温泉镇农村集体经济产权制度改革领导小组

二〇一〇年十月十九日

附件:
恢复和健全村级经济合作社领导小组
成员名单

组　长:方海强　温泉镇党委书记
　　　　程培衡　温泉镇党委副书记、镇长
副组长:　　　　温泉镇党委副书记
　　　　李仕仲　温泉镇党委委员、纪委书记
　　　　赵仕伟　温泉镇副镇长

成　员：李　红　宣传部常务副部长

　　　　赵　方　民政居民科科长

　　　　佟久顺　财政科科长

　　　　金连营　司法所所长

　　　　金连悦　农经站站长

下设办公室：办公室设在镇农经站

办公室主任：金连悦

成　　　员：王金红　尹曙光　李　伟　沈亚利

附件三

温泉镇农村集体经济产权制度改革清产核资工作指导意见

根据《北京市海淀区人民政府关于印发〈我区城乡结合部地区乡村集体资产处置及集体经济体制改革试点工作的意见〉的通知》(海政发【2002】66号)以及《北京市海淀区人民政府办公室关于印发〈关于集体资产处置及经济体制改革中乡村进行清产核资的指导意见〉的通知》(海政发【2003】56号)等有关政策的规定,结合本镇具体情况,制定本指导意见。进行产权制度改革的村,结合本意见,制定相应的实施细则,实施细则应经村社代会表决通过。

一、指导思想

以科学发展观为指导,配合我镇农村集体经济产权制度改革工作的顺利进行,维护集体经济组织成员的合法权益,为集体资产量化打下坚实基础。

二、主要目标

通过全面彻底的清产核资,核实集体资产、负债及所有者权益,盘实家底,真实、准确地反映集体净资产,为集体资产量化提供可靠依据,推动我镇农村集体经济产权制度改革工作顺利进行。

三、基本原则

客观、全面、真实、准确、公开、透明的原则。

四、清产核资的工作步骤

1. 成立清产核资小组

村清产核资小组由社员代表大会成立,并在其领导下具体开展清产核资工作。清产核资小组由村领导、财务人员、职工或社员代表组成。

2. 制订实施方案

该方案需经乡镇主管部门审核,报社代会批准,并报区清产核资指导小组备案。

3. 组织财产、账务清查登记,核实各项资金。

4. 张榜公布清产核资结果。

5. 乡镇主管部门对清产核资结果进行审核。

6. 区主管部门对清产核资结果进行审核。

7. 社员代表大会确认。

五、清产核资工作的主要内容

（一）清查时点和范围

原则上以财务年度终点即 12 月 31 日为清查时点,清查时点未定在财务年度终点的,按年终结算的要求结清所有账目。清产核资的范围是指改制村所有的及其控股企业和其它需要清查的全部资产。

（二）制定报表

为便于对清产核资结果的汇总及审核,镇产权制度改革领导小组制定《清产核资结果汇总表》,各村产权制度改革领导小组根据自身具体情况制定明细表或附表。

（三）界定集体资产产权

界定集体资产产权具体操作执行农业部《农村集体资产清产核资资产所有权界定暂行办法》以及《北京市农村集体资产管理条例》的相关规定。

（四）主要清查项目

1. 账内财产清查

账内财产的清查，原则上按照现行财务制度及会计准则进行会计核算，确认账内项目的价值，调表不调账。

（1）资产

货币资金：对清查单位现金要核对账面余额与库存现金是否相符，对清查单位的每个银行存款账户余额与开户银行的实际余额都要核对，并附加清产核资时点的银行对账单和存款余额调节表，对有价证券要核查账面数和实有数是否相符。

应收及预付款：应收及预付款包括应收票据、应收账款、其他应收款和预付账款。清查单位要与对方单位核对双方记账金额是否一致，并取得对方单位的函证，对有争议的债权要认真清理、查证、核实。对呆账死账情况要说明原因。

存货：存货包括原材料、辅助材料、包装物、低值易耗品、在产品、半成品、库存商品、委托加工的物资（商品）等。对所有存货要实地盘点，对清查出的积压、已毁损或需报废的存货，要查明原因，在清产核资表格中如实反映。

固定资产：固定资产包括房屋及建筑物、机械设备、运输设备和工具器具等。对固定资产要查清固定资产原值、净值、折旧额。未提足折旧的，要补提折旧。对清查出的各项盘盈、盘亏的固定资产，要查明原因，如实注明。

短期投资及长期投资：按照投资项目清查。要与被投资方进行核对，查明投出数和被投资方的账面数是否相符。

在建工程：在建工程包括在建的、已完工验收但未交付使用的以及已投入使用未调入固定资产账的工程项目。对于已投入使用而未转账的项目要说明原因，未完工的项目按实际工程进度计算价值。

无形资产：无形资产包括各种专利权、商标权、商誉、土地使用权等。主要清查形成时间、入账成本和摊销净值。

待摊费用和递延资产：待摊费用和递延资产要逐一清查，认真核实摊销余额，对未按时摊销的项目，计算出应摊未摊的金额。

（2）负债

短期借款和长期借款：主要核查清查单位对集体内部和集体以外的各种借款。向金融机构的借款要注明时限、担保单位及担保方式。

应付及预收款项：应付及预收款项包括应付账款、应付票据、其他应付款和预收账款等。逐笔逐项进行核查，清查单位要与债权单位核对账目，达到双方账面金额一致。对于不需要偿还的，转入集体净资产中。对清查时点以前不属于债务性质的款项要按会计规定进行处理。

其他负债：其他负债包括应交税金、其他应交款等，应按项目逐笔核查。

（3）所有者权益

实收资本：主要核查投资单位投资额，保证数据与对方一致，要求对方出具认可材料。对于有其他法人和个人的投资要提供有关投资证明，在核实后作为少数股东权益处理。

资本公积：核查收到赠与资产、企业所得税返还及土地征占款等其他计入资本公积的项目。

盈余公积：核查按规定提取的各项盈余公积金。

未分配利润：核查单位形成的亏损与利润。

在清查所有者权益过程中，要注意调整少数股东权益。

2. 账外资产

账外资产是指属于集体但未在账面反映的所有资产。参照现行财务制度及会计准则确认账外资产的价值。

（1）已建成的房屋及建筑物按照建造价反映资产价值。建造价应以建造单位、施工单位或有关部门提供的相关资料为依据确定，确实无法提供相关资料的可以经社员代表大会研究确认其价值。在建工程按照建造价及工程进度计算价值。

（2）不构成固定资产的账外物资及其他账外财产，均列为账内资产盘盈处理。

3. 资源性资产

资源性资产是指村级集体经济组织所有的土地、荒地、水面等自然资源。对依法属于集体所有的资源性资产及使用情况进行的清查核实。采用实际丈量等方法，逐块测量、登记制作平面图形。对于有争议的资源性资产要进行情况说明。

（五）汇总清产核资结果

原则上按照合并报表的要求，做好合并汇总工作，重点做好冲销内部投资和往来。

（六）撰写清产核资报告

清产核资报告的主要内容：

1. 基本情况：清查时点，文件依据，汇入清查单位名称、数量，组织实施情况，清查时点资产、负债及所有者权益账面金额。

2. 清查结果：清查后资产、负债及所有者权益情况；盘盈、盘亏、积压、贬值、损失总金额、产生的原因、计算依据和处理意见情况的说明；内部调整等情况的说明。

3. 担保、抵押、置押等其他需要说明的问题。

六、公布清产核资结果

对清产核资自查初步结果，要进行三榜公布，三榜公布累计时间不少于 30 天。公布的项目包括：账内、账外总的资产、负债及所有者权益情况，或有事项以及社员关心的重要事项。

在张榜公布过程中，各村清产核资工作组应派专人接受咨询，对提出的问题核实后及时反馈、处理；存在问题的，经确认后更改，重新公布。

七、清查中有关问题的处理

1. 在清查工作中以单位账面金额为基础,严格按照会计制度的有关规定进行清查。

2. 对账内、账外资产分别清查,分别填表。

3. 清产核资时点之前的所有收入、成本、费用、往来款项及利润分配等事项全部纳入账目之中。

4. 盘盈的低值易耗品等账外资产,没有原始价值的参照同类财产的现价及成新率计算折余价值,填制清产核资报表。

5. 在清查中遇到的其他问题,由镇、村清产核资小组共同研究处理意见。

6. 本次清产核资过程中,原则上对现有资产不进行减值和贬值处理。

八、清产核资结果的审核与认定

改制村三榜公布的清产核资结果需报镇改制办公室审核,并向社代会报告,经社代会审议通过后实施。

温泉镇农村集体经济产权制度改革领导小组

二〇一〇年十二月八日

扫码观看
精彩视频

篇章三

资本立镇开新局：发展战略转型

温泉镇
城市化
之路纪实

温泉镇的城市化之路上,有 3 个标志性的关键步骤。

首先,通过落实整建制农转居,完成地区农民身份的转变。逐步解决他们的就业、社保等问题,并在回迁社区进行管理体制创新,成立地区工委(管委会),将村集体经济组织功能与社会管理职能分离,实现社会平稳顺利转型,使农民成为"有房屋、有资本、有社保、有工作"的新市民。

其次,完成村、镇两级产权制度改革。2010 年,温泉镇启动农村集体经济产权制度改革工作;2012 年 8 月,镇域内 7 个行政村分别成立了村级股份经济合作社;2016 年 3 月,温泉镇股份经济合作联合社成立。通过村、镇两级集体经济产权制度改革,实现了集体经济组织产权制度由"共同共有"向"按份持有"的定量转变,7 个村级股份经济合作社股东人均分红逐年递增。成立镇级农资委,不断强化农村三资管理。梳理规范农村财务管理制度,先后出台农村集体资产管理、审计等制度,建立农村"三资"台账,对镇、

温泉镇探索"资本立镇"集体经济创新路径新闻发布会

村集体经济组织及企事业单位开展全覆盖、常态化监督审计，对重大经济合同进行跟踪监督。

与此同时，统筹集体资金和产业用地，推动集体经济转型升级。以科创服务和共享经济为抓手，打造"中关村创客小镇"，以集体经济控股、市场化运营管理的创新模式，推动集体经济由以传统经济发展方式，向以科技服务为基础的创新经济转型升级。凭借"创住一体"的特色和"创业+生活+社交"360°良好的创新创业生态，中关村创客小镇与中关村创业大街、智造大街并称为海淀"两街一镇"创新创业三大平台。同时，依托"创客小镇"这一双创服务特色平台，有序集聚大批高新技术人才、团队及科技创新项目，不断优化研发创投、成果转化的产业生态。

如果说整建制农转居完成了地区农民身份的转变，为温泉地区发展"兜了底"，解除了未来地区发展的"后顾之忧"，产权制度改革明确的产权归属、"没有历史包袱"的集体资产以及完善的农村三资管理体系就为温泉镇经济的发展打下了良好基础，提供了制度保障。

集体经济不断发展，如何有效统筹沉余资金，集体企业如何试水？2018年，温泉镇党委政府正式提出"资本立镇"的理念，在对集体资本统筹归集管理的基础上，以市场化、专业化的资本运营方式，促进集体资本安全、高效运转，达到复利式快速积累，实现温泉镇集体资本的保值增值和可持续增长，推动集体经济实现高质量、跨越式发展。

经过一年多的论证、筹备，温泉镇党委政府开展了大量的协调、沟通工作，2018年11月，北京兴泉资本有限公司成立。这是一个新型集体经济组织的类金融资本运营平台，是温泉镇党委政府对新时代背景下"如何发展农村集体经济"的积极探索。温泉镇7个村股份经济合作社按产权制度改革时确认的集体经济成员数量，按各村集体的比例，以投资入股方式，成为兴泉资本的股东。

温泉镇
城市化
之路纪实

被逼出来的"法儿"

　　今年 75 岁的东埠头村村民丁孟成，40 年前可是村里"叱咤风云"的人物。1977 年，为了搞好村集体经济，31 岁的丁孟成去当时的海淀立新制衣厂当了一个冬天的学徒。"当时一起去学习的一共有 26 个人。"丁孟成回忆说，"后来我们村就成立了制衣厂，帮进出口服装公司代工阿拉伯大袍。进出口公司的副总经理是我们东埠头人，所以我们村的制衣厂只做阿拉伯大袍，不愁市场。"丁孟成因为技术过硬、政治可靠，被大队委任为服装厂的厂长。20 世纪 80 年代初，东埠头服装厂的业务蒸蒸日上，解决了 100 多人的就业。因是新建厂，可免 3 年的增值税和所得税，所以当年实现上缴集体经济 100 万元。"那可是 1980 年代的 100 万元啊！后来，我们服装厂还尝试过'中日合资'。"丁孟成感叹，"当厂长那会儿，我不让员工们穿裙子和拖鞋，咱们不能在村里太显摆。"当时除了正常工资，厂子的工人每个月还有补助，普通务农的村民跟他们相比，收入有了不小的差距。丁孟成说："当年建厂房、买设备，总共加起来大队贷款花了七八万。后来服装厂创造的利润早就不知道翻了多少倍。真是小投入大回报！"

　　"上世纪八九十年代，是东埠头服装厂办得最好的时期。到了 2000 年前后，渐渐地，厂子开始走下坡路。到了 2011 年，全村腾退之后，服装厂也就关了。"丁孟成有点惋惜。

　　东埠头服装厂的命运实际上是北京城市发展转型与"阵痛"的缩影。20 世纪 80 年代至 2000 年前后，北京乡镇集体经济的发展一般以一产、二产为主。随着北京首都功能定位的不断明确，产业布局的不断细化，劳动力成本不断提高，特别是近 10 年来疏解非首都功能，传统的劳动密集行业已经越来越没有发展的空间。在疏解非首都功能、减量集约发展的大背景下，人口调控指标、土地规模控制、产能疏解转移等硬指标、硬任务在短期内为集体经济带来了经济下行、发展减速的巨大压力。同时，地区人口资源环境矛盾日益凸显，集体所属的各类经济资源有限，尤其是可利用建设用地资源稀缺。温泉镇的经济结构正经历从增量扩能为主，转向减量集约的急刹车、急转弯式的深度调整。虽然通过推动一镇一园集体产业"创客小镇"向科技创新形态转型，初步实现了地区经济结构调整优化，但多元创新主体高水平融合互动的镇域创新体系的培育是一个长期过程。人才、科技等资源优势要转化为创新发展优势仍需久久为功，集体经济发展仍面临着眼前利益与长远利益难以统筹兼顾的深层矛盾。

"符合中关村科学城发展定位的科技企业首先需要技术、人才，其次要大量的资金。可是，无论是村还是镇都不具备这样的发展条件。一没技术、二没人才，村集体经济发展

当年的东埠头服装厂

> 温泉镇城市化之路纪实

目前手头上只有产权制度改革之后留存的资金。有一定的体量，但是不成规模。"时任温泉镇党委书记方海强说。与此同时，握在各村股份经济合作社手上的资金成了"烫手的山芋"。由于资金集体经济的性质，这笔钱的使用有着严格的监管程序，既要保值和增值，又不能有损失。"大部分时候，只能在银行做保本的理财。"杨家庄村股份经济合作社党支部书记吕振东说。"刚开始还能满足村集体分红每年6%递增的要求。但是慢慢地，增值的压力变得越来越大。一两个亿的资金规模，'做小事'绰绰有余，但是'办大事'又顶不上用。"自从担任杨家庄村股份经济合作社党支部书记以来，会计出身的吕振东最焦虑的就是怎么能把这笔钱的使用效益最大化。"银行保本之外，再找附近环保园的大国企给他们做定投……小项目风险更高，大项目咱们这点钱又不顶事，人家看不上。手里有钱也发愁呀！"

高里掌村股份经济合作社党支部书记于桂云也有同样的困扰，"我们村的自有资金规模比较小，更得精打细算，过去除了做银行保本理财，就是投资镇级企业。"利用手中的闲散资金做投资的过程中，没有专业人员指导、专业团队操作成为制约他们发展的瓶颈。

温泉镇政府了解到各村股份经济合作社手拿资金却求告无门的窘境，也在千方百计想办法。"除了保值、增值满足股东的分红外，温泉镇的集体经济未来发展还要做大做强，仅仅满足保本是远远不够的。"时任温泉镇党委书记方海强说。在海淀区委区政府的支持下，温泉镇政府开始了新一轮的探索。这个探索分成了三步走。

首先，统筹集体沉余资金，成立集体企业试水资本市场。在镇、村两级产权制度改革与清产核资已全面完成的基础上，温泉镇集体资金底数清、情况明，为统筹归集管理集体资本、做好资本运营管理奠定了良好基础。2018年，温泉镇先后成立了中关村创客小镇投资管理公司、北京兴泉资本有限公司等以资本运营为主营业务的集体企业，通过引入专业资本运营人才初探了路径。

然后，以类金融资本运营平台的搭建掌控主动权。以兴泉资本、创客投资为载体搭建"海淀北部地区集体经济的类金融资本运营平台"，组建股权投资基金、不良资产处置公司等专业运营机构，逐步培养市场化、专业化的人才队伍，不断加强主动管理，循序拓宽投资产品的渠道与类型，保证集体资本更加安全、高效地运转，促使集体经济迈入资本市场。创客小镇股权投资基金成立以来，对于分布在创客小镇、海淀区及全国的上千个科技类企业进行了大量的项目调研、对接、分析与谈判工作。2018年跟踪访谈项目781个、2019年跟踪访谈项目622个、2020年上半年跟踪访谈项目235个。

以拓宽资本募集渠道实现扩规增效。以兴泉资本公司为核心，搭建类金融资本运营平台，未来将努力健全融资担保公司、小额贷款公司、其他类基金管理人资格等金融类牌照，依法募集相邻乡镇资本及其他社会资本，逐步拓宽资本募集渠道，扩大资本管理规模；抢抓科创板机遇，最大限度发挥资本实践经验和风投创投的作用，通过引导基金、政府和社会资本合作等市场化投入方式，引导社会资本向科技创新领域聚焦。支持企业通过上市、并购等方式做大做强，通过多层次的资本市场的助推将集体经济发展的力量放大、弹性放大、活力放大，推动集体经济实现高质量、跨越式发展。

温泉镇
城市化
之路纪实

"本"从哪里来

"兴泉资本的创办解决了几个方面的问题。"兴泉资本公司总经理滕轶说,"首先,打造了一个类金融资本运营平台,由专业从事金融服务的人来为各个村的股份经济合作社服务。按照自愿认投的原则,把温泉镇7个村股份经济合作社的十几亿资金汇集起来,专门开发针对集体经济资金管理要求的金融项目。这就解决了村一级集体经济投资无门的问题。与此同时,兴泉资本做好镇一级集体经济资金的原始积累,为下一步温泉镇的资本运营奠定坚实基础。"2019年年底,兴泉资本建立一周年,在这一年里,兴泉资本用扎扎实实的业绩向各级政府报告了自己的成绩:截至2019年年底,兴泉资本共投资14笔,已到期的投资共7笔,全部按期回收,实际履约安全率为100%,已可保证在资金安全的前提下,实现8%～10%的年化收益水平;2019年7月8日,北京创客小镇资产管理有限公司获得中国证券投资基金业协会"私募股权基金管理人"审批;2019年7月1日,兴泉资本与合众润德(天津)科技有限公司共同设立北京兴泉润德资产管理有限公司,积极探索不良资产处置业务……

"刚提出兴泉资本这种模式的时候,村股份经济合作社的'领头人'们其实是有顾虑的。"杨家庄村股份经济合作社党支部书记吕振东说,"镇里是要把原来分散在各个村股份经济合作社的资金收归统一管理吗?大家心里也在打鼓。但是后来,我们了解到兴泉资本是认投,完全自愿,完全尊重经济合作社股东大会的决定。我率先在我们社的股东大会上说，'咱们得参加'。"吕振东书记是会计出身，用他自己的话说，就是"善于算账"。"为啥呢？我们杨家庄村股份经济合作社的两三亿资金投在银行的收益已经跑不过CPI了，再这样存下去，很有可能实际贬值，我们得找更好的项目。但是咱们庄稼人哪会理财？现在镇政府出面，找专业的人来给我们理财，我们轻轻松松赚利息，何乐而不为？我们跟兴泉资本明确预期回报率，只要高于银行存款利率就算是赚的。他们用咱们的钱赚到的超出部分补充给镇一级的集体经济，也是好事。"2018年，杨家庄村股份经济合作社率先认投一个亿。"我们现在只要按照和兴泉资本约定的时间，去银行账户查查本金和利息有没有到账就可以了。我们继续把本息都放在兴泉资本利滚利。"

兴泉资本总经理滕轶回忆当时兴泉资本初创时的情况说："发展的问题就是要通过发展来解决。很快，我们对接到的项目越来越多，7个村的经济合作社全部参与了进来，目前的规模已经达到了十几亿。我们还是坚持'自愿参与、民主决策'的前提下，采取'一次授权、全权委托'的方式，各村经济合作社股东大会可以自由决定进出。"

当然，每个村的股份经济合作社也不会"把鸡蛋全部放在一个篮子里"。趁着北京自贸区科技创新片区建设的红利，加上对地区关系的熟络，杨家庄村股份经济合作社投入了一个亿在中关村环保科技示范园买下了一栋写字楼。"当时就是觉得总是靠吃利息不是长久之计。正好中铁建理想谷有写字楼的项目，就跟东埠头、白家疃3个村的股份经济合作社一起合计，各自买下一栋。我们看好咱们山后地区的发展势头。"杨家庄村股份经济合作社党支部书记吕振东说，"股份经济合作社买楼还是头一遭，谁都没有经验，当时镇里就委托中关村创客小镇（北京）科技有限公司提供专业支持与帮助，完善交易流程，控制交割风险。他们（中关村创客小镇）更专业。"为帮助村集体提高资产运营收益，时任温泉镇镇长张国斌提出，采取"村经合社购买中铁建理想谷办公房屋产权，并委托中关村创客小镇统一运营管理"的模式。由中关村创客小镇向3个村股份经济合作社承诺保底收益，超额收益双方共同分配，实现集体经济利益和全镇社会效益"双丰收"。

2018年，北京兴泉资本有限公司设立时，注册资本为1亿元，实缴出资1 000万元。2020年5月30日，公司注册资本由1亿元人民币增至3亿元人民币，并由各股东实缴到位。截至2021年1月19日，兴泉资本累计投资各类项目71笔，累计投出金额约53.73亿元，其中已到期项目48笔，全部按期回收本金及预期投资收益。村镇两级主体参与统筹管理资金总额15.96亿元，实现投资收益累计达1.13亿元，依据投资期限与投资项目差异，年化投资收益率水平从3个月到6个月期6.5%～7.3%到一年期8.5%～12%。在投项目23笔、总金额约16.54亿元。

股东姓名或名称	认缴出资金额（万元）	认缴出资时间	出资方式	股权比例
北京市海淀区温泉镇东埠头村经济合作社	4 989	2020年5月30日	货币	16.63%
北京市海淀区温泉镇高里掌村经济合作社	1 377	2020年5月30日	货币	4.59%
北京市海淀区温泉镇辛庄村经济合作社	2 700	2020年5月30日	货币	9.00%
北京市海淀区温泉镇白家疃村经济合作社	8 331	2020年5月30日	货币	27.77%
北京市海淀区温泉镇杨家庄村经济合作社	2 439	2020年5月30日	货币	8.13%
北京市海淀区温泉镇太舟坞村经济合作社	4 878	2020年5月30日	货币	16.26%
北京市海淀区温泉镇温泉村经济合作社	5 286	2020年5月30日	货币	17.62%
合计	30 000			100.00%

北京兴泉资本有限公司各股东出资情况

2020年，在中美贸易摩擦、新冠肺炎疫情与行业新规频发等复杂多变的政治经济环境中，兴泉资本克服重重困难，通过与五矿信托的大量商洽，专属定制了"恒信日鑫—兴泉"单一资金信托产品。在优先保证村集体经济组织年化收益6%之后，兴泉资本2020年自身实现税前利润3 564万元、纳税总额957万元。通过业务模式设计，达成东埠头村等4个村级股份经济合作社与区级国资企业深度合作，增强企业资金流动性，涉及资金6.93亿元，为集体取得了8%的年收益回报。

"苛刻"带来安全

"从资本市场的运作规律来看,'兴泉资本'是有'先天不足'的。"滕轶坦言,"因为根据国家、北京和区里的有关规定,农村集体经济资金的使用有严格的管理规定。此外,还要求资产保值增值,绝对不能出现投资风险。没错,是'绝对'。"滕轶特别强调了"绝对"两个字。"但在资本市场中,'利息是对风险的补偿',没有百分百没有风险的投资。"滕轶说,"可是,我们对项目投资的要求就是要零风险,这几乎是'苛刻'的。刚开始许多人笑我们是'过度风控'。我们也是眼看着一些好项目从手缝里溜走,干着急。但是没办法,市场中常规机构能投的项目,我们就是投不了,这是我们的底线,不能逾越的。"

由于三资监管事关重大,兴泉资本的运作十分谨慎。目前比较明确的指导意见有北京市海淀区人民政府 2011 年 1 月 18 日印发的《关于进一步规范农村集体经济组织征地补偿费使用管理的指导意见》(海政发【2011】2 号)文件。文件中明确:"可投资或入股新型乡镇集体经济组织,也可委托新型乡镇集体经济组织或金融机构管理征地补偿费,有效实现保值增值。"为了保证兴泉资本的集体经济属性,温泉镇党委政府在制度设计上也是"殚精竭虑",务求完备。

在资金和运作安全保障方面,温泉镇抓紧党委统筹力度,始终坚持对集体资金的领导与监管。在运营方面,兴泉资本严格遵守上级政府关于金融监管的相关政策法规,充分保证村集体经济组织成员民主决策权力;最大限度地保证集体资金安全,保证兴泉资本的市场化运作效率；构建镇域内各村级集体经济组织之间的二次平衡机制，作为统筹管理模式设计的四项基本原则。

兴泉资本在内部治理结构上，设置了如下机制：一是除温泉镇 7 个村股份经济合作社之外，兴泉资本不引入其他股东，保证兴泉资本的纯集体经济公有制性质；二是 7 个村股份经济合作社之间不得相互转让股权，保证温泉镇 7 个村集体经济组织成员在兴泉资本的权益均等；三是兴泉资本的董事会由 7 个村股份经济合作社的负责人（共 7 人）与镇党委政府委派的两人组成，董事长、法定代表人、经理均由镇党委政府任免，保证镇党委政府在公司法层面对兴泉资本的依法控制；四是兴泉资本的"三重一大"事项，以镇党委、镇农资委的决策，作为兴泉资本股东会、董事会决策的前置程序，以及经营管理团队开展相关经营管理活动的唯一依据；五是对兴泉资本"三重一大"事项之外的其他具体经营管理活动，对经营管理团队建立了较为完善的授权，保证兴泉资本的市场化运转效率。

兴泉资本的中后台职能由温泉农工商总公司代为管理，温泉农工商总公司投资管理部经理马文娟负责兴泉资本的投资台账管理与动态预算管理，兴泉资本及其下属企业的预算、记账、统计等工作。兴泉资本对于资金投放的严格要求，马文娟有深刻的体会，她说："超过总公司权限范围的事项，即房屋土地租赁项目 10 万元以上的支出、其他项目 50 万元以上的支出由镇农资委会立项审批；1 000 万元以上的所有支出项目均上报镇党政领导班子会审批。"

温泉农工商总公司原则上一周开一次公司例会，温泉镇党委会及镇农资委会由政府根据情况安排开会时间。兴泉资本的所有投资项目，均须通过温泉镇党委会及农资委会前置审批后，再召开董事会及股东会审议。

为了加强资本和运营的安全性，温泉镇党委政府对投资对象设置严格门槛，目前仅限对区属国企委托贷款、银行理财、存量物业资产收购、高流动和高安全性的信托计划和资管计划、镇域内在建工程项目配资、不良资产处置、房抵贷等业务方向。兴泉资本与数十家金融机构等潜在合作方进行了大量探索、论证分析与尝试，以保证集体资金安全与流动性为前提，初步建立了较为丰富的资产管理渠道和投资模式。

如今，滕轶已经十分适应这种最为严苛和谨慎的投资方式，"合规守约与严控风险是对每位村股份经济合作社的股东负责。"滕轶说，"不过每天一睁眼，想想兴泉资本一天就要创造出40万的利润来给全镇9 506位股东，不由觉得身上的压力也挺大的。这不，头发越来越少喽！"

2018年，受到重托，兴泉资本的所有工作人员每个人都满负荷运转，为这种新的投资方式找出路。大概经过了一年的调研、研究，兴泉资本基本明确了三大投资方向。首先是中关村科学城的配套项目，特别是温泉镇镇域范围内的项目。这个是温泉镇发展的大局。其次是国有信托企业的定制信托产品。最后是法拍类不良资产处置，以收购不良资产的债权为主。滕轶说："目前来看，我们的法拍类不良资产处置已经形成了自己的经验，不仅处置资产，还给北京市多家法院提供司法辅助服务，赢得了很多法院的好评。未来这块业务甚至具有形成行业规范的潜力。下一步，我们尝试在这个方面继续发力。"

兴泉资本项目的最高决策机构是温泉镇党委和农资委。"给集体资产做投资，一定要非常清楚各方的诉求是什么？集体资金是什么属性，它的决策机制、风险偏好、收益预期……这些都得了解。然后市场端的资源如何进行匹配、什么交易结构、什么底层资产保证……这些都得有翔实的方案。党委政府要在集体资金统筹管理收益和安全之间寻找一个妥善的平衡点，把各方的需求合理匹配对接起来，这个事儿才能走通。"滕轶总结两年多工作的心得。

资本立镇

2018年,温泉镇在成立"兴泉资本"之外,还创立了中关村创客小镇投资管理公司等以资本运营为主的集体企业,并通过投资公司作为纽带管理调配村集体闲置资金。2018年管理村集体闲置资金3.75亿元,使用周期11.5个月,年化收益水平较实施镇级统筹前提高了1 160万元,增加了集体资金资产的积累。这是温泉镇集体经济在资本运营领域迈出的一小步,也将是推动集体经济改革、探索农村集体经济从"三资"管理到"四资"并行的一大步。尝到资本运作"甜头"的温泉镇开始探索如何使用好资本这个杠杆来服务自己的发展。未来,温泉镇将在资金、资产、资源"三资"的基础上,更加注重导入金融"资本",以整合利用资金、资产、资源、资本"四要素",为集体经济谋篇布局。统筹用好"资本"这一杠杆,撬动集体资金、资源、资产的丰富价值。促使社会资源的配置朝着效率、效益最大化的方向上行,将经济发展的力量放大、弹性放大、活力放大。

为了用好"资本",在接下来的时间里,温泉镇开始以资本运营强化资金归集。加强集体闲置沉余资金归集和统筹,充分利用金融手段,在多层次资本市场寻求安全、务实的投资方向,提高资金的使用效率,发挥集体资金最大效益。温泉镇以资本运营优化资源配置。通过引导基金、政府和社会资本合作等市场化投入方式,引导社会资本向科技创新领域聚焦。支持企业通过上市、并购等方式做大做强。推动互联网金融规范健康发展,促使金融创新对科技创新的助推作用不断增强。切实推动创新、创业、创客快速转化为发展新动力。

通过统筹"蓄水",温泉镇一级集体经济的体量和实力有了明显的增强。在未来,温泉镇将充分发挥位于中关村科学城北区战略腹地的区位优势,结合"十四五"规划,积极融入区级发展总目标,深化"离岸创新"模式,形成精准定位、优势互补、错位竞争的区域发展新格局。

以资本助力科技服务业布局。一方面充分发挥统筹管理优势,探索搭建各类金融创新性的远期债权收购保证合作结构,深化在存量物业资产收购、信托计划、不良资产处置业务等方面的拓展和布局,以资本运营和市场法则为集体资产赋能;另一方面,引导社会资本向科技创新领域聚焦,以兴泉资本为载体着力搭建"温泉北部地区类金融资本运营平台",尝试探索股权类投资项目,着力通过并购重组、跨界融合等手段培育一批具有产业主导力的领军企业,以资本助力形成具有产业整合能力、具有辐射带动能力的产业集群。

温泉镇探索资本立镇集体经济创新路径记者见面会

加快推进创客小镇二期建设,着力打造智慧园区,进一步完善"产业链""创新链""人才链""价值链"深度融合的新型科技服务生态雨林体系,加强产业导入和优质企业引入,不断拓展合作空间;深化"离岸创新"科创服务模式,继续加强与全国各地及对口单位的交流合作,引导富余产能在合作区域充分释放,构建对外合作战略格局。

时任温泉镇党委书记方海强曾表示,资本立镇要实现的目的是:保障各村股东基准年化收益和年度分红基础上,通过自身经营沉余资金的收益实现造血功能;对地区产业发展提供资金支持和投融资服务,最终实现集体资本价值的指数级增值和效益的倍数级增长;最终实现温泉镇党委的郑重承诺,让农民在城市化进程中带着有效的资产进城。

资本兴"泉"

2020 年,"兴泉资本"在努力克服困难争取牌照的同时,研究设计了在房抵类业务的全产业链战略布局,通过"获客→投放→处置→收购",实现"资本→资产→资本"的良性循环。试水不良资产抵押项目,与某商贸公司开展底层以商办房产为抵押物的银行委托贷款借款项目,抵押率 43.5%、抵押物年租金收入 1 300 万元、发放银行委托贷款 1.225 亿元,年利率达到 12%。

稳步拓展股权投资业务,完成了对西安天成益邦电子科技有限公司的股权投资。该公司是国内第一梯队航天科技集团和西安爱生的地面控制供应商,是目前国内军工无人机领域唯一的民营副总体供应商。创客小镇股权投资基金投资 1 508 万元人民币占 2.55% 股权,按照当前二级市场的 PE、PS 中相对悲观测算,预计退出时回报金额为 4.69 倍(含本)。创客小镇股权投资基金做出上述投资决策时,该公司 2019 年度经营利润为 2 000 万元,2020 年该公司成长性优秀，经营利润预计可实现翻番增长达到4 000万元以上。

2020年下半年，创客小镇股权投资基金深度锁定了深圳市得一微电子有限责任公司股权投资项目，该公司主营业务为存储控制芯片的开发与销售，是目前中国大陆唯一具备全产品线量产能力的存储控制器厂商。截至到2018年，得一微电子及其前身公司累计出货量近8亿颗控制器芯片，处于业界领先地位，目前在该细分领域内全国排名第二。2020年12月，创客小镇股权投资基金完成了对得一微电子的2 829万元人民币的股权投资，占1.8 254%股权。

扫码观看
精彩视频

篇章四

产业转型立潮头:谋划产业布局

"前方进入自动驾驶测试区,请小心行驶。"导航里传来"林志玲"温柔的播报声提醒。驶进海淀区温泉镇后,我们便来到了北京第一个镇域级15平方公里低速自动驾驶核心测试区。自动驾驶的背后是人工智能、视觉计算、雷达、监控装置和全球定位系统协同合作……温泉镇这15平方公里将助力人类加速走进无人驾驶时代。

这就是北京市海淀区温泉镇,从一个传统的京郊农村,十几年间一跃牵动着全国,甚至登上世界的舞台。是谁施展了神奇的"魔法"?倚靠中国全球发展契机,占有海淀科技高峰地利,搭乘中关村品牌蓝海之势,温泉镇抓住世界产业科技调整契机,实现华丽转身。

中关村科学城自动驾驶示范区战略合作协议签约仪式

产业转型立潮头：谋划产业布局

2020温泉科技服务大会现场

温泉发展的"产业强镇"之路

2019年，经过充分的调研，温泉镇确立了镇域产业规划。依托"创客小镇"科创平台，加大扶持力度，通过智慧园区信息化提升项目，搭建区域资源数据库和基础服务平台，加强科技服务业与镇域企业在产业整合、转型升级、股权投资等多领域的深度合作，持续完善科技服务体系；充分发挥华为北京研究中心、航材院、龙芯中科等行业龙头企业的在地优势，夯实产业发

107

展基础,构建镇域优势互补、协作紧密、联动发展的"高精尖"科技服务业产业集群;完成中关村新一代信息技术产业联盟组建工作,以产业联盟为抓手,联合环保园、翠湖科技园云中心、创客小镇等三大园区服务平台,拓展合作空间,加强产业导入和优质企业引入,实现跨园区、跨区域的产业空间格局。

2019年以来,温泉镇依托自动驾驶核心测试区的区域优势,打造以新石器、镁佳科技、开云汽车、白犀牛等为代表的智能网联汽车生态链,加快人工智能、智能网联汽车等高精尖产业布局落地,打造"先行先试"的智能网联汽车应用场景示范区;在5G和6G应用领域,围绕华为北研院、龙芯中科两家国产芯片龙头企业,积极引入国双科技适配项目,打造自主可控、安全可靠的信创产业集群;在新材料研发及产业化方面,已与驻地央企航材院共建合作机制,将持续深挖新材料领域发展潜力,促成一批优质项目签约落地。同时加快创客二期建设,打造镇域创新发展的"稳定器",挺起高质量发展的"脊梁"。

事关人才和房子的"头脑风暴"

中科弘云科技(北京)有限公司是一家专注于人工智能云计算技术研发及应用的高新技术企业。2019年创业之初,创始团队考察了很多的孵化器,最终选择落户在温泉镇。"服务很好、条件很好,主要是办公室和住所很近、方便。"公司CEO杨华说,"(创业之初)很天然地觉得要找一个组织,这边的政策、配套服务都很好,所以就加入了。"中科弘云加入的是位于温泉镇内目前国内单体规模最大职住一体的双创社区——"中关村创客小镇"。

2012年,温泉镇W2地块中的351地块公租房项目开始进入建设阶段。当时的温泉镇正在制定新的产业升级对接方案,温泉镇党委政府就考虑,能不能把公租房项目和温泉镇产业升级的工作打通起来进行统筹建设。"当时的一个想法就是,既然是公租房,我们租的对象一定要是中关村的高科技人员。"时任温泉镇党委书记方海强说,"通过住房,把科技人员吸引到温泉地区来。"接下来,一场"头脑风暴"在每一个温泉镇政府工作人员的头脑中刮起。先是"住房+",房子+教育、房子+交通、房子+养老……可是这些配套服务其他地方也能提供,不足以吸引科技人员入驻——此路不通,方向没找对。

科技人员的"痛点"在哪里呢?在"大众创新、万众创业"双创的鼓励下,科技人员纷纷"下海",凭借技术优势办企业。中关村创业大街一跃变成创业者的精神圣地,资本聚集、风投扎堆，一个个技术+资本的"神话"搅动起科技人员的创业梦想。"反过来，将公租房项目作为配套服务，更重要的是建设一个青年创业公共服务平台，这才能吸引到人才。"方海强书记说。

这时的北京，在创业氛围、人才实力、技术实力、资本实力上，在全国各大城市中都是最佳的。然而，过高的创业成本却使很多创业者望而却步。一时间，杭州、深圳、广州等城市纷纷"发力"，用更为优厚的条件吸引创客入驻。这是一场没有硝烟的"抢人大战"，各大城市都在暗中"较劲"。此时，海淀区也意识到了创业成本过高的问题，正在寻求解决之道。

温泉镇的这个想法很快得到了北京市和海淀区的肯定，由于仍有政策盲点，温泉镇政府一直从2016年的5月跑到当年年底，7个月下来终于获得国家住建委专门批复。循着这个思路，很快，"中关村创客小镇"的蓝图就被描绘了出来："中关村创客小镇"是海淀区温泉镇集体经济组织投资建设的"一镇一园"集体产业用地建设公租房先行试点项目，也是海淀区首个创客人才公租房政策的试点项目，着力打造创业、生活、社交三位一体的具有"低

中关村创客小镇南门

中关村创客小镇

成本、便利化、全要素"特质的创新创业生态社区。项目（一期）总占地面积5.9公顷，规划建筑面积18.49万平方米，其中地上居住面积11.68万平方米，创客公寓总计2 772套；地上商业面积1.28万平方米；社区服务设施0.83万平方米；地下面积4.69万平方米。2017年10月，"中关村创客小镇"正式开园。

温泉镇
城市化
之路纪实

一家"社区"公司的关键词

蓝图绘就,接下来就是实施。怎么为科技人才做好服务,特别是他们最看重的"创业服务"呢?创办一个专业的"创业孵化器"是最好的选择。就这样,"中关村创客小镇(北京)科技有限公司"横空出世了。在公司简介里,"创客小镇"这样描述自己:中关村创客小镇(北京)科技有限公司,是在国家双创战略指导下,由海淀区大力扶持、温泉镇倾力打造、中关村管委会正式授牌的创新创业服务平台,是国内单体规模最大职住一体的双创社区。区里扶持、镇里打造、中关村管委会背书,是"创客小镇"的出身,创新创业服务平台、职住一体双创社区则是"创客小镇"的定位。

"职住一体"对于当下的北京来说是一个多么奢侈的梦想!"朝九晚五"的上班族,每天要披星戴月早出晚归,两个小时的通勤时间,年轻一族徘徊在严重"缺觉"的边缘,每每相见面露"菜色"。在"创客小镇",一切问题迎刃而解。你需要做的,就是好好做技术、安心创业。南边是"单位",北边就是廉租公寓。没有了房东、二房东"兴致所致""心血来潮"没有任何征兆的"逐客令",而且,在这个创客的社区当中,汇集了境遇相同的"伙伴们","闲下来大家'吹吹水',遇到困难大家'抱个团'……""创客小镇"共有37~39平方米的零居、40~59平方米的一居和61~63平方米的两居3种户型。目前的租金为66元每平方米,财政补贴25元每平方米,个人实际支付41元每平方米,每个房间最高补贴1 500元。按照这样的政策,一套40平方米的一居室一个月的房租为

1 640元,一套61平方米的两居室,租金为2 526元,比市面上的房屋租金便宜了很多。

建一个什么样的孵化器呢?温泉镇政府在前期做了大量的调研。我国创业服务经历了从"以企业孵化器为主,做纯粹的二房东"1.0模式,到"以提供专业化软服务为主,以租金收入为辅"的2.0模式。时至今日,将形成"聚焦服务于创业本质和对青年创业者的个性需求上"的3.0模式。然而在2017年,还没有众创空间可以做到人性化、个性化定制,来服务于青年创业者。可能每一类机构都仅仅满足了一部分的需求,却没有达到最优。创客们为了一个项目,需要不停奔走于多家众创空间。对此,较好的解决方案是借助市场手段为创新创业搭建平台,尤其是一些非研发类的服务平台,比如技术转移平台、知识产权保护、创业孵化器等,整合各方资源,吸引社会关注,调动社会力量,用市场化服务对接创业者个性化服务,推进资本、技术、人才、市场等要素不断融合,充分释放人才创新活力。

创客小镇路演大厅

创客小镇众创空间

为创业者提供的办公位

在住之外,对于创业者来说,更为重要的是创业服务。"在海淀其他地方并不缺孵化器。但是创客小镇这边的服务真的是非常棒!"中科弘云科技(北京)有限公司CEO杨华说。从2019年入驻创客小镇短短两年里,中科弘云拿到了很多资质认证,包括国家高新技术企业、中关村高新技术企业、中关村国家自主创新示范区金种子企业等。这一系列的认证都是创客小镇帮忙办理的,"不仅效率高,而且免费。"每年,创客小镇还会安排入驻企业和资方的对接机会以及各种形式的路演活动。2019年,在工业和信息化部信息中心和全联城市基础设施商会共同主办的2019"创客中国"人工智能中小企业创新创业大赛上,中科弘云获得二等奖;2020年,在"2020年度十大中国创客"比赛中,中科弘云进入前十强……"都是'小镇'出力帮忙。通常情况下,我们企业很难及时获得这些信息和机会。"中科弘云CEO杨华说,"跟其他园对入驻企业采取领导型的管理风格不同,创客小镇的管理完全是服务型的,让我们感到很贴心。"因为是创业企业,人员配备及相关的行政经验都有很大的不足,很多时候,中科弘云申请各种资质时,只要提供材料,创客小镇甚至能帮忙填写和申请。与杨华对接的是中关村创客小镇科技服务部总监刁建明。作为第一批入驻的企业，刁建明是看着中科弘云在两年内迅速成长起来的。"当时觉得他们的项目大有可为，就是缺少资本对接。"刁建明说，"刚开始的时候，他们没有什么经验，6个月的时间里帮他们确认了30多家资方机构，还要帮他们了解资方喜好，完善文案。""一般的孵化器作为回报，都是要签股权协议的，那'小镇'一般要求占多少股权呢？"我们问。未及刁建明开口，理工直男杨华在一旁说道："'小镇'没收我们一分钱。""那'小镇'成了'活雷锋'，做成了公益？""FA（财务顾问）按照市场规则收了钱。我们比照过，也是按行规收的，没有高。"杨华说。

创客公寓后工业风精品开间

创客公寓理想时光精品开间

刁建明 2016 年就加入中关村创客小镇项目，是"看着'小镇'从规划到落地"成长起来的。一期建设完成后，他负责创客小镇创业服务方面的工作。他和他的团队以嵌入式的方式对创业企业进行辅导，"从团队成立、产品打造，到商业模式成型，包括资本投融资、资本结构调整、并购一系列的事情——贯穿整个创业过程。"这些服务包括为创业团队提供财法税等基础性服务，同时，提供政策对接、信息化赋能、知识产权代理、营销推广等中间级服务，还向创业团队提供债权和股权投资的高层级服务。

创客小镇的辅导覆盖创业的 3 个全部阶段，在第一个阶段，要辅导赛道认知、竞品

创客公寓时尚驿站一室一厅

创客公寓温馨港湾精品开间

认知、团队结构认识；然后是BP（商业计划书）梳理、商业模式、天使轮融资，创业企业进入AB轮后就是盈利模式的市场验证；经历B轮后，企业需要市场资源、资本资源，就进入创业加速阶段。刁建明说："创业团队有时并不能清晰看清大环境和大形势，很多时候还比较执着。这时候我们的辅导就要做细致的说服工作了。"

中科弘云的杨华至今记得两年前自己的公司刚刚入驻之后，创客小镇提供辅导的事。"那时比较认死理，觉得有钱赚就好，没有考虑过布局的问题，就像是游击队的打法。'小镇'了解政策，特别是对政府政策的把握比较强。在他们的辅导之下，我觉得我们现在的打法越来越像'正规军'了。"

创客小镇常务副总经理冯晓辉原本从事制造业，与"小镇"的"缘分"始于一段8个月的资源对接服务。当人生处于职业生涯的第三个阶段时,他选择加入创客小镇。"8个月的接触中,我看到了创客小镇服务创客的激情,我看到'小镇'工作人员的眼睛里都发着光。"冯晓辉说。

"创客小镇未来的发展方向有什么具体的路径吗?"我们问。

"下一步,创客小镇园区运营思维将由园区运营向产业服务运营转变。传统园区管理靠运营,企业的进驻属于自发形成,企业间的互动和联系不紧密;现代化园区靠产业服务运营,企业的进驻是以领军企业为先导,聚集产业链上下游企业形成集群,企业间的联系和粘性极强。这是运营理念和运行方式的根本转变,通过园区服务边界的重新定义,使园区成为一个为企业服务的协同平台。"冯晓辉说。

"创客小镇还能做什么"是中关村创客小镇(北京)科技有限公司专业化运营团队一直在思考的。"通过创客小镇公司的平台建设和业务升级,打造了离岸产业转移的品牌发展模式。"冯晓辉说。目前,中关村创客小镇已在永丰北科园、中铁建理想谷等开展外拓项目,同时又和京津冀地区的产业待释放区域正在进行离岸模式的设计和实施。根据各地经济发展需求和环境,中关村创客小镇结合自身优势,依托中关村产业平台,拓展新的产业园区,扩大创客小镇的资产运营规模的同时,实现在产业招商、产业服务、智能化园区、投融资等多维共举拓园协同模式。未来,创客小镇还将进行"管理模式输出"方面的尝试。

创客小镇有效促进了温泉镇的经济转型升级,引入社会资本和专业力量成立的中关村创客小镇(北京)科技有限公司进行运营管理,开启了集体经济控股、市场化运营管理的创新模式,进一步确保了集体资产的安全、增值和效益最大化。中关村创客小镇模式开创了北部地区经济转型升级的新模式,打造北部地区"一镇一园"集体经济向高品质规划建设、高效率运营管理、高附加值产业链的4.0版加速换挡、跨越式转型的强大引擎。

中关村创客小镇的"企业名片"

中关村创客小镇以"共创、共享、共赢"为发展理念,建立"空间+服务+投资"的多元体系动态服务生态链。创客小镇持续打造"3+1"发展战略,即3项主营业务,包括产业规划+产业招商能力,资产的精细化运营能力、科技服务的集成能力以及一整套组织发展保障体系,为产业园区等新型综合体提供全方位的产业运营服务的解决方案。截至2020年12月,中关村创客小镇凭借高性价比的职住空间已累计服务1 000余家创业企业(目前在园孵化654家)、服务创新人才超过6 000人;拥有国高新160家、村高新314家、金种子55家、瞪羚企业40家、展翼企业48家,涉及专利、软著、商标等各类知识产权共计13 235项;2020年产值约21亿元,融资金额达32.6亿元。

中关村创客小镇(北京)科技有限公司,秉承着"成为卓越的科技服务与资产运营品牌服务商"的企业愿景,持续助力企业产业发展和地方新动能升级的双赢,为产城融合的新型城市形态做出积极贡献!

"高光"背后下苦功

爱你一万年难以实现,但存储于钻石里的照片、视频、声音、文字可以有效存储一亿年! 星群所做的事情就是将数据加密存储在钻石里,并且可以用手机识别成像。星群在天然钻石存储领域探索了12年,2018年将世界首家钻石存储实验室落户中关村创客小镇。

中关村创客节

定向音响利用声学原理制造声音定向传播的效果，解决环境噪声大场景下声音传播的问题，达到公共场合下防止制造噪声的效果。可广泛应用在社区广场（广场舞）、智慧交通定向语音警示、旅游景区广播、博物馆及校园广播等场景。水木天空（北京）科技有限公司是一家专注于前沿声学技术产品的科技创新公司，致力于在各种应用场景下为用户提供极致的声音体验，是国内极少拥有完整音频技术流程解决方案的科研型创业公司。他们选择中关村创客小镇。

《飞屋环游记》里那个让五彩斑斓的气球带着飞走的房子，让怀揣梦想的老人和有着冒险精神的小男孩达到了他们的梦想之地。在创客小镇，你也能看到动画片里那种可移动行走的房屋，这是科技的发展给我们带来的惊喜与便捷。这个可以移动行走的房屋就是吉姆能量屋。小屋的供电、制冷制热通风也都是模具化标准化，装配省时省力，不会造成现场环境破坏与污染。更为重要的是，"能量屋"可以采集和放大自然界的低频能量波——舒曼波，凡容易与舒曼波谐振的人在小屋里等于经常在充电，可以调整亚健康状态。他们也在中关村创客小镇。

创客小镇是智慧园区，在中关村创客节展览现场随处可见声音识别、影像识别等智能场景体验。在这里，你可以"搭讪"特邀礼仪兼主持智能机器人"方小象"。它可是有问必答，你可以向它了解参观引导信息，创客小镇的各项指标数据等内容。如果你渴了，可以找创客节特邀的服务生——机械臂"豹咖啡"调制美味咖啡，它可是大师级水准。

创客小镇承办的一年一度的"中关村创客节"总能用各类"黑科技"启发你的想象。行业领袖、产业峰会总能吸引世界的眼光，应用场景孵化大赛成了海内外创客展现自己的高光舞台。2019年的盛会吸引了从500多个创新项目中成功突围的9个创业团队，蓄势争夺智慧社区、科技公园、科技生态农业三大场景的科创桂冠，选手们在激烈辩论的同时，行业专家评委给出了精彩犀利的点评。加州大学洛杉矶分校电气工程博士、加拿大西蒙·弗雷泽大学工程科学学院教授 Ljiljana 科维奇，北京猎户星空科技有限公司首席战略官 Bruce Wang，华为技术公司中国区 5G 创新部部长王法，深圳市英博超算科技有限公

产业转型立潮头：谋划产业布局

温泉文化科技艺术节

温泉镇城市化之路纪实

温泉文化科技艺术节上的互动体验项目

司总经理田锋,北京旷视科技有限公司副总裁平原纷纷到场演讲。

中关村创客小镇常务副总经理冯晓辉说:"创客小镇如今的成绩得益于温泉镇党委政府的超前眼光。创客小镇对于创客们的服务是全天候360°的复合型创新创业生态圈。温泉镇党委政府给我们提供的支持,是我们发展最强劲的后盾。"创客小镇要管起创客们的衣食住行,小到公交接驳、生活消费,大到公租房入住、子女入托入学,都需要温泉镇政府进行协调。"解决了这些后顾之忧,创客们才能安心往前奔。"创客小镇科技服务部总监刁建明说。"创客小镇本身就是一个创业企业,温泉镇政府给的宽松条件,让我们能安心谋划更大的发展。"冯晓辉说。

事实上,中关村创客小镇在创投界一鸣惊人"高光"的背后是温泉镇党委政府的"默默付出"。尊重创客小镇自主运营的同时,温

产业转型立潮头：谋划产业布局

泉镇党委政府也在学习如何跟创客们打交道，如何去吸引、去服务好这个"新温泉人"群体。为了准确、有效对接"创客小镇"公共服务与入驻创业团队需求，探索研究如何以小镇为中心建设青年创业公共服务平台，温泉镇党委政府对入驻创客小镇的青年创业者及其团队进行广泛的创业服务需求调研。

影响青年创业者选择创业区域的因素有很多，包括地区的政策情况、经济状况、交通情况、行业发展情况、自身与地区的人脉关系等。调研发现，62.5%的青年创业者将地区政策情况列为主要因素，高居首位；而在创业过程中遇到的主要困难中，缺乏扶持政策也被青年创业者列为首要困难，占比58.33%；在被问及"创业过程中最希望得到的帮助"时，排在前几位的均为政策扶持类别，分别是：创业园区入驻和政策享受（70.83%）；贷款等资金类政策扶持（62.5%）；精简审批程序（62.5%）；工商注册类政策支持（58.33%）。

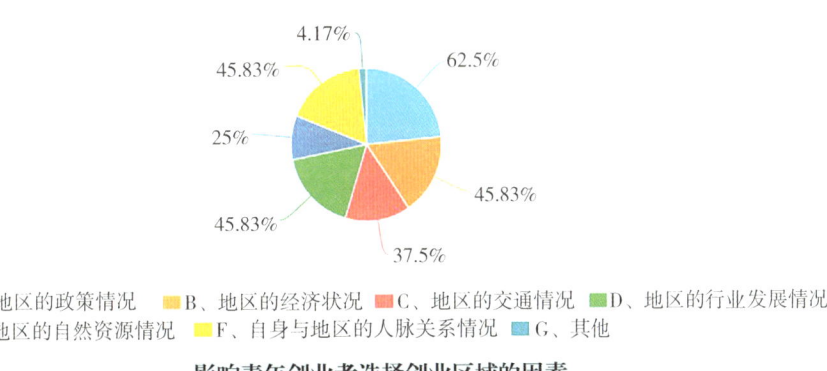

影响青年创业者选择创业区域的因素

青年创业者创业过程中的主要困难

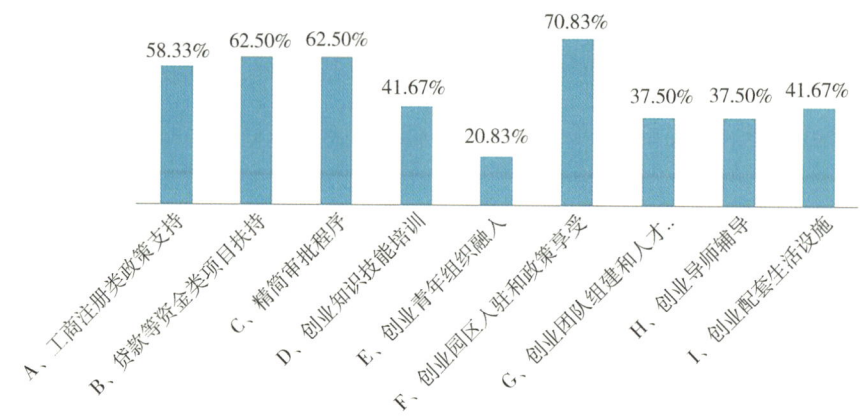

青年创业者创业过程中最希望得到的帮助

青年创业大多资产规模较小，抗风险能力较弱，在没有组织帮扶下的自主创业成功率极低，需要一套科学有效的帮扶系统，涉及政策、资金、教育、文化、信息等方面。实际调查的结果均表明，政府的扶持对于青年创业者来说尤为重要，也是他们的集中需求所在。

温泉镇党委政府在走访及座谈中发现，与创业青年对扶持政策的巨大需求形成鲜明对比的是，创业青年了解创业政策的渠道比较单一。目前，北京市及海淀区提供创业优惠政策的部门和机构很多，包括海淀园管委会、人社局、科技局、住建委等，而青年创业者们对创业政策的了解，主要是通过项目申请、朋友介绍、活动推广等途径，对大部分创业优惠政策不能及时获取和了解，这也可能是目前青年创业者对扶持政策有集中需求的一个原因。如何顺畅创业政策的传播渠道，保证信息有效传达、及时获知，成为温泉镇党委政府服务创客群体的发力点。

在调查中，83.33%的创客认为，最能吸引青年创业者选择中关村创客小镇的特色是其"创住一体"的共享社区模式；而在对"中关村创客小镇"涵盖的硬件设施重要性进行排序的调查中，"创客公寓"（排序平均综合得分3.54分）重要性名列第一，甚至高于作为创业平台的"众创空间"（集中办公区、会议室、路演中心等）（3.04分）。一方面，这种融合创业、生活、社交的综合创业生态体系广受认可,另一方面,"生活配套"也成了广大青年创业者的必要需求甚至是首要需要。

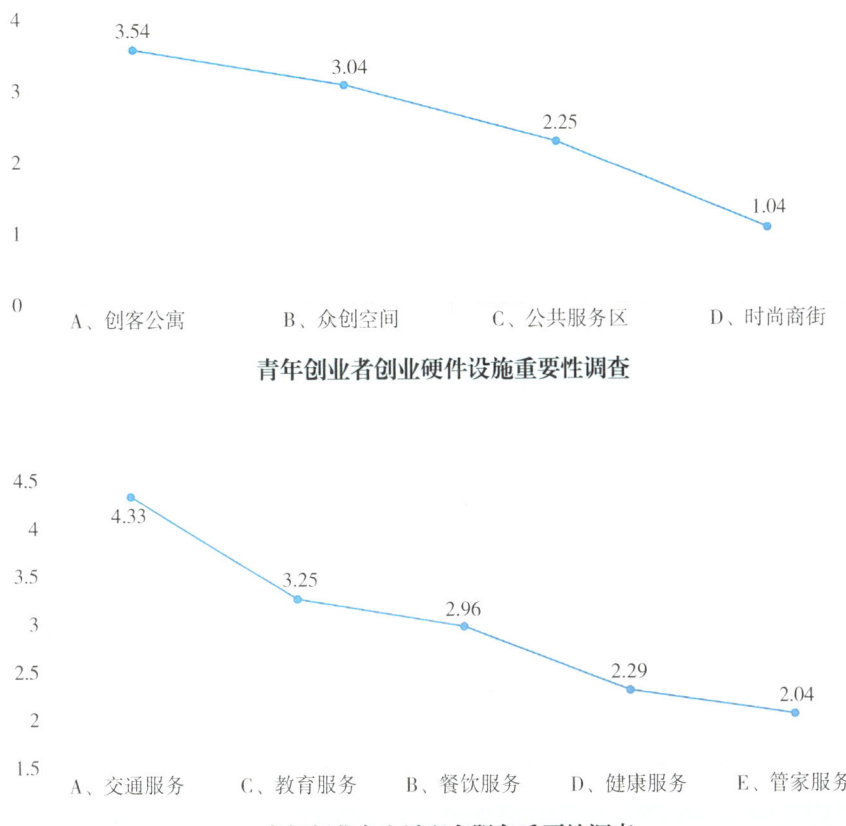

青年创业者创业硬件设施重要性调查

青年创业者生活配套服务重要性调查

交通服务(含汽车共享、自行车共享、社区巴士、充电桩等)和教育服务(含在线教育中心、幼儿园等)是青年创业者的迫切需求,也成为青年创业者选择入驻创业共享社区的首要考虑。而餐饮服务、健康服务、管家服务等关注程度次之。高达87.5%的青年创业者认为,"交通不便利、地理位置较偏远"将成为可能制约中关村创客小镇发展的最主要因素。大部分青年创业者对周边幼儿园、小学等教育配套非常关注,希望能在孩子入学上获得支持。因此,改善创客小镇周边交通环境,健全幼儿园、小学等配套教育设施,帮助青年创业者解决生活的后顾之忧,吸引青年创业者扎根温泉镇创业发展,成为迫在眉睫需要解决的问题。

了解了需求,接下来就是针对性解决,温泉镇党委政府在行动——一些在创客小镇服务之外的公共服务产品,由温泉镇党委政府负责协调和解决。创客小镇将创新创业空间与公租房有效结合,集合创业、生活、社交三大功能,打造了开放式、全要素、低成本的居住空间,解决了青年创业者"安居"的难题。除此之外,温泉镇党委政府还致力健全青年创业者关注的生活配套问题:充分利用地铁的便利条件,通过汽车共享、自行车共享、社区巴士、安装充电桩等多元方案解决服务创业者"最后一公里"的交通问题;市、区各级政府加大政策扶持,在创业园区周边推进中小学、幼儿园等学校建设,解决创业者孩子入学问题;把餐饮、购物、娱乐、医疗等社区服务全部内置,低成本、全方位解决青年创业者的后顾之忧。

小事不小,温泉镇党委政府用扎实的工作为创客产业的集聚保驾护航。在北京市科学技术委员会公布的《2020年度北京市科技企业孵化器》名单中,中关村创客小镇(北京)科技有限公司榜上有名。

产业转型立潮头：谋划产业布局

翠湖祥云

在温泉镇西北边辛庄村的地界上，有一片产业园区。不是厂房，也不是写字楼，大挑高、大框架、低密度、大空间的建筑设计让这里更像是一个创意工坊。整个园区设计独具匠心，以祥云为主题的视觉符号随处可见。这里有一个好听的名字——中关村翠湖科技园·云中心项目。

中关村翠湖科技园·云中心

温泉镇
城市化
之路纪实

云中心园区内景

翠湖云中心始建于2006年，原本是海淀区集约农村产业用地的一镇一园项目。随着中关村功能区的不断外拓，这里被纳入中关村翠湖科技园的一部分。"从2006年开始建设时，就具有前瞻眼光。"翠湖云中心运营方福泉投资有限公司总经理孙忆南介绍道："我们当时请了专门的设计师，配合温泉地区青山绿水的风格设计的园区。"

北京福泉投资有限公司成立于2006年，是凤凰城科技集团有限公司与温泉农工商总公司合作成立的子公司，是以建设温泉产业园、重点发展和整合海淀北部四镇现有工业企业为目的而专门组建的新型企业。孙忆南是2012年调回北京参与翠湖云中心项目的。刚听说自己的下一份工作是在一个叫温泉镇的北京郊区，而且还是在一个叫辛庄的村子，"说实话，心里咯噔了一下。"孙忆南回忆，"这是要去农村呀！"孙忆南之前运营的项目都是高档写字楼，面对一个产业园，还地处郊区，心里还真是打鼓。但是，第一次坐车来到温泉镇，她就被这里的风景深深吸引了。"山好水好，风景美。温泉镇完全突破了我对农村的想象。"说起她和温泉镇的初识，一种兴奋之情溢于言表。

"翠湖云中心独树一帜的地方还不仅仅只在建筑风格上。"孙忆南说。翠湖云中心不仅是提供简单的办公空间、生产场地，还承担入园企业党组织建设，为企业提供政务服务、产业促进、金融支持、智能管理、配套服务等。他们和企业的关系不是简单的房东和租户，更像是伙伴。温泉镇党委政府对于入驻企业、入园人才给予了很多优惠政策，包括住宿、子女入托入学等，"我们跟镇里的文教科、经管科等部门密切合作，帮助解决他们的实际困难。"孙忆南说。

截至 2020 年底，翠湖云中心的入驻企业规模达到 185 家，大部分企业都是具有一定规模和较高成长性的中小型科技企业，企业总人数近 8 000 人，其中 90% 以上为高新企业。2020 年，园区总产值突破 200 亿。主要围绕四大产业布局：生物工程与新医药，入驻企业近 40 家；大数据及云计算，入驻企业总市值约为 200 亿元，区级税收贡献近亿元；移动互联网与下一代互联网；导航与位置服务，以九天利建、神导科技等为代表的海淀区"专精特新企业"共 15 家。

听说翠湖云中心里有这样一家企业，在 2020 年疫情期间转产防疫服，半年里把所有生产的防疫物资全部无偿捐献，我们决定一定要去见一见。"我们是 2020 年 2 月 4 号转产防疫服的。"北京赢冠口腔医疗科技股份有限公司董事长郭大鹏说，"当时我们给区里写了'请战书'。因为是过年，当时紧急调回了 50 多人，2 月 7 号就投产了防疫服，一直到当年 7 月份。""听说您把这些物资都无偿捐献了。这批物资一共多少钱？"我们问。"按照当时的市价，值 300 万元。"郭大鹏说。赢冠口腔是一家以生产制造定制式义齿，研发口腔修复体相关新技术、新材料为一体的高科技型生产企业。公司专注为北京市 500 多家医疗机构提供个性化口腔设计定制服务。由于疫情影响，2020 年上半年，主营业务几乎处在完全停产的状态。"这头主营业务没有收入，那头转产防疫服，还把它捐了。两头没着落，对于企业运营不是雪上加霜吗？您当时怎么想的？"我们问郭大鹏。"我们服务的是北京的各大医院。武汉疫情爆发后，北京各大医院倾尽所有，把自己的医疗防护物资全部送到武汉去了。到最后，连自己都没有口罩了。那段时间太难了，我们也看在眼里。一家企业是要承担社会责任的，大家都没了，何谈小家。所以，我就拍板，我们转产防疫物资，生产出来的产品无偿捐赠。"说到转产捐赠，郭大鹏特别果断坚决。这一年，赢冠

温泉镇城市化之路纪实

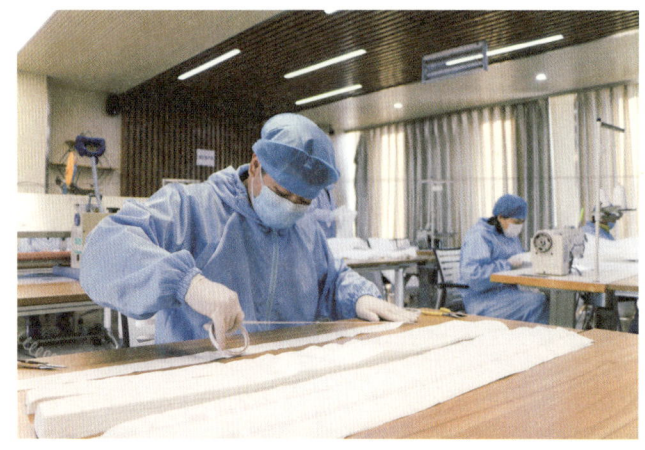

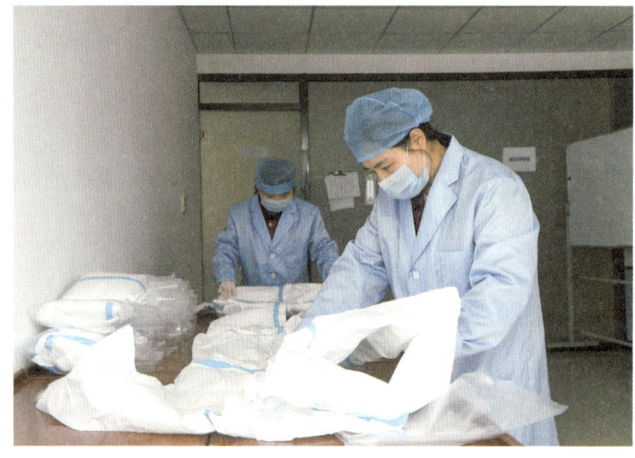

园区企业赢冠口腔

口腔是"硬扛过来的"。

在赢冠口腔的"功勋墙"上,除了技术认证、政府表彰外,一张白底蓝色的联合国教科文组织的嘉许状在一片红色的海洋里,格外显眼。"联合国教科文组织?为了什么嘉奖赢冠口腔呢?"我们问。"那是2018年,为了表彰赢冠口腔坚持残疾人福利事业10年颁发的。你们可能不知道,我们赢冠口腔的200多位员工里,有100多位是残障人士。"郭大鹏说。"为什么要吸纳那么多残障人士呢?甚至远远超过按比例安置。"我们问。"这些员工是能自食其力的,我们给他们提供机会,就是在帮贫扶贫。每个人都会有恻隐之心,我只是有能力这么做。社会是一个集体,只有大家都好,社会才能真正好起来。"赢冠口腔生产的是义齿,但是,在疫情中所展现出的"公义",在安置残疾人就业方面所展现的"侠义",让我们对这样一家企业的"急公好义"由衷敬佩。

说到翠湖云中心，郭大鹏说，自己要特别感谢翠湖云中心运营方和温泉镇党委政府。因为企业的特殊性，赢冠口腔的很多员工行动不便，需要坐轮椅、骑残摩。2017年入驻翠湖云中心之后，这里贴心的残疾人设施、无障碍通道、电梯等等，还有保安师傅日复一日的"搭把手"，都让员工们很感动。郭大鹏说："事情虽小，但是，却贵在坚持。"为了能方便这100多位行动不便的员工，温泉镇党委政府专门调配了40多套公租房，免去了他们的奔波之苦，解决了就近上班的问题。"感谢，真的是非常感谢。"郭大鹏连连致谢，"温泉镇党委政府还协助我们解决员工孩子的上学问题，从入托到入学。在云中心3年多，我能明显感受到温泉镇服务企业的精神。党委书记、镇长亲自上门来调研企业，嘘寒问暖。"

作别赢冠口腔，我们走在翠湖云中心的林荫道上。一辆辆张贴着生化黄色标志的运输车驶入，好不繁忙。云中心的管理人员介绍说，云中心有近40家生物医药企业，疫情期间，这里承担了北京很大一部分的核酸检测工作。园区里的北京康美天鸿生物科技有限公司在疫情期间，加大研发力度，研制的新冠检测试剂已经打入到美国市场。

北京康美天鸿生物科技有限公司主要从事POCT、PCR试剂的研发、生产和销售等工作。新冠肺炎疫情的出现，推动相关试剂的研发，如今他们的新冠检测试剂已经处于国际领先水平。康美生物RDM部总经理郑文果说："疫情对于我们来说，反而推动了公司国际化进程。一年间，原本比较薄弱的海外市场部，扩充了20多人。"郑文果对翠湖云中心的印象是通过对比感受到的。"以前我们在另外一个科技园区，一个环评跑了两年。在这里，园区帮忙给跑，而且效率很高，很快就搞定了。"因为检测试剂需要实验样本，需要建立检测点，温泉镇党委政府协调了附近的医院与康美天鸿进行合作，为试剂可靠性测试的数据得出起到了很大的作用。"疫情期间，温泉镇党委书记和镇长还亲自来我们公司调研生产和研发情况。"郑文果说。

赢冠口腔、康美天鸿所说的温泉镇主要领导的走访，是温泉镇培育宜居宜业的发展环境，深化政企联动，最大限度激发各类创新主体的主动性、积极性，积极构建"亲""清"政企关系，全力打造镇域一流营商环境的努力。2018年，为了构建"亲""清"政企关

园区企业康美天鸿

系,不断增强企业经济发展活力,持续营造镇域良好的营商环境和发展环境,协同推动镇域经济实现高质量发展,温泉镇党委政府专门制订了《温泉镇推进服务经济建设工作方案》(温政发【2018】21号)。建立温泉镇重点税源企业及领导包干制度,根据财政贡献、产业特点等,筛选出区、镇20家镇级重点企业,由镇领导小组办公室统筹安排企业定期走访计划,明确每家企业一名牵头领导、一个责任部门和一名服务管家,进一步健全和完善领导班子包干制度,打通服务企业"最后一公里";为夯实区、镇两级重点企业领导包干联系机制,组织开展地区重点企业大走访大调研活动,走访华为、国核电力、中科海讯等20家重点企业,通过"一对一"对接服务,聚焦顶层设计,统筹资源优势。

按照"高位统筹、权责明细、高效便捷"原则,构建温泉镇三级服务经济建设工作体系、五大工作机制,围绕分级化服务机制、长效化联络机制、联动化协同机制、资源化统筹机制、多元化宣传机制五方面,立足企业需求,依托走访调研、政企座谈、文化沙龙、众创众展等方式,加强部门联动,切实做好服务经济建设工作。

为了鼓励企业发展,温泉镇党委政府还专门制订了《温泉镇服务经济建设奖励办法》。构建区级、镇级、类园区三级园区协同发展模式,定义并鼓励类园区发展,多措并举,逐步完善经济建设工作。截至2020年,温泉镇注册企业上万余家,实际经营企业2 000余家,区级规模以上企业600余家,集聚了近4万高新技术人才,总产值500余亿元。

2017年年底,创客小镇科技服务部总监刁建明举家搬到了温泉镇,并在创客二期买

园区企业康美天鸿实验室

了房。"那时温泉还没通地铁，孩子上学、老婆上班更远了。"刁建明说，"我把全副身家都搬到温泉来，因为我所服务的创客群体是中国当下最具创新精神的一群人。这里有思想的脉动和市场的脉动，我愿意随时随刻为他们提供我的智慧。"无独有偶，翠湖云中心负责接待我们的北京福泉投资有限公司的马昊明，也打算结束长达 12 年的奔波之苦，她在凯盛家园买了房。"这几年在这里工作，感觉温泉镇的环境非常好。家里小朋友马上要上学了，温泉镇的教育资源也很不错，所以，干脆买了房，打算在这里扎根了。"2020 年的初夏，马昊明搬入了位于凯盛家园的新家，她也动员自己的父母换房到了温泉，"我是把自己十几年的积蓄和后半辈子的奋斗都搭进去了，但是我真心觉得在温泉安家这个决定太正确啦！"她说，这是自己作为在温泉工作了 12 年，即将在温泉度过余生的新一代温泉人的真实感受。创客、高科技人员、企业家……越来越多的人选择"落脚"在温泉，一个"新温泉"人的群体正在孕育。

> 温泉镇
> 城市化
> 之路纪实

"10年前,温泉地区的常住人口规模大概是3万人。今天,这里已经哺育了10万人。"时任温泉镇党委书记方海强说,"这其中很多人是我们所说的'新温泉人'。把'新温泉人'服务好,让他们能在温泉'乐业',让他们在温泉'消费',更要让他们来温泉'安居',这是温泉镇党委政府一直在努力的目标。终有一日,将不再有'老温泉''新温泉'之别,不论来自何方,生活在温泉这片'乐土'上的人都叫'温泉人'。这时,温泉就成了真正的城市。"

扫码观看
精彩视频

篇章五

显龙山下竞风流：文化自觉之路

温泉镇
城市化
之路纪实

　　一座城市，除了经济和产业的发展之外，文化的积淀是提升城市厚度的重要一环。在温泉镇城市化进程中，镇党委政府十分重视精神的引领作用，全方位深层次挖掘地区文化资源，多角度凝练和展现新老温泉人的精神特质，结合现代化宣传媒介，积极推进文化品牌建设。经过多年探索和实践，形成了"五大文化品牌共举　文明乡约贯穿引领"的文化发展格局，切实提升了温泉镇的知名度和影响力。

温泉镇一年一度花会走街中的舞狮表演

树立五大文化品牌　践行温泉文明乡约

2017年，为了切实提高温泉地区的整体精神文明水平和道德文化素养，温泉镇党委以党的十九大提出的"加强乡风文明建设"为统领，以"传承文化，彰显特色"为发展目标，着力打造"传承文化脉络 共筑文明温泉"精品文化工程，围绕"智慧·温泉""红楼·温泉""创新·温泉""原创·温泉""活力·温泉"五大文化品牌开展文化活动。

2020温泉文明乡约模范表彰大会

关于"文明温泉"的五个文化品牌

一个文化品牌,就是一张名片,品牌效应具有强大的示范带动作用。未来五年我镇围绕党代会工作报告提出的"文明温泉"总体目标,精心打造五个文化品牌,积极发挥文化的凝聚力、辐射力和推动力。

"智慧·温泉"品牌

人才是推动文化传承和创新的主导力量。为打造"文明温泉"总体目标,一方面吸引地区文化名人、专家参与,建立"温泉智库",为地区文化发展建言献策。另一方面,积极培育年轻文化专业人才,积极参与地区文化建设,挥洒热血与激情。总之,集中全镇人民智慧,动员全镇各界力量,将地区文化品牌做大做强。

"红楼·温泉"品牌

充分挖掘白家疃村"红楼梦源"、曹雪芹小道、怡贤亲王祠等文化资源,并以此为切入点,做好优秀传统文化的传承与发扬。同时将弘扬优秀传统文化与社会主义核心价值观的宣传教育结合起来,一方面要做好对优秀传统文化深层价值理念及其现代意义的挖掘和阐释;另一方面要做好运用优秀传统文化的思想资源阐发社会主义核心价值观的工作。

"创新·温泉"品牌

以创客小镇创新创业为主体,打响温泉镇农村经济转型升级、创新创业蓬勃发展的"创客"文化品牌。文化需要传承,更需要创新。文化作为软实力的主要载体,承载着地区群众的殷切希望。温泉镇将以更大力度推进文化创新,增强文化与现代科技融合发展。只有与时俱进,不断扬弃与更新,才能永葆青春与活力。

"原创·温泉"品牌

依托地区各种类型文化娱乐活动，挖掘本地优秀人才，征集原创音乐、摄像、绘画、文学作品等，让创作者与作品在更广阔视野的平台上呈现与交流。通过这些原创作品，展现温泉文化底蕴、自然风光、人文故事，彰显温泉魅力，推动全镇文学艺术门类全面发展。

"活力·温泉"品牌

建立常态化、相对稳定的活动机制，规范民间组织联合会管理，建立青年社团和少儿艺术团。以花会走街、民间艺术节等特色活动为抓手，不断加大资金、设备和人才的投入力度，举办具有高水平的文艺演出、唱歌比赛、摄影展等各种形式的群众性文化活动，丰富地区群众文化生活，为建设文化强镇搭建有力载体。

摘自《中共北京市海淀区温泉镇委员会关于加快培育温泉文化品牌，打造"文明温泉"的实施意见》

温泉文明乡约

爱祖国，爱温泉；守其位，尊法令；

静修身，俭养德；仪端正，语柔和；

孝父母，敬尊长；树家风，传家训；

睦邻里，助患难；庭院雅，环境洁；

交益友，与人便；勇创新，敢担当。

为提高地区的整体精神文明水平和文明素养，2018年3月，镇党委借鉴先进地区经验，结合温泉镇实际，经过大量调查研究、专家反复论证以及网上征求地区群众意见，历

温泉镇践行文明乡约主题文艺演出

翠微小学温泉分校"文明乡约我践行"主题活动

文明温泉文化沙龙活动

时一年左右的时间,最终正式出台了"三字经"形式的《温泉文明乡约》,60字里浓缩了"立身、立业、立言、立德"之道。

"《温泉文明乡约》(以下简称《乡约》)是把优秀传统文化融入城市化生活的有益尝试。通过《乡约》进行教育引导,用传统文化去熏陶居民的思想、滋润他们的心灵。《乡约》挖掘了中华传统文化中的优秀因素,让中华美德的光辉在群众的心中闪耀,客观上起到了教化人们了解历史,了解传统文化,赞美家乡的作用,成为一段时间里温泉地区提升文明程度和提高居民文化素养的新举措和新抓手……"参与研讨的专家们高度评价《温泉文明乡约》的历史意义和作用。

温泉镇政府文化顾问、现任中国红楼梦学会理事的赤飞参与了《温泉文明乡约》研讨的全程。"为了做好文明乡约的制定,我还专门考察了一下历代乡约,有一些有意思的发现。"赤飞侃侃而谈。他发现，南方地区的乡规民约大部分体现"法家"精神，不准、不让，是规范行为的。而北方地区的乡约，大都以儒家教义为根本，讲孝道，讲温良恭俭让。"别看《温泉文明乡约》只有短短60字，里面的每句话都是字斟句酌，可没少花费心思。"赤飞回忆道，"比如'守其位 尊法令'一句就是结合了法家的精神。把它放在第二句，也考虑到了跟国家大政方针、市区相关工作的结合。'勇创新 敢担当'这句结合了温泉镇创客小镇的发展实际，呼吁温泉人要勇于创新，敢于担当。"

2018年起，《温泉文明乡约》成为温泉镇精神文明建设工作的重要着力点。温泉镇党委政府联合地区各村、社区、企事业单位、学校共同参与推动，开展"文明乡约 我传颂 我践行"主题宣传活动，带动百姓积极参与，共同推动践行文明乡约。

依托道德讲堂，邀请乡贤开展文明乡约主题宣讲，以面对面交流的方式引导群众学乡约、守乡约；创新精神文明建设工作方式，开展"文明乡约——我们来飙戏"宣教活动，将乡约故事转化成戏剧，让社区百姓扮演剧中人物，促进乡约入脑入心；开展"文明乡约进校园"活动，让孩子成为践行乡约的小使者、教授家长的小老师、影响社会的小模范；同时，面向全镇公开征集评选乡约模范，号召地区群众学乡约、守乡约、传乡约，营造赶、学、比、超的浓郁氛围。

践行文明乡约 争做先进模范

2019年1月，第一届温泉文明乡约模范表彰大会暨"叮咚说乡约"动画发布仪式，在海淀北部文化中心小剧场举行。会议对地区获得"北京榜样"提名的38位居民，获得温泉乡约模范荣誉的5位居民进行表彰。地区首位卡通文明使者在大会首次动态亮相。

在第一届获奖的 5 位模范中，有用相机记录家乡风景美好瞬间，主动组织文艺团队编排节目，表达自己"爱祖国 爱温泉"情怀的王惠文；有时刻牢记党员身份，主动帮组织分忧，努力学习新知识，践行"守其位 尊法令"的刘长生；有践行"勇创新 敢担当"坚持创业梦想，带领团队不断攻克技术难关的陈科枫；有主动帮邻居排忧解难、热心社区公共服务的"睦邻里 助患难"模范李景水和牛永兰。这 5 位乡约践行者充分发挥自身力量，用自己的言行感染身边人，引导更多人践行乡约。

2018 年温泉文明乡约模范

爱祖国 爱温泉：王惠文

守其位 尊法令：刘长生

睦邻里 助患难：李景水　牛永兰

勇创新 敢担当：陈科枫

2019 年年底，第二届温泉文明乡约模范表彰大会举办，共有 14 位获奖者。他们中有普通的小区居民、职工，基层的党员、干部，艰苦奋斗的创业者、打工者，也有城市的守护人，学校的学生、老师；他们中有 70 岁的老人，也有 9 岁的孩子。

2019 年温泉文明乡约模范

爱祖国 爱温泉：王兆宽

守其位 尊法令：魏淑秀　张可

静修身 俭养德：张毛时

仪端正 语柔和：吴浩和　李妙涵

孝父母 敬尊长：张淑蕊　郑玉忠

睦邻里 助患难：侯利红　张玉兰

交益友 与人便：钮东辉

勇创新 敢担当：吕进权　张藜　尹彧

2020年11月，第三届温泉文明乡约模范表彰大会如期举行。温泉镇推荐评选出14位温泉文明乡约模范，他们有奋战在抗疫一线的机关党员、白衣战士，有积极投身志愿服务的文艺爱好者、热心居民，有兢兢业业服务于学前教育、社区治理、物业管理等行业的工作者，还有致力于攻坚克难、改革创新的领军者，他们都在自己平凡的岗位上默默奉献和坚守着，共同助力温泉镇经济社会跨越式发展。

2020年温泉文明乡约模范

爱祖国 爱温泉：高巍　张可

守其位 尊法令：周林虎　郑然

静修身 俭养德：魏跃年

仪端正 语柔和：曹明正　历春香

孝父母 敬尊长：刘伟

树家风 传家训：胡泽湘

睦邻里 助患难：刘超

庭院雅 环境洁：何骏

交益友 与人便：曹静

勇创新 敢担当：王哲学　胡伟武

温泉镇首位卡通文明使者——叮咚

在首届温泉文明乡约模范表彰大会上,温泉镇推出了首位卡通文明使者——叮咚。这个卡通人物不但有圆圆的脸庞,大大的眼睛,而且头顶还浮动着象征温泉地区水系的浪花。2019年年初,温泉镇首部乡约主题动画片《叮咚说乡约》问世。本系列动画共10集,总时长约21分钟,以《温泉文明乡约》为内容,每集讲述一个乡约小故事,卡通人物"叮咚"在片中化身文明讲解员。2019年年底,温泉镇还推出了首部自制电影《"乡约"来拜年》,由10个微电影串联而成,每个微电影主题对应一条温泉文明乡约准则。在微电影的拍摄中,温泉镇许多居民都积极参与其中,有些还在里面扮演角色。微电影播出后,居民们不但在电影中看到自己饰演的角色,而且会对照影片中自己倡导的乡约新风尚,自觉规范言行。"遇到天气不好,不能进行室外拍摄的情况,会有参演群众主动提出去自己家里拍摄,以保证拍摄进度。这点令我们非常感激,我想,这也体现了乡约中'睦邻里 助患难'的友爱精神吧!"微电影的主创人员说。

"我们发动了乡贤、普通民众、各行各业从业者、学生来共同参与。征集和评选的过程其实就是一个很好的聚人心、达共识的过程。只有广泛发动、积极参与,文明乡约才能深入人心。"温泉镇党委宣传部负责人说。

红楼梦中谱新曲

据著名红学家吴恩裕先生考证，曹雪芹晚年，在白家疃度过了生命中最后的5年。曹雪芹的好友敦敏曾写有一篇名为《瓶湖懋斋记盛》的文章，文中有："春间芹圃曾过舍以告，将徙居白家疃"，时间是乾隆二十三年（1758年）春夏之际。数月后，敦敏便前往白家疃曹雪芹的新居来拜访，但见"其地有小溪阻路，隔岸望之，土屋四间，斜向西南，筑石为壁，断枝为椽，垣堵不齐，户牖不全。而院落整洁，编篱成锦，蔓植杞藤"，于是，"循溪北行，越石桥乃达。"当年的屋舍垣篱，早已无迹可考，但是小石桥依然

传说中曹雪芹家门前的小石桥

曹雪芹小道入口

横卧在此,讲述着历史的沧桑。

《瓶湖懋斋记盛》中记录"白媪有一子,襁褓失怙。夫家无恒产,依十指为人做嫁衣。……因闻雪芹又将远徙,媪乃挽人告之:愿以其茔侧之树,供雪芹筑室。"曹雪芹给白家疃的老太太治好了病,老太太感激,把曹雪芹邀请至白家疃。曹雪芹在白家疃村披阅、著述《红楼梦》,创作了《废艺斋集稿》,为鳏寡孤独和残疾人传授风筝及刻印、编织、脱胎工艺、印染等技艺。"满径蓬蒿老不华,举家食粥酒常赊",曹雪芹最终在这里逝世。

废艺斋

水灵榭

故事还有另一个版本,曹雪芹住香山的黄叶村,黄叶村与白家疃相距数十里,清朝时,百姓翻山来往,走的人多了便形成了一条小路。从黄叶村上行至山顶,可见三座并列山峰,岚气环绕中,仿佛三炷燃烧升腾的佛香,故得名三炷香。沿山道下行即达白家疃村。彼时,曹雪芹经常翻过三炷香山峰去白家疃村给百姓看病。为了深入挖掘温泉镇的红学文化,2009年,温泉镇政府配合海淀区旅游局实施完成温泉红楼梦源旅游带(即曹雪芹小道)一期工程。如今这条小道就是人们熟知的"曹雪芹小道"。

曹雪芹小道是连接海淀温泉山后和山前最近的通道。南起北京植物园黄叶村，经樱桃沟，三炷香至温泉镇白家疃村，全长约6.6公里，其中山间小道约2.8公里。中途有清代引水石渠、十方普觉寺、寿安山石刻、石上松、元宝石、小石桥遗址、贤王祠等多处历史景点与遗迹。在民间传说中，小道上的很多景物都是《红楼梦》故事中的原型。

赤飞1958年出生在白家疃村，是土生土长的温泉人，对《红楼梦》研究颇深。他说，读小学时，听说了曹雪芹曾在白家疃住过的消息后，就开始读《红楼梦》，起初的目的只是想看一看书里是否写到村子里的人和事。后来，喜欢在街头巷尾，听村中老人闲聊。赤飞留心于当地的传说故事与风土人情，收集记录的笔记有30多本。20世纪80年代后，开始研究"红学"，主要研究曹雪芹与白家疃的关系，先后出版了《曹雪芹与白家疃》《怡贤亲王允祥与曹雪芹和白家疃》《京西古村白家疃》等著述，为宣传曹雪芹与《红楼梦》以及温泉镇文化做出了自己的一份努力。

《京西古村白家疃》节选

赤飞

四、曹雪芹住在村西小石桥旁

传说曹雪芹当年的住处，就在白家疃村西河滩上的小石桥西南侧。河滩东侧是条小河，通过小石桥，朝西越过去，往南一拐，就到了他家。他家有土屋四间，石头砌的墙，粗树枝子做的椽檩。院子的围墙也不太严实，门窗四处漏风。但院落被打扫的干净利落，篱笆上长满了花草绿植，还种着不少枸杞，显示着主人的生活情趣。

> 五、黛玉之名取自画眉山
>
> 画眉山在白家疃村东三里，是半天云岭最北端的一座小山，山不高，海拔83米，但很有名，民间素有"南有峨眉山，北有画眉山"之说。该山上有一种石头，色黑，质软细腻，称黛石，可做女性画眉用，所以该山就叫"画眉山"。传说曹雪芹在白家疃居住时，曾来此山游赏，并用此石，为《红楼梦》中的一位女主角取名黛玉。
>
> 六、曹雪芹死后葬于小花栏
>
> 白家疃村西小石桥东北不远，过去是一片大的坟地，东侧叫大花栏儿，西侧叫小花栏儿，花栏儿是当地人对坟地的一种雅称。传说曹雪芹病逝于小石桥西侧的"土屋"里后，就葬在小花栏儿的坟地内，并认为张宜泉《伤芹溪居士》："多情再问藏修地，翠叠空山晚照凉"的诗句，写的就是这个地方。

另一位温泉镇政府文化顾问柳荣惠同样在孜孜不倦地对这些历史遗迹进行考证。柳荣惠出生于1945年，1964年师范院校毕业后来到温泉地区执教，并生活在白家疃村。尹亮是柳荣惠的岳父，很多关于曹雪芹的故事都来自尹亮老人的讲述。当年，村西有座供奉关公的老爷庙，也称"空空庙"，坐西朝东，尹亮老人的姥爷、父亲和他自己，三代人都是那座老爷庙的看护者。只可惜这座"空空庙"在当年平整土地时被拆除掉了，如今再也难觅踪影。这"空空庙"与曹雪芹《红楼梦》中的"空空道人"是否有着某种隐秘的联系，我们已经不得而知，但在与岳父常年的交流讨论中，柳荣惠耳濡目染，对探索红楼文化产生了浓厚的兴趣。"我在这里接触了很多老乡，倾注了很多感情。凡是比我岁数大的老人，我都要讨教几句。我要看看白家疃村遗留下来的、不太明确的古遗址，是否和曹雪芹有关。凡是有关的，我都要把它们串联起来，然后再到图书馆去查，上网去找。"小石桥、大戏台、曹雪芹小道、香炉峰、水岭儿、水塔寺……一个个带有红楼印记的地点，一件件口口相传的传闻逸事，村内外与曹雪芹有关的传说，几乎都与柳荣惠的发掘有关。

白家疃赋

柳荣惠

古村白疃，史逾千年。云是元朝有载，白浮河畔。沿俗为"滩"，鲁人改疃。西有温泉水涌，东有画眉龙潭。南望香山坡满红叶，北眺阳坊一马平川。

燕山脉尾，妙峰奇峦。浓荫深处，积文渊源。京密引水，意伴潺潺。赞曰：背靠青山兮摇钱树，手托运河兮聚宝盆。花柳繁华兮离山很近，温柔高贵兮离城很远。

社稷宝地，风水首选。明十三陵，定位白疃。左有显龙山卧，右有凤凰翅展。城山百旺供两侧，佛龛灵前对蜡扦。松青杪杪鼎炉上，后有三香祭社坛。

新时期斧，三元寺建。簸箕水何，怡亲王贤。马兰道祭，莲花落传。四眼井旁三娘打水，韩家台下操兵演练；谁见御笔画村农，乾隆诗写《白家滩》。

癸丑年，见新篇。《瓶湖懋斋记盛》《文物》爆炸奇传。因《红楼梦》，借曹梦阮。白家疃进驻红学界，曹雪芹进驻白家疃。寂静山村，名系光环。

千恩敦敏，吴公万缅。

在我们的邀约下，柳荣惠和我们一起重走曹雪芹小道。首先路过的是白家疃村苗圃附近巨大的曹雪芹石像。2018年，温泉镇对白家疃路北段开展景观提升工程，整个街区改

"红楼迷马"山地马拉松赛

造融入了红学文化,一座曹雪芹石像端坐在路边,手拿书卷,聚精会神呈思索状。沿公路向上,会路过废艺斋、水灵榭等红楼文化景点。尽管年事已高,柳老还是坚持要自己爬山,重新感悟曹公当年翻越南山的风采。刻有"石头记"的巨石、展现曹雪芹生平的石碑……坐在曹雪芹小道旁的仿古亭,柳荣惠把曹雪芹与白家疃的渊源与我们娓娓道来,他说:"我要把曹雪芹小道、怡贤亲王祠、小石桥、废艺斋、水灵榭、空空庙等这些属于白家疃的红楼珍珠串起来,以提升它的人文和地理价值"。

2018年,这条"曹雪芹小道"突然穿越了古今。一场红楼迷马山地马拉松赛(简称"红楼迷马")吸引了来自各地的近400名红楼迷和跑友的热情参与。如果说马拉松赛事是一场极限挑战运动的话,那么"红楼迷马"则是为这种挑战赋予了更多文化的内涵。"红楼迷马"赛程只有10公里,但是文化味十足。比赛的起点位于双坡路,参赛选手从"贾府"大门起跑,沿着温泉南山骑行健身道至白家疃村,途径废艺斋、水灵榭、曹雪芹石像等景点,这些景点记录了曹雪芹在白家疃村居住生活时发生的点滴故事。赛道全程共设有5座红楼"地标"补给站,都是以贾宝玉居所"怡红院"、林黛玉居所"潇湘馆"、薛宝钗住所"蘅芜苑"为名。沿途设有古琴演奏,同时伴有红楼人物"cosplay",使跑友在欣赏怡人的深秋京城风光时,还可以感受到温泉镇"红楼文化"的独特魅力。比赛结束后,还会组织现场观众和参赛者,开展《红楼梦》主题趣味问答,增加活动的互动性。参加比赛的选手,年龄最大者为60岁。有临时到北京出差的马拉松迷,听说温泉镇有马拉松赛,特意把返程车票推迟几小时,参加完比赛后再回家。

在永丰产业基地工作的许瑞是一名马拉松爱好者,从2015年开始,他就不断参加在北京及周边举行的各种马拉松比赛。2018年,他从北极星跑团知道温泉镇要举办"红楼迷马",立刻就报名参加。"我住在苏家坨,听说家门口的温泉镇要举办马拉松赛,觉得一定要参加。"许瑞说。从第一届开始,他一次不落。从这几年参加比赛的过程中,他感触最多的是温泉镇在推广红楼文化中不遗余力,"从比赛的各种标识设计上,包括活动中的 cosplay 以及互动环节,还有最后为获奖者提供的纪念品,都体现出浓浓的红楼味道。"未来,他希望"红楼迷马"能有更多的宣传推广形式和渠道,让更多的马拉松爱好者知道它,参与它,并且像他一样爱上"红楼迷马"。

"红楼迷马"山地马拉松赛是温泉镇传承保护红楼文化的具体形式之一,截至目前已经连续举办3届。"通过老百姓喜闻乐见的方式,不断创新继承和保护传统文化,让中华优秀传统文化'飞入寻常百姓家'。"媒体曾这样评价。

为了让温泉镇的居民更好地了解红楼文化,更深入地参与相关活动,2019年开始,温泉镇文化服务中心启动红楼温泉众享温情端午民俗文化节,将传统的民俗和温泉镇的红楼文化有机结合。2021年的端午节,"和满京城 奋进九州 红楼温泉 众享温情"辛丑端午民俗文化节就在鸟虫篆艺术研究院隆重举办。活动中不仅有和红楼文化、端午民俗相关的舞蹈、朗诵等表演,还展示了曹雪芹在《废艺斋集稿》中所讲述的金石、风筝、编织、印染、烹调、园林设计等工艺。2020年开始,镇文服中心又推出"红楼温泉共庆团圆中秋民俗文化节",团圆中秋之夜大型实景文艺演出也成为红楼温泉的金字招牌,各种 DIY 手工坊、全息灯光秀、形式多样的文艺表演……所有的这些只为传承经典、梦回红楼。

少年儿童如何体验红楼文化?别急,温泉镇也有妙招。2021年开始的废艺斋亲子体

红楼温泉众享温情端午民俗文化节活动

废艺斋亲子体验活动

验活动让孩子们通过动手收获知识,体会中华优秀文化的博大精深。曹雪芹的《废艺斋集稿》整理了各种工艺技艺,帮助身有残疾的人养家糊口。作为曹雪芹曾经生活过的地方,温泉镇白家疃村保留了诸多废艺斋中的传统文化技艺。首次废艺斋亲子体验活动围绕废艺斋中的技能技艺,通过6次线上课程带领温泉地区的青少年儿童们了解废艺斋中的中华优秀传统文化,感受曹雪芹的人生经历,体会红楼梦中的文化底蕴。参与活动的王宇泽小朋友说:"这节课让我们了解了我国古代建筑的发展历程,每一个阶段都有它的独特之美。中国古代建筑结合了我国人民的智慧,是非常值得我们了解和学习的。"

看得见 摸得着的精神文明

为了让无形的精神财富转化为"看得见、摸得着、做得到"的有形的教育材料，温泉镇政府出资，打造了航材院社区、白家疃村、温泉村3处特色街区。航材院社区文化墙位于中国航发北京航空材料研究院正门外西墙上。文化墙以蓝白相间的精美浮雕为底，以北京航空材料研究院不同时期的大门形象变迁为主轴，展现航材院的发展历程。白家疃村特色文化街区位于白家疃西二路入口处，分为南北两墙。南墙展示"白家疃村史"，近百张

航材院社区特色街区

喷绘图及村居老照片组成村史时光轴，从唐朝的开元寺、元代的郭守敬，一直延续到清代建造的白家疃怡贤亲王祠；北墙主题为"美丽乡村建设"，主要展现白家疃村现代乡村建设的诸多成果。

白家疃村特色文化墙

2019年建设完成的温泉村文化墙是温泉镇第三条特色街区，也是文明温泉品牌建设的一个重要项目。温泉镇党委宣传部负责人说："这条街区，不仅美化了温泉村的环境，成为了推动精神文明建设的载体，而且让地区群众更加了解家乡，热爱家乡。同时，这条街区也是温泉镇对外展示的新窗口，结合温泉村史馆，将一起成为宣传温泉文化的新地标。"温泉村文化墙分为3部分，第一部分以时间为轴，介绍了温泉村名的由来；第二部分以乾隆帝题城子山的诗作为主线，串出了建设温泉的重要历史人物和相关的古建筑；第三部分从"古迹美、人文美、风景美、文明美"4个方面展现了现代温泉村的发展。文化墙的对面，背靠温泉村樱桃园栅栏，安置了10个展板，记述了古温泉井、娘娘庙、胄乃城等和温泉村相关的传说故事。同时，配备了若干木质长凳，方便来往行人在此休息。

"在温泉（村）住了这么多年，都不知道这里有这么深厚的历史和文化，看到这面墙上记载的内容，心情挺激动的。"温泉村的刘姓大姐一有时间就爱到这条特色街区遛遛弯。

为了留住乡情乡愁，根据《北京市关于深入推进乡情村史陈列室建设的实施意见》

显龙山下竞风流：文化自觉之路

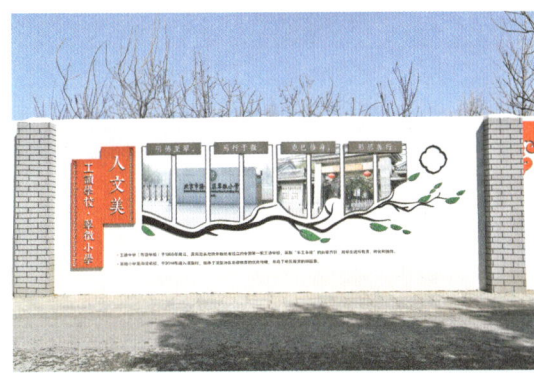

温泉村特色文化墙

《北京市乡情村史陈列室建设指导手册》等文件指示，温泉镇建设了白家疃村和温泉村乡情村史陈列室，并正在筹建温泉镇展示中心。

2019年年初，白家疃村乡情村史陈列室建成并揭牌。整个展区总面积约200平方米，拥有60多件展品和百余张老照片。陈列室包含8个展区，涵盖村史传说、红楼梦源、农业发展史、工副业发展、村集体大事记、烈士榜、党政大事记、社会主义核心价值观等内容。陈列室布局体现出一展区一特色，入口左墙面做浮雕剪影造型，以"时空剪影"为意，展现白家疃村村名的变化历程；以LED灯、照片墙和石膏板镂空造型，营造出白家疃村发展的"历史长河"效果；以古典园林拱门隔出红楼文化区域，用徽派格窗衬托曹雪芹与江浙的渊源，同时，曹雪芹石桥等实物照片，又与墙体各装饰相呼应，以折叠造型体现白家疃村连绵的红色文化血脉。在数字化展区，可以通过扫码关注温泉镇政务微

155

白家疃村乡情村史陈列室

信公众号了解地区文化，也可以通过 VR 眼镜感受实地场景。

　　白家疃村乡情村史陈列室挖掘了村中的悠远历史，对村中的历史文化名人、文物古迹资料进行有组织、有规划的发掘抢救和整理研究；记载弘扬当代模范典型，发挥他们的示范引领作用；激励在外乡民回到家乡、报效桑梓，以乡情乡愁为纽带，吸引和凝聚本村在外创业的优秀人士。陈列室以故事展现历史，用文物留住乡愁，体现了温泉镇的精神文明面貌、传递了历史文化血脉、展示了乡村建设图景。

圆梦温泉

2018 年,温泉镇将镇文化服务中心迁至颐阳二区新址,并投资 500 万元,不断升级改造。新址建筑面积约 1 500 平方米,设有舞蹈室、合唱室、乒乓球室、棋牌室、书画室、多功能厅、图书馆等多个服务区,为地区居民提供创作、学习、展示的平台。文化服务中心不仅对本地居民也对外埠居民公益性免费开放。

通过采用"预约使用""专人管理"的模式,辖区内多支自发文艺团队和社区团队定期在此开展常规训练及彩排活动;舞蹈室、合唱室使用率 100%,多功能演出厅也已多次承办中小型文艺演出、培训及宣传活动,并且挂牌海淀区委党校温泉镇分校供党内学习使用。硬件文化设施的充分使用,更好的带动了温泉镇文化软实力的增长。

温泉镇第一支合唱团——泉之声合唱团成立于 2012 年,由退休音乐教师尹小娟发起组建。这些年,泉之声合

温泉镇文服中心

温泉镇城市化之路纪实

泉之声合唱团逐渐发展成为一支"业余队中的专业团队"

唱团逐渐发展成为一支"业余队中的专业团体",多年被海淀区评为三星级优秀团队,2017年、2018年、2019年连续获得温泉镇合唱比赛一等奖;2018年、2020年获得海淀区群众业余团队合唱比赛一等奖;2016年、2020年获得北京市合唱比赛银奖……提起成立这个合唱团的初衷,尹小娟说:"退休后我发现咱们温泉地区的合唱团队大部分可以称为'齐唱'或者说'喊唱'。我当时是和我们院里十来个退休老师一起玩,想着成立合唱团,追求高质量、高要求,不断靠近艺术,缩小与艺术的距离。"尹小娟具有专业音乐教学经验,在团里兼任团长和指挥,这些年,在艺术的教育普及上,她做了许多的工作,团员的艺术观念都有了很大的改变。她要求团员们不断进行学习,到文化馆去学习,线上下载学习资料等。"每年我们都会吸纳新鲜血液,不管是老队员还是新队员,大家的学习氛围都非常的浓厚。"

泉之声合唱团经常会参加专场演出和文化下乡活动。"我们去过好几次敬老院进行慰问演出。那里的老年人很孤独,见了我们特别高兴。"在尹小娟看来,文化下乡非常有必要,他们来到现场为老人们表演歌曲、舞蹈和诗歌等,用温暖的声音称呼"大爷大妈",这是对老年人的特别关注,也是对他们心灵的慰藉。"咱们温泉镇政府对我们泉之声合唱团的发展提供了各方面的支持,我们这样做也是回馈社会,进行爱心的传递。"

2015年成立的追梦舞蹈队是温泉镇水平较高的舞蹈团队,以辖区内退休人员为主。2019年,团队在海淀区业余团队舞蹈大赛和全国爱莲杯舞蹈大赛中均取得一等奖。每周二下午,她们都会在固定的时间来到温泉镇文化服务中心进行排练,如果遇到排练任务紧,镇文服中心还会为她们额外提供场地和时间进行排练。"咱们温泉镇政府的领导特别关注我们这些文艺团体,还经常为我们排练的节目提供建议,都特别好。比如我们获过奖的《昭君出塞》《再唱山歌给党听》等舞蹈作品，都与咱们文服中心的支持有关。"追梦舞蹈队负责人杨向英说。在她看来，舞蹈队的成立不仅让队员们自身的修养得到提高，也能通过外出参加比赛向外展示和推广温泉人的风采。

"文服中心承担的工作任务可不轻，承担温泉镇的公共文化服务体系建设，负责统筹全镇范围内'三馆一站'免费开放服务质量、促进书香温泉建设、放映公益电影，要做到文化活动全年龄、全阶层的全面覆盖。"温泉镇文化服务中心负责人介绍说，"文服中心还要组织各类文艺演出、文化培训，打造优秀民间文艺团队；还有全民健身、体育运动；温泉地区文物保护的责任等。"2019年，温泉镇文服中心各活动室使用共计5 580余次，活动人数累计107 498人次；图书馆到馆人数23 813人次，借阅量17 920人次；先后共交换书刊3 000余册，捐赠图书共计1 000余册。为镇域内多支自发文艺团队和社区团队提供场地、对接专业指导、提供表演舞台，已经成为文服中心日常业务中非常重要的一项工作。立足城市化发展目标，以提升百姓文艺素养为突破口，温泉镇打造出文化服务中心统筹管理，自发文艺团队自主经营的"两级管理"运作模式，激发辖区居民在文艺创作上的主动性和创新性，引导群众积极参与温泉镇的文化建设。2019年，温泉镇级文体活动全年开展105次，惠民33 016人次。各村（社区）累计开展各类群众文化活动400余场次；"优秀文艺团队进社区"演出23场次。

304所社区彩虹舞蹈队至今已有20年的历史。起初，队员们都是304所的在职员工，在单位组织的各项文化艺术活动中展示了精彩的舞技。随着队员们陆续退休，2016年，"304所彩虹舞蹈队"更名为"304所社区彩虹

304所社区彩虹舞蹈队参加文服中心组织的公益专场演出

舞蹈队"。在温泉镇政府、镇文服中心和304所（中国航空工业集团公司北京长城计量测试技术研究所）工会的大力支持和指导下，队伍保持较高的舞蹈艺术水准，每年都积极参加镇文服中心组织的文化艺术活动，也继续为304所的文艺活动贡献着力量。2020年9月，舞蹈队的6名骨干参与了304所工会大型情景舞蹈《铸尺量天》的策划编排和演出，并在航空工业集团公司工会举办的职工舞蹈大赛中获得了银奖，为304所工会争得了荣誉。

304所社区彩虹舞蹈队负责人齐晓鸣说："这些年，咱们温泉镇政府对本地区所属的文艺团队的关心和支持力度非常之大。可以说，没有镇政府重视文化艺术的繁荣和发展，没有文服中心提供全方位的展示平台，没有部门的资金支持，温泉镇的各文艺团队很难达到今天的繁荣程度。"

镇文服中心成立前，彩虹舞蹈队的排练基本在304所，和单位在职职工共用排练场地，"场地比较局促。后来，单位的排练场地因所里基建任务而拆除，舞蹈队排练遇到了很大的困难。"齐晓鸣说，"文服中心得知我们的困难后，积极协调帮我们解决场地的问题。"目前，舞蹈队在文服中心、304所和海淀北部文化中心文化馆的积极支持下，一周能保证3次以上的固定排练时间。有时候齐晓鸣会碰到山后地区其他镇的舞友，别人都特别羡慕温泉镇的这些文艺团队，不仅得到政府和有关部门的各种支持，还能在区镇各种文化艺术活动中展示自己的风采和才艺，"每当听到别人夸赞我们温泉镇的文艺团队，我打心眼里感到特别的骄傲和自豪！"

温泉镇拥有为数不多的几个戏曲团队，和之韵评剧团就是其中的代表之一。由于会唱的、能唱的人比较少，和之韵评剧团一直采取的是"老带新"的发展模式。为了让评剧团的水平更上一个台阶，每年，温泉镇文服中心都会特别邀请中国评剧院的老师来为评剧团的成员授课，2020年则是开展了网上戏曲培训。"咱们文服中心不仅提供设备，协调场地，请老师为我们讲课，还为我们戏曲团体举办专场演出。"每年，在温泉镇文服中心的组织下，辖区内的戏曲团体会下村下社区为居民进行义务演出，"我们团队成员的积极性都特别高,我们不仅展示了自己,也弘扬了咱们传统的戏曲文化,一举两得。"和之韵评剧团负责人田淑英说道。这不,最近他们评剧团正在为温泉镇庆祝建党一百周年戏曲联欢会加紧排练呢!

为高标准建成国家公共文化服务体系示范区,为温泉镇的文化建设提供坚实有力的服务保障,根据《海淀区基层文化组织员管理办法》要求,2017年,温泉镇圆满完成基层文化组织员队伍组建工作,共选拔培训了22名基层文化组织员,配备到镇、各村及社区。文化组织员专职负责基层文体活动的宣传、组织、实施等工作,并直接接受镇文化服务中心指导。文化组织员在社区(村)中起到上情下达的作用,充分增强基层文化工作的准确性、持续性和创新性;同时与其他社区工作者积极配合,把文体活动的组织、服务工作做细。

从2017年开始,温泉镇积极发挥阵地作用,每年为各类人群量身打造多种内容丰富、形式多样的全民阅读推广活动,积极推进阅读活动走进千家万户,打造"全民阅读书香温泉"的"金名片"。2021年的"共建书香海淀 礼赞光辉百年"全民阅读活动包括"赏山读园"海淀特色阅读活动、"冬奥畅想"主题阅读活动、"红色记忆,重走长征路"主题阅读活动等。通过读书分享、数字体验、游戏闯关、展演互动等一大拨好学、好玩的活动,营造出沉浸式党史学习氛围,让孩子和家长一起爱上阅读。

家住温泉镇凯盛家园的侯莹,从孩子一年级时就带他参加由温泉镇政府组织的各种阅读活动,至今已坚持了3年。"最开始我们参加的是孔子书院的国学经典阅读活动,系统地跟读、解析《诗经》,我们还学习了甲骨文的形成及相关的历史故事。那次阅读活动为我们打开了中华历史五千年文化的大门,让我们带着知识穿越时光。那些以前毫无兴趣的古文也不那么枯燥了,反而激起了我们学习的动力,想要一探古文经典的究竟。自那次开始,孩子不仅爱上了阅读,而且对古典文字特别着迷。"侯莹感慨地说。此后,几乎每次镇政府组织的阅读活动,母子二人都积极参加。在侯莹看来,课程中文字加手绘或手工制作的方式,是一种有效的输入阅读的方式,不仅提高了孩子对阅读的兴趣,而且孩子自我情感的抒发、写作能力都得到了进一步的提升。侯莹非常推崇苏联教育学家苏霍姆林斯基的一句话：让孩子变聪明的方法，不是补课，不是增加作业，而是阅读、阅读、再阅读。儿子何梓睿也特别感谢妈妈这些年坚持带他参加阅读活动，他说："我每次参加的阅读活动，不断地扩充我的知识面。现在我在同学面前更加自信，写作也如鱼得水一般。"为了陪伴孩子终身阅读，侯莹也在不断提升自己，通过两个月研读经典故事的学习，她顺利考下了"阅读指导师"的初级认证。"阅读这件事是润物细无声的，我愿意陪伴孩子阅读世间万物，静待花开蝶舞。"

温泉镇小年花会走街现场

温泉镇每年都会定期举办传统民俗文化活动，这不仅让传统民俗文化得到复兴，也让温泉镇的特色文化得到保护并加以传承和发扬。每年的花会走街是温泉镇内传统文化与民俗文化的集中展示。花会走街的演出日期是传统文化节日小年。2018年2月8日"小年"，温泉镇举行了第二十八届农民艺术节暨花会走街活动。在两个小时活动时间里，共27个队伍、近800名表演者表演了传统民间艺术。活动主要以舞龙、舞狮、小车会、竹马、太平鼓、腰鼓及现代的欢乐大秧歌等为主，并融入地域特色和民俗风情。其中，传统舞蹈中的五虎棍、跑旱船、竹马、小车会等是温泉镇内的非物质文化遗产。通过搭建镇内的非物质文化遗产活动展示平台，宣扬、传承了温泉镇独具特色的民俗艺术。花会走街增添的"年味"，也让老百姓体会到有品位、有温度的小年气氛，充分享受到温泉镇特色传统文化、民俗文化带来的盛宴。

截至目前，温泉镇已经形成了"小年花会走街""千人饺子宴""新春演出季""全民阅读书香温泉""五月的鲜花""夏日文化广场""民族舞大赛""民间艺术节""金婚银婚庆典""水墨温泉""泉之灵少儿艺术团"等温泉文化"金名片",并对现有的文化资源进行梳理整合,创新开展了"红楼温泉—众享温情"端午民俗文化节、"中华优秀传统文化进温泉—非遗有传承"系列展演、温泉镇新春联欢晚会等优秀活动。

温泉村小年饺子宴

王惠文是温泉镇的文化名人,他出门时喜欢带着相机,拍拍温泉镇的山山水水;他也喜欢去跟老人们聊天,实地探访挖掘温泉镇那些消逝的历史遗迹。2011年退休后,打小喜欢民乐的王惠文终于有时间和精力投入到自己的爱好中。2016年,他和几个发小自发成立了一个民乐队。白家疃村委会特别支持这支民乐队,还专门为他们辟出两间屋子用于排练。这支"大龄"民乐队有个很有味道的名字:梦圆民乐队。这个名字是王惠文起的,他说:"这个'梦圆'有两层含义:一个是圆了这些老人爱民乐的梦,而老人的梦正是白家疃的

温泉镇优秀民间文体艺术组织评选展示

梦、温泉镇的梦、中国梦的组成部分。另一个是因为'圆'字的谐音是'源'。白家疃是红楼梦的源头，所以我们的民乐队叫'梦圆'民乐队，这样才能体现我们的文化特色。"

温泉镇文服中心搭建的活动平台让"梦圆民乐队"有了施展拳脚的舞台。2016年组建后，梦圆民乐队先后在温泉镇夏日文化广场、五月鲜花、九月文艺展示等活动中进行公益演出，《大中国》《飞驰天路》《拥军秧歌》等经典曲目都是他们的拿手好戏。

2019年6月，温泉镇新时代文明实践所揭牌仪式暨新时代文明实践推动日活动在文服中心成功举行。温泉镇党委政府积极推动落实新时代文明实践所（站）建设工作，在工作开展上，坚持"四个一批"工作思路，即建立一批新时代文明实践活动组织，整合一批新时代文明实践公共服务资源，健全一批新时代文明实践志愿服务队伍，开展一批新时代文明实践活动；在组织架构上，镇党委负总责，镇党政一把手担任实践所所长，15个村、社区成立新时代文明实践站，党组织书记担任站长，切实强化对文明实践所（站）的组织领导；在制度建设上，制定"1+3"工作方案，即温泉镇新时代文明实践所（站）建设工作方案，以及组织机构、成员单位分工方案、志愿服务工作措施3个配套制度，通过党委统筹指导、相关科室单位协调配合、镇村（社区）两级联动，切实推进文明实践活动开展。

温泉镇新时代文明实践活动

创造展新意　原创添活力

故事发生在北京的西北边上,一个创业者的聚集地——创客小镇。这里被称为创业者的"黄埔军校",全国各地的创客来到这里,试图从这里开始改变世界。在这里,天才少年杨斐和抛家舍业的陈伟东建立了研究"物体即时传输"的任意门公司,却苦于笨嘴拙舌拉不到投资,"大忽悠"吴金眼见两人老实,"用计"强势进入公司,3个男人的创业之路就此展开……20岁的男人面对爱情和责任的考验,30岁的男人背负着父母殷切的希望,40岁的男人则要在家庭和理想中取舍。他们在经历困境和无奈的妥协后,也慢慢看到了彼此的脆弱与坚持。公司在他们的努力下走出艰难,但是对创客们来说,每一天又都是新的开始,从来没有"容易"二字……固然艰难,然而小镇里那些追梦的脚步却始终坚毅,永不停歇。随着剧情的起伏转折,观众们的心也随之一并起起落落,时而捧腹大笑,时而眼圈泛红。在几位主演舒缓地自弹自唱《老男孩》的歌声中,演出渐渐走向尾声。

2018年5月,原创舞台剧《创客小镇》在温泉镇红点星空·云剧场进行了首场演出。"特地带着家人一起来观看。剧中人物的经历让同样处于创业阶段的我感触颇深,也让我明白前行的过程中总会有这样那样的困难,但不管遇到什么困难,也一定要关心身边的家人,始终保持乐观向上的状态。"同处创业期的观众乔先生在观剧之后颇有感触地说。

这部舞台剧通过对海淀北部白领一族的生活特征刻画与再造,结合创客公寓的软硬件特点与相应政策,充分表现海淀北部地区科技工作者的时代特征,以及拼搏向上、勇于争

原创舞台剧《创客小镇》

原创话剧《周时》

先的人生观与价值观。提及创作此剧的心路历程,编剧李晓萌说:"创客小镇在我心里是一个矛盾的地方,它在北京西北角的西山脚下,显出一些寂寞;但是这里的住户却是一些激情洋溢的年轻人。这里的生活是简陋的,但最高精尖的技术却在这里孕育……小镇里的创客们在我眼里像极了20世纪80年代的知识分子,简单朴素却充满激情,热情满溢,有着无限可能的未来,看起来不切实际的梦想,却也让他们走出了一条通向未来的路。这是一个会出现奇迹的地方,我们需要奇迹。这是一个脚踏实地的地方,这个时代需要脚踏实地。"

"以创客小镇创新创业为主体,通过深挖'创客'文化内涵,以创新的舞台剧形式进行展现,同时结合了'创新·温泉'和'原创·温泉'两个层面的文化建设。特别是专业化公司、商业公司的参与,使得我们的宣传工作迸发出了新的活力。"温泉镇党委宣传部负责人说。从2018年开始,温泉镇连续4年在中关村创客小镇举办文化科技艺术节,各路创意在这里汇合,各种思想的火花在这里碰撞,展现文化与现代科技、艺术的奇妙融合。

2021年是中国共产党成立一百周年,温泉镇党委政府也依托文明温泉建设平台,推出了原创话剧《周时》。

话剧《周时》

话剧《周时》是根据1941年发生在温泉地区的真实历史事件创作而成,由温泉镇政府文化顾问赤飞编剧,刘能一导演。

抗战时期,日寇为掐断八路军从太行山根据地到北平城的地下交通线,在显龙山北侧修建了一座据点,叫"胄乃城",俗称"三角城",城中住着日本宪兵队、宣抚队和伪军。八路军平西地下交通员周时,化名李淑琴,在去往西直门秘密联络点途径"胄乃城"时,因叛徒出卖被敌人抓捕。在狱中她坚贞不屈,与敌巧妙周旋,最终在地下党组织的帮助下胜利逃出魔窟,回到太行山总部。

话剧《周时》通过运用生动鲜活的人物形象、曲折的故事情节和富有地方色彩的语言,淋漓尽致地展现了平西地下交通员忠诚无畏的革命精神,真实再现了革命时代闪耀在温泉地区历史上的辉煌篇章。

温泉自古就是一个人杰地灵、人才辈出的地方,除了继承历史之外,在当下更多地挖掘本地优秀人才,征集原创音乐、摄影、绘画等各类文艺作品,成为展现新温泉面貌的重要抓手。

2020年春,疫情值守已坚持两个多月,社工、下沉干部、志愿者虽然人困马乏但依然不敢懈怠。春天已经到来,但是防疫形势仍在吃紧。"在这个时候,我们宣传部就想做点什么,能鼓励鼓励大家的士气,让大家看到希望就在前方。"温泉镇党委宣传部负责人说,"我们当时就想做点与温泉战疫相关的作品。除了宣传报道外,想做一首MV,集中展现一下大家的辛劳。"于是,温泉镇疫情防控工作领导小组在全镇范围内公开征集抗疫

> 温泉镇城市化之路纪实

主题歌曲，并收到了众多来自一线人员的投稿。

刘百川是温泉镇执法队的一名"95后"小伙子，2020年年初，刚入职半年的刘百川就先后下沉到尚峰尚水和北辰香麓两个社区进行值守。"我下沉社区一个月，看到了很多感动我的事，我觉得这些平凡的人也是英雄。每晚都深入一线检查慰问的领导，工作执勤两不误的同事，从春节开始就没有休息过的社区工作者，以及那个因为妈妈是社区工作者、只好把思念写下来的小女孩。"在值守中遇到的这些平凡人带给他的感动让他久久不能忘怀，仅用一个小时，刘百川就写下了《平凡的感动》歌词初稿。收到投稿后，镇疫情防控工作领导小组邀请家住航材院社区的防疫志愿者陈静川谱曲。当陈静川拿到《平凡的感动》歌词初稿时，里面描写值守画面的词句让他产生了强烈共鸣，他说："我研究了歌词，怎么用音乐描绘这些平凡的感动，怎么运用大小调去贴合歌词中的情绪，副歌部分怎么用转调去表现春暖花开、希望即将到来的心情，这些东西我反复斟酌修改了很多次！"

谱曲完成后，镇疫情防控工作领导小组邀请同是防疫志愿者的紫城、马婷婷、李洋和陈静川一起演唱歌曲，并组织制作了MV。就这样，在大半个月的时间里，一首反映温泉全镇众志成城、守望相助的《平凡的感动》一气呵成。2020年3月23日，《平凡的感动》在各大网络音乐平台上线，首日播放量就达到10万+。

"多少个长夜的路口，多少个天未亮的时候。往日闪烁的霓虹，消失在阴霾中，而我看到你温暖的笑容。不同我们同一个梦，抬起头同一片星空。即使无法相拥，心意却能相通，你让我知道，凡人也是英雄。我相信乌云过后，灿烂依旧……"当旋律响起，画面展开，平实质朴的词曲，洋溢着守望相助的大爱，歌颂了志愿者敢于担当的精神，鼓舞着每一位在疫情防控岗位上默默奉献着的志愿者。"别看这首歌时长只有四分半，但是它真挚热烈、朗朗上口，确实起到了凝聚人心、鼓劲加油的作用。"温泉镇党委宣传部这样评价。2021年2月，由温泉镇志愿者创作的另一首抗疫歌曲《风雨同行》也在全网正式发行，MV也同步上线。

通过温泉镇政府搭建平台，发掘本地优秀人才，一大批年轻人找到了展现自己才华的天地。

每次

太舟坞桥

夕阳迂回落在平静湖面

再见太舟坞

黑龙潭静流

京密

一条久远醇厚的母亲河

甘甜如贡酒

凝聚且伟大。

每次

太舟坞桥

梦想萌芽创客在这里出发

再见太舟坞

白龙潭寻隐

西山

一座清凉风光绮丽的太行支阜

腾蛟起蟒

神京右臂

每次

太舟坞

落日阅歌

温泉镇原创歌曲大赛作为文明温泉建设"原创·温泉"品牌之一,自2018年开展至今已成功举办3届,吸引了温泉镇的居民和辖区内高新科技园区企业员工的热情参与。5年来,征集原创歌曲百余首,制作并发行40余首。住在中关村创客小镇的徐守楷就结合自己的生活感悟创作了一首《再见太舟坞》。徐守楷每天上下班都要经过太舟坞桥,当得

"唱响·温泉"原创歌曲大赛

知温泉镇举办原创歌曲大赛之后,徐守楷百感交集,想要将自己近10年的北漂生活唱给大家听。"有一天下班的时候,路过太舟坞桥。看到夕阳照在湖面上,一下子就来了灵感。很高兴能参与到'唱响温泉'的活动中来。"徐守楷坚信,"一群人的改变,就是一个时代的改变。我相信带着这份热爱参与到这个活动中,也是一种小小的力量。"原创音乐正通过温泉镇原创歌曲大赛的平台逐渐成长,"文明温泉"的原创魅力也愈发璀璨生辉。

从2019年开始,温泉镇已连续举办3届文创大赛,其目的是集聚优秀人才,在挖掘温泉镇文化内涵的基础上,以科技赋能,展现温泉新面貌。除此之外,温泉镇还陆续推出文史图书系列,目前已出版《京西古村白家疃》《温泉故事》《显龙山下》。这些文史图书从不同的侧面展现了温泉镇深厚的文化历史积淀。

随着文明温泉建设的不断深入,温泉镇制定《文明温泉建设项目管理办法》,规范项目申报、项目确定、过程监管和资金监管各个流程,确保各项活动依规有序开展。

要做到意识形态引领,宣传工作本身要有超前的意识。温泉镇制定了《温泉镇落实党委意识形态工作责任制实施细则》等制度,落细落实镇党委意识形态工作责任制。同时,规范意识形态阵地管理,建立明细台账,开展常态化巡查。从传统的报纸、刊物到微信公众号、口袋书;从平面呈现到VR立体呈现;从配合媒体宣传到自己搭建平台深挖内容生产;从传统的媒体形式到戏剧、MV、卡通等公关形式……这10年里,温泉镇的宣传工作越来越活,形式也越来越多样。"这些都得益于思想的解放。"温泉镇党委宣传部负责人说,"温泉镇的宣传工作早已脱离原有的镇域格局,提前融入到城市治理的体系之中。看到我们挖掘出的温泉历史故事能被大众接受,我们呕心沥血制作的视频、报道能有及时的反馈,再苦再累,也都值。"

扫码观看
精彩视频

篇章六

幸福泉水响叮咚：社会民生写实

温泉镇
城市化
之路纪实

　　海淀区温泉镇走向城市化的这10年里,城乡差别越来越小,这种变化不仅体现在基础建设、经济发展和普通民众社会身份的转变上,更体现在与群众切身相关的民生保障、社会福利上。这10年,病有所医、老有所养、住有所居、弱有所扶、劳有所得,温泉人充分享受到了城市化进程中的幸福生活,他们的获得感、幸福感和安全感从未如此之强。

温泉镇金婚银婚敬老爱老系列活动

多种养老方式　助力老年人安度晚年

今年 91 岁的杨奶奶耳朵背了。"你说啥？听……不……清……哦，我叫……"奶奶不紧不慢地把自己的故事娓娓道来。天气好的时候，杨奶奶会在敬老院的阳光大厅里坐坐，晒晒太阳。5 年前，86 岁的杨奶奶还曾"打上飞的"，远赴澳大利亚小儿子家住过两年。"不习惯，人老了还是故土难离，还是要回到咱北京来。"奶奶满脸慈祥，阳光透过玻璃洒在皙白的头发上，泛出淡淡温暖的金黄色。"杨奶奶在去澳大利亚之前，就在咱们温泉镇敬老院住过 7 年。从澳大利亚回来后，到现在，又在咱们院住了有 3 年了。"温泉镇敬老院工作人员介绍说。

"心安此处"便是"家"

温泉镇敬老院位于北京市海淀区温泉镇黑龙潭南侧，由温泉人民公社于 1978 年 7 月 1 日兴办，已经有 40 多年的历史。如今，这是一家公办民营性质的非连锁养老机构，目前拥有养老客房 226 间，入住 274 位老人，入住率达到 98%。敬老院全体员工 99 人，能为入住老人们提供个人生活照料服务、老年护理服务、膳食服务、居家服务等 20 多项服务。

40 多年来，温泉镇敬老院边发展边建设，如今已建成 8 栋建筑，总建筑面积达到 11 960 平方米。这 10 年来，敬老院改建后厨，实现"明厨亮灶"；告别土暖实现"煤改

温泉镇敬老院

气";建设"连廊",实现8楼一体;翻建活动场地,开辟独立的活动空间;改扩建空中花园,为老人提供种植场地;新建消防自动报警烟感系统、安全监控系统等,在硬件设施上有了很大的提升。

"硬件提升的同时,我们对老人的服务也在不断升级。"工作人员说,"这几年,入院老人的情况也在发生着变化。现在的老人们文化程度高、爱卫生、爱整洁、业余爱好广。所以,我们特别重视老人们的精神文化需求,安排了各种文化活动和兴趣小组。每逢节日,我们还根据传统习俗安排伙食,让老人能感受到浓浓的节日气氛。在生活上,我们尽量也安排得周到些。通过细微的服务,让护理人员和老人之间建立良好的关系。"

"这里什么都好。儿子孙子们虽然隔着那么远,隔三岔五打个电话来问问,也很安心。"杨奶奶说。几年前从澳大利亚回国后,她本可回儿孙家居家养老,不过她还是坚持要回到温泉敬老院,因为"这里是我家"——"心安此处"便是"家"。

敬老院的"新业务"

按国际上通行的老龄化社会的确定标准,地区60岁以上老年人达到总人口的10%,或者65岁以上老年人达到总人口的7%,该地区即视为进入老龄化社会。我国在1999年进入老龄化社会,北京提前全国近10年在1990年进入老龄化社会,至今已经有30多年的时间。

老龄化问题不仅是一个重大的民生问题，也是一个严峻的社会问题，其会影响北京市经济社会的可持续发展，也将影响国际一流的和谐宜居之都的建设。这头是敬老院里岁月静好，事实上，在敬老院外，养老床位"一床难求"却成为老龄化中国的普遍现象。温泉镇敬老院已经满负荷运转，打听入院床位的电话每天依然络绎不绝。

发展一种新的更适合中国国情的养老模式——"居家养老"越来越成为社会共识。居家养老打破传统社会的"养儿防老"，以家庭为基础，在政府主导下，以城乡社区为依托，以社会保障制度为支撑，由政府提供基本公共服务，企业、社会组织提供专业化服务，基层群众性自治组织和志愿者提供公益互助服务，满足居住在家老年人的社会化服务需求。

2015年，北京市颁布《北京市居家养老服务条例》，动员全社会力量积极投入养老事业当中。为贯彻落实党的十九届四中全会精神，贯彻落实《北京市居家养老服务条例》，贯彻落实"七有"（幼有所育、学有所教、劳有所得、病有所医、老有所养、住在所居、弱有所扶）"五性"（反映市民需求的便利性、宜居性、安全性、公正性、多样性）工作要求，进一步聚焦居家养老，保障居家特殊老年人的基本养老服务需求，提高其生活质量，海淀区于2020年提出在全区范围内试点开展家庭照护床位建设工作。

"家庭照护床位"是指根据居家老年人的基本服务需求，通过对老年人的家庭进行必要的适老化改造，由养老机构在老人家庭中提供专业养老服务。"家庭照护床位"政策主要面向具备海淀区户籍且实际在海淀区居住，因政策原因未纳入居家养老失能护理互助保险参保范围的3类人群：年满65周岁及以上，经老年人综合能力评估为失能或失智的老年人；年满80周岁及以上，独居、空巢、孤寡或计划生育特殊家庭自理老人；年龄60~64周岁，等级为1~2级的视力、肢体残疾人和等级为1~3级的智力、精神残疾人。

2020年，敬老院开展了"家庭照护床位"业务。护理员吴阿姨来温泉镇敬老院工作已经有3年了，主要负责养老院的老人护理和外派入户日间照料。"我服务的老人大多在环山村，那里是航材院的家属区，高级知识分子多，高龄老人也多。"吴阿姨说，"好多老人都很客气，服务完之后还要打电话给单位表扬。"吴阿姨入户要给老人们洗浴、理发、

> 温泉镇
> 城市化
> 之路纪实

温泉镇敬老院"家庭照护床位"入户服务

剪指甲,进行家庭保洁等工作。"进了家门,老人们经常要给我们一些水果、点心,还请喝茶。但是我们有要求,只能自己带水,不能喝爷爷奶奶们家的。"

《海淀区家庭照护床位建设实施方案(试行)》规定,80周岁及以上独居、空巢、孤寡或计划生育特殊家庭自理老年人,每月补贴300元额度的居家养老服务,实际服务费用低于300元额度的,按照实际服务费用补贴;经综合能力评估为轻度、中度失能的老年人,按照申请人实际发生服务费用的50%给予服务补贴,且轻度失能每月最高补贴500元、中度失能每月最高补贴900元。申请人申请服务补贴时未支付个人应缴费用的,不予支付服务补贴;经综合能力评估为重度失能且已享受北京市重度失能护理补贴的老年人,每月补贴600元额度的居家养老服务,实际服务费用低于600元额度的,按照实际服务费用补贴。这些补贴均以享受确定服务形式抵扣,不发放现金。

整个温泉地区符合家庭照护床位政策补贴的老人有547人,其中121人重度失能,享受每月600元补贴标准。其他老人能享受每月300元的补贴标准。在申请家庭照护床位的老人家里,都挂着一张A4纸,上面有温泉镇民政科负责人和第三方机构的联系方式,"老人一旦有任何需求,可以很方便找到我们政府工作人员或者第三方机构人员。"温泉镇民政科负责人说。

温泉张茂威老人家
题赠温泉敬老院居家养老服务员
　　张茂威
　　笑脸似春风
　　胸襟火样红
　　诚心奔敬老
　　温暖送家中

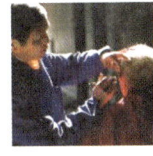

2021年1月7日 06:04

张茂威老人为居家养老服务员作诗

"日间照料中心"提供的服务按小时计费，给老人们家里干活，只要在补贴范围内，就由政府直接买单，不用老人们再付钱了。"现行的补贴标准，已经基本能覆盖老人家的保洁、卫生服务的支出。有的爱干净的老人在补贴用完后，还额外单独出钱，请我们去服务。"工作人员说。

"老人们年纪都大了，实在是没法做家务了。有的老人家十分爱干净，但是有心无力，只能眼瞅着家里脏乱差。"护理员吴阿姨特别能理解老人们的难处，"他们就是一群老小孩。"做服务行业的，总有些苦楚，日间照料也会遇到爷爷奶奶们不理解。"有位爷爷，刚开始入户做清洁的时候，不太配合。我们前边刚打扫完，他在后面就又弄脏了。"吴阿姨说，"我们有服务标准的，所以还得重新打扫。就这样，我们扫他弄脏，他弄脏，我们再扫。来来去去好几回。最终，爷爷累了……哈哈，老小孩。"要和老人们相处好，还真要有些耐心。不理解的老人毕竟只是少数。大多数时候，吴阿姨能感受到爷爷奶奶们的"无奈"，"他们这辈人最不愿意的就是麻烦别人，我们为他们服务，他们总觉得'亏欠'了啥似的。但凡自己能动手，他们绝不开口。我跟他们讲'这个观念得改改'。"航材院91岁的张茂威曾专门为居家养老的服务员们写了一首小诗：

题赠温泉敬老院居家养老服务员

笑脸似春风，胸襟火样红。

诚心奔敬老，温暖送家中。

　　家庭照护床位建设工作是2020年度市、区重点工作任务，温泉镇任务指标为100张。经过宣传推进，截至2020年年底共有409人申请，其中完成评估386人，完成规划385人，实施服务375人。

海淀区家庭照护床位服务价目表

海淀区家庭养老床位服务规划表（高龄自理、轻度失能、中度失能）

序号	类别	服务项目	服务内容	服务时长（小时/次）	服务单价（元/小时）	每月限制次数（次）	备注
第一项	居家服务	居家保洁	包括老人居室环境清洁（不含清洗油烟机）、消毒、窗帘清洗、洗衣、床褥被单更换清洗整理、日常餐具清洗消毒。	1	40	4	
		理发	带工具上门理发，含剃须。	0.5	40	1	含环境清理至理发前状态
		代办业务	包括代为挂号、代取药、代购物、代缴费。	1	40	4	
第二项	居家护理	健康档案管理	综合档案建立及维护。	1	30	4	
		陪同就医	陪同医院就诊。	1	40	4	不含交通费、餐费
		陪同外出	陪同户外出行。	1	40	4	不含交通费、餐费
		使用爬楼机	协助老年人上下楼。	1	10	22	
		护理、康复	对有可能恢复自理能力的老年人进行康复训练，配合老年人参加社交活动，加强精神安慰，对受压部位按摩。	2	50	4	
		协助护理、康复	指导康复、认知训练。	1	50	4	
		上门助浴	包括浴室洗澡，修剪指/趾甲（不含灰指甲）、床上擦浴等。	1	80	4	不含洗浴易耗品
		修剪指/趾甲	日常修剪手、脚指甲，不含灰指甲。	0.5	40	4	
第三项	餐饮服务	送餐上门	为老人送餐上门。只限送餐费，每次按照半小时计算。	0.5	6	44	仅中、晚餐
第四项	安宁服务	安宁关爱	提供心理安慰和心理疏导，加强亲人间交流和情绪纾解，缓解压力。	1	100	2	最长不得超过2周。
第五项	个性化服务						
备注	1.家庭床位补贴范围内的服务，限时、限价、限次，每小时单价和每月次数限定值为上限额度。 2.老人需求的其他个性化服务，不计入家庭床位补贴范围。 3.机构可以设定个性化服务项目、内容及价格，但不享受补贴。个性化服务栏数不够，可以增加。 4.总服务金额=补贴范围内服务金额+补贴范围外服务金额。						

家门口的"定制"养老

如今,除了入住敬老院,温泉镇本地的老人们也会选择"居家养老"的方式。温泉地区风景秀丽,山水田园属于宜养之地。截至 2020 年年底,温泉镇全镇共有 60 岁以上老人 12 289 名,80 岁以上老年人 2 048 名,90 岁以上老年人 259 名,百岁老年人 5 名。

为建立健全市、区、街道(乡镇)、社区(村)四级养老服务体系,2016 年,北京市老龄工作委员会出台《关于开展社区养老服务驿站建设的意见》,"在本市社区层面展开社区养老服务驿站建设,进一步完善养老服务体系、加快养老服务业发展、更好满足群众多样化养老服务需求。"意见指出,驿站是街道(乡镇)养老照料中心功能的延伸下沉,作为居家养老服务的基础,是政府为社区老年人提供基本养老服务的重要载体和主要途径,是社区老年人家门口的"服务管家"。

2018 年 5 月,温泉镇第一家养老驿站在水岸家园社区的乐颐园正式开业。水岸家园

温泉镇第一家养老驿站

温泉水岸家园社区居民活动中心养老驿站

工作人员为老人提供理发服务

社区是温泉镇原太舟坞村和东埠头村两个被腾退村庄的回迁小区,常住人口6 000多人。养老驿站的开设让老年人在这里找到了心灵的归属,起到了聚老、助老和乐老的作用。

乐颐园总计260平方米,拥有7个独立的房间,有日间照料室、心理咨询室、老年餐厅,还有娱乐室。相较于养老院等机构,养老驿站最突出的优点就是"在家门口养老"。老人们既没有离开家人的孤独感和失落感,还可以根据自身需要选择定制式的服务项目。

为了确保养老驿站的服务质量,温泉镇政府做了大量工作。驿站建设前期,镇政府深入调研,通过数据对比,挑选出颐佳养老在内的几家运营商作为候选对象。经过实地考察,最终确定由颐佳养老作为水岸家园社区养老驿站的运营商。

2018年3月,温泉镇政府还组织了养老服务驿站服务项目调研座谈会,邀请水岸家园社区的老年人代表、楼门长参加。"一定要便宜实惠,最好能有些免费的项目让大家体验体验""服务态度一定要好,要让我们感觉跟在家一样""一定得符合我们老年人的需求"……温泉镇民政科把参加座谈会老人的意见一一记录,并与养老驿站的运营方——颐佳养老逐项进行协商,最终确定了适合水岸家园社区老年人的服务范围。

运行期间,温泉镇政府将水岸家园社区老年人对养老驿站的反馈,作为对运营方考核的依据，不断督促运营方提高服务质量，让老年人得到切实的利益。

李丹是颐佳养老派驻到水岸家园社区养老驿站的第一批工作人员，她说："现在我们跟社区的大爷大妈们关系可好了。一个电话我们就上门提供服务，有些老人的需求可能不在我们养老驿站的服务范围之内，我们也尽可能满足他们的需求。"如今，温泉镇政府还与颐佳养老合作，打造全镇域的多项目预约上门服务，致力于将方便实惠遍及全镇老年人。

除了新建社区养老服务驿站1家，温泉镇还吸引1家椿萱茂老年公寓入驻，丰富了区域养老机构资源。依托敬老院、镇级养老照料中心、老年活动站、社区养老服务驿站，温泉镇开展了家庭养老照护床位、巡视探访等工作，居家为主、医养结合的养老格局已形成。到2020年年底，完成养老机构535床，临时托养11床，居家养老全覆盖，合力实现了"老有所养"。

为进一步完善养老服务体系，温泉镇成立老年活动站，开设老年课堂，设立葫芦丝、工笔画、山水画、剪纸、鸟虫篆等特色课程，不断提升辖区老年人精神文化生活质量。截至2020年年底，开设老年课堂5期，培训学员1 000余人次，努力实现"老有所学"。

每逢春节、重阳节等重大节日，温泉镇党委政府均对辖区高龄老人、特困老人等进行走访慰问，开展系列敬老爱老助老宣传教育活动，积极营造良好社会氛围，齐力实现"老有所尊"。

环山村里有晚晴

航材院社区地处北京市海淀区温泉镇环山村，占地70万平方米。它是一个由军工单位形成的规模较大、人数较多且相对集中的一个大院式社区，也是一个比较特殊的社区。社区拥有58个楼栋、总人数6 496名，大多是中国航发北京航空材料研究院的在职职工和离退休人员。老年人很多，他们大多数是受过高等教育的知识分子，思维活跃并知书达

航材院社区门球场

礼。2007年,航材院社区居委会和航材院退休管理部门合署办公,在温泉镇政府和中国航发北京航空材料研究院的领导下,充分发挥社区服务方便老人"四就近"(就近学习、就近活动、就近得到关心照顾、就近发挥作用)的功效,逐步建立起了社区服务与航材院离退工作相结合,实行以单位管理、社会管理和离退休人员自我管理相结合的服务体系。细数这些年的贴心服务包括:

在温泉镇政府的大力支持和投资下,建立了航材院社区的"一站三室"社区服务站(办公室、活动室、综治室),还设立了便民三通自助缴费机,全方位地提供便民服务。近年来,镇政府还为航材院社区投资购置了数字电影设备、健身器材、空调机、乒乓球台、户外座椅、户外垃圾箱等价值100多万元的社区基础服务设施,充分开发了活动场地的内在功能。

同时,温泉镇政府和航材院共同投入103万元改扩建了社区门球场地及办公场所,投入110万元改建了退休办公室,并为退休办配置电话自动拨号服务系统及门前残疾人坡道。另外,在市民文明学校基础上,社区利用所筹资的58万将旧厂房扩建为老年活动中心和老年大学，征订了丰富的报刊杂志并购置各类书籍，方便了社区居民就近学习和活动。2019年，老年大学迁入新校舍，为社区老人搭建了更新、更高、更宽的再教育平台。镇政府投入资金为社区引入了天然气系统，彻底解决了原来社区内离退休人员和社区居民需要外出自行拉取煤气罐的生活困难问题。

温泉镇政府还为航材院80岁以上老年人办理了"小帮手"电子服务器，安装了"助老一线通"救助电话，实现了"紧急求助""健康咨询"等一系列助老服务；社区医院也通过上门巡诊、组织体检、举办知识讲座、建立999应急救助系统等形式，为航材院离退休人员提供疾病预防、医疗康复、保健养生等方面的便利服务。

"阳光助老行动"则为60岁以上老人办理免费乘车证；为80周岁以上老人发放高龄津贴，（80～89周岁，100元/月；90～99周岁，500元/月；100周岁及以上，800元/月），用于养老服务消费特别是生活照料护理服务。另外，通过政府建立的专业服务机构为社区老年人提供有偿保洁、餐饮、护理等服务。

航材院重阳节文化周

从2012年开始，航材院的离退休老人们都能在自己生日时，收到来自航材院社区和航材院联合发放的"生日费"。80周岁以下老人每人每年1 000元，80～89周岁每人每年2 000元，90～99

航材院离退休职工八十寿辰庆典

周岁每人每年 5 000 元，100 周岁以上老人每人每年 1 万元。航材院社区居委会党委书记宁君说："在过去的岁月里，这些老人为航材院的发展做出了重要贡献，现在我们的一系列敬老措施就是让他们充分享受改革开放的成果，享受航材院发展的成果。"

社区还围绕重大题材每年举办兼具导向性、示范性和带动性的大型文体活动，打造老年文体活动品牌。近年创建了以"迎新春大观园"和"重阳节文化周"为主要内容的"两节文化"活动品牌，内容异常丰富、亮点颇多：每两年一届的"金婚、钻婚集体庆典"中，都有超过 100 对老夫妇参加；每年都举办"80 寿辰集体生日"、独居老人包饺子和"迎新年贴春联"活动等。同时，通过利用社区内的公益性活动场所设施，组织舞蹈、腰鼓、民乐、球类等社团活动，社区居民还积极参与市、区、镇的各项赛事和演出。通过开办"周末大讲堂"，举办形势报告会、健康知识讲座、法律知识培训等，让老年人思想常新，不落伍于这个时代。航材院社区还广泛宣传在社区舞台上发挥作用的单位离退休先进个人事迹，发挥他们的示范引领作用，让其他离退休人员认识到社区服务的优势，推动社区服务工作不断深入。

航材院老年大学首届学员毕业典礼

航材院离退休老人学习电脑知识

从 1965—2021 年，张茂威在温泉地区生活了 56 年。从航材院退休后，他在退休职工中组建起

"西霞文学社",把古典诗词带到退休职工的生活中。82岁时,他让孩子们给买了电脑,还专门到航材院老年大学进行学习;85岁时,他又用起了智能手机,网络购物、发邮件对他来说都是"小菜一碟";如今,91岁的他把网络变成了学习的工具,和诗友们在微信群里聊天讨论,还经常在朋友圈里晒晒他的诗词:

    七绝　环山村春晨

  环山秀色属三春,簇素霏红细绿新。

  侵晓霞光风软软,摩肩尽是赏花人。

温泉镇政府、航材院社区和中国航发北京航空材料研究院三方的一系列贴心服务逐步提高了航材院离退休人员的养老生活水平。虽然离开了紧张忙碌的工作岗位,但他们的生活依旧丰富多彩。

温泉镇城市化之路纪实

从"有病扛着"到"家门口看病"的转变

住在温泉镇辰尚社区的焦富全,每个月都要到位于温泉镇的老年医院为患病的妻子拿药。2005年,焦富全的妻子突然得了一场大病,在海淀医院做了开颅手术。"当时还是新农合,报销比例还比较低。"按照当时的新型农村合作医疗,2005年没有门诊报销,住院扣除自费部分起付线是3 000元,3 000元至10 000元比例是30%,1万~3万元报销比例35%,3万~5万元报销比例40%,5万元以上报销比例50%,3万元封顶。那次手术,焦富全家花了4万多元。之后的几年,妻子的药几乎没有断过,"每个月自己得花六七百块钱吧,那时候拿的药相对比较多,而且那时候药费也贵点。"

2014年,焦富全一家农转居,医保方面也相应发生了变化。他们看病也开始按照"北京市城镇职工基本医疗保险"进行报销,起付线为1 300元,门诊报销比例达到85%以上,住院报销比例在90%以上。2016年,焦富全的妻子因脑梗在老年医院两次住院,"两次住院报销完了,我们花了差不多3万块钱吧!"焦富全说,"现在每个月吃药花两三百块钱吧,没有以前多了,现在的医保报销的也多,负担相对以前还是轻松了不少。"

71岁的尤美英住在温泉村,她患有高血压和糖尿病,每两周就会到温泉村社区卫生服务站来开药。尤美英说:"农转居之前我们都是新农合,报销比例低,像我这样的慢性病每个月花不少钱。后来新农合的报销比例也慢慢上来了。前些年,我们就改成了现在的社保卡,报销比例高,还能实时结算,特别方便。"农转居之后,尤美英来村里的卫生服

幸福泉水响叮咚：社会民生写实

20 世纪七八十年代，卫生院为儿童提供预防保健

务站看病拿药，在 1 300 块的起付线以上，非自费药的报销比例在 80% ~ 90%。

尤美英看病的温泉村社区卫生服务站是温泉镇社区卫生服务中心（温泉中心卫生院）在温泉村（温泉社区）的派驻服务点。2019 年 9 月，在海淀区卫健委的统筹下，这里进行了标准化改造。诊室、药房、治疗室、理疗室……基础医疗功能一应俱全。中医王清媛、护士张宝玲和徐丹丹轮岗到温泉村社区卫生站两年到 4 年时间不等。由于疫情的原因，即便是最基层的卫生服务站，医护人员也必须"全副武装"，防护服、隔离面罩……"疫情期间，大家尽量少去大医院，可是拿药、普通小病还得看。所以，卫生站其实更忙了。"徐丹丹说。挂完号之后，徐丹丹还得收费、按处方发药。"一人身兼数职。"徐丹丹说，"咱们温泉镇社区卫生服务中心派到各个社区卫生站的都是'多面手'。大夫是全科的，护士是'全能'的，不仅要打针、理疗，还要收费、发药。"

张宝玲来温泉村社区卫生服务站已经 4 年多了。"2015 年我被派来这里的时候还叫温泉村卫生室。"张宝玲回忆说，"当时工作了 3 年调回镇卫生院，去年又被派到这里来

> 温泉镇
> 城市化
> 之路纪实

了。"张宝玲做护理工作 30 多年了,亲历了从温泉乡卫生院到温泉镇社区卫生服务中心的变化。这些年,温泉镇形成一个社区卫生服务中心 + 多个社区卫生服务站的格局。"这几年来,温泉地区人口越来越多,就近就医的人越来越多。我们卫生站、中心医院的问诊量也在逐年攀升。我们这一个小站,一天挂号量都有几十人。"张宝玲说,"我认识这里 80% 以上的病人。转居之后,现在的居民人人手上有卡(社保卡),人人方便就医。有病不扛着了,到时瞧病,到点拿药。现在我们这个卫生服务站一天的门诊量,相当于 30 年前刚上班那会乡卫生院的门诊量。不是因为当时人们的身体好,而是因为那时主要是农民看不起病。有的病情就被耽误了。"

聊起医院的改变,张宝玲很感慨,现在的条件好太多。"那时候,即便是乡卫生院也只是平房,我们都自己弄火(取暖)。现在中心卫生院已经是高楼了,舒适、干净、整齐。"温泉镇社区卫生服务中心的甄璟琳大夫也对当年的土暖记忆犹新。"我们都是自己生火,用烧煤的炉每天烧水。"1989 年甄大夫刚刚入职时,乡卫生院的工作人员只有 40 人。"那时只能看些小病、开开药。卫生院能做一些化验项目,也有放射科和精神科病房。"甄璟琳入院后的第一个岗位是保健科从事计划免疫相关的工作。"那时候给小朋友打预防针,本地住户到医院来打。可是,流动人口就没法覆盖了。当年,我们就由村里的治保人员带着我们骑自行车,挨个村去找小孩儿。20 世纪 90 年代消灭脊髓灰质炎的时候,我们就拎着装了冰的保温桶,骑车挨家挨户去喂药。一路还得吆喝,一天下来真的很辛苦。"甄大夫笑了笑,"以前是我们去找,现在是他们主动上医院,完全两个概念了。"

温泉中心卫生院成立于 1958 年。2009 年,卫生院搬了家,为了医院改扩建被临时安置到一路之隔对面的两层小楼。当时,温泉镇政府出地,海淀卫健委负责改扩建,"建成后,地上建筑物的归属权当时存在一定的争议,但是温泉镇党委政府当时的领导班子特别具有大局意识,暂时搁置争议,先把卫生院大楼盖起来。"温泉中心卫生院院长陈晖感慨地说,"当时的果断也为后来温泉镇医疗系统的快速发展打下了坚实的基础。"2013 年,温泉中心卫生院新院落成,建筑面积 10 884 平方米,使用面积 8 684 平方米,成为海淀

温泉社区卫生服务中心新址

北部地区数一数二的一级医院。

随后的2014年,北京市发布《关于继续深化医药卫生体制改革的若干意见》,意见指出:合理划分医疗机构功能定位,建立"金字塔"型的分级医疗体系……基层由网络化、广泛可及的基层医疗卫生机构(包括私人诊所等)组成,坚持防治结合,做广大居民的"健康守门人"……2016年,北京市出台《北京市城市公立医院综合改革实施方案》,"本市行政区域内所有三级、二级、一级公立医院均纳入改革范围",作为一级医院,温泉中心卫生院也涉及到相应的改革。陈晖院长回忆医改对温泉中心医院的影响时说:"医改后,我们卫生院开的药品种类多了,数量也增加了。"2017年,温泉镇政府促成西苑医院与中心卫生院建立医联体,从当年3月16日开始,每周四下午西苑医院的专家会来坐诊,深受辖区居民欢迎。为解决水岸家园百姓看病、拿药不方便问题,2017年4月27日、28日连续两天,镇政府联合海淀医院、长青医院、太申祥和等医院医生专家在水岸家园开展了包括内科、外科、呼吸科、妇科、骨科、口腔科、肛肠科在内的义诊服务。

为方便群众寻医问药,从2013年开始,温泉镇政府与中心卫生院协商,开展了基层送医送药活动，这一坚持就是8年，投入经费200余万元。上午，卫生院大夫会定点为群众看病并开处方。中午，他们把每一个病人的处方、医保卡以及预收的药费分别装在一个密封塑料袋里，带回卫生院。匆匆吃口午饭，大夫会按照处方抓药，其他工作人员会根据药品费用进行找零，"那时候每天要预收药费，下午再把药品和找零带回村里给村民。"陈晖院长说。

为解决收费找零这个"麻烦事"，2020年，温泉镇政府与上级部门沟通，申请设置VPN账号，安装调试电脑、医保卡读卡器等信息化设备，现场便可开具电子处方和医保实时结算，有效简化了工作流程，提升了服务效率和质量，为送医送药智能化提供了有力支持。

温泉镇历年送医送药服务相关数据

年度	镇政府投入（元）	诊疗人次
2013 年	—	—
2014 年	286 000	1 206
2015 年	285 000	6 702
2016 年	286 000	7 069
2017 年	404 000	9 857
2018 年	437 000	10 676
2019 年	349 000	9 756
2020 年	129 000	2 315

此外，为推动村医务室转站工作，自2019年5月27日起，温泉村、环保园、尚峰园、水岸家园、杨家庄5个社区卫生服务站正式投入使用，可为参保人员提供基本医疗保险服务，基层医疗卫生服务体系得到完善。居民们在家门口就能享受到医疗服务，那么，"送医送药"还有必要吗？陈晖院长笑着说："新形势下政府有新的送医送药的方法和形式。"这些年，温泉镇政府大力发展科技行业，吸引了众多的科技人才到温泉镇就业，镇政府的"送医送药"活动开始为这类人群提供医疗服务。"咱们镇有创客小镇、翠湖云中心、环保园，年轻的科技人员的健康问题也不容小觑。我们把诊疗点开到园区里，他们到公司楼下就能看上病，身体有点状况也不会因为工作太忙没工夫看而耽误了。"

随着温泉镇中心卫生院的不断发展，院区也增加了许多高端医疗设备，其中直乙肠镜检查系统的购置让陈晖院长记忆犹新。2016年，温泉中心卫生院联合长青肛肠医院对温泉镇辖区居民进行肛肠疾病的检测调查，发现辖区居民肛肠疾病发病率较高，需要尽快购置相关仪器进行检测。"当时购买仪器不是个小数目，卫生院也遇到了困难。我们就向镇政府汇报了相关的情况。没想到，镇政府一如既往为老百姓着想，当时就拨了20多万元用于购买相关设备。"现在，这台设备依旧在卫生院运转着，为温泉镇居民们的健康保驾护航。

为落实海淀区开展的农民健康工程的各项任务，温泉镇每两年为辖区整建制农转非人员提供健康体检服务，体检费用全部由镇财政承担。除此之外，镇政府还额外购买医疗服务，为转非人员增加体检项目。2019年，温泉镇参加体检的农转非人员为4 261人。

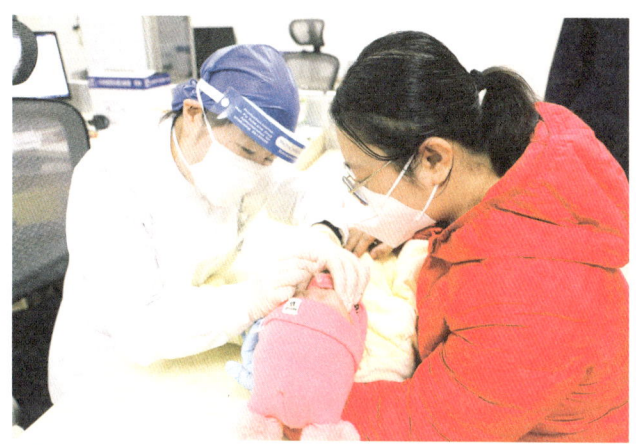

儿童预防保健服务

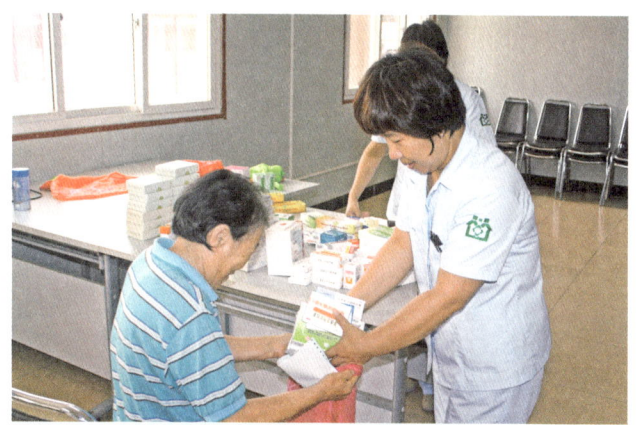

送医送药服务

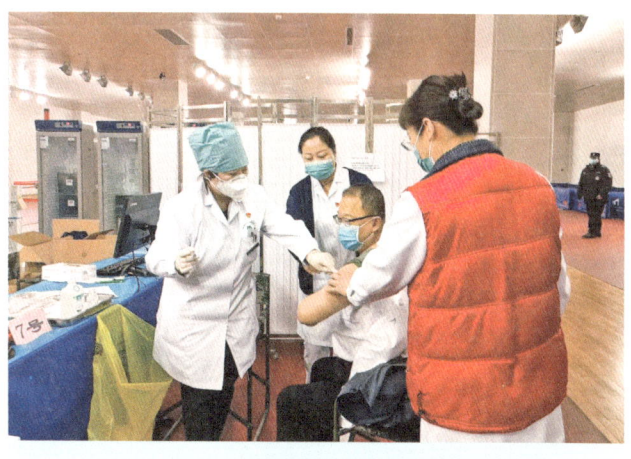

新冠疫苗接种

就业助残　感受时代幸福

城市化进程中，除了规划建设成为城市发展统筹协调不可分割的一部分外，原来的农村人口在身份上也要实现由"农村户口"向"城市居民"的转变。过去，庄稼地人只能通过考学（中专、大学）、参军等有限的几条途径"腾换"身份的标签。近几年，开展整建制农转非工作成为深化户籍制度改革、快速推进城市化进程的重要举措，加速了社会主义

温泉镇整建制农转非工作培训会

新农村建设的步伐。2020年6月,在前期通过温泉镇等地试点之后,海淀区政府正式颁布《海淀区整建制农转非实施方案》。"紧扣民生'七有'要求、'五性'需求,围绕'两新两高'区域发展战略,回应人民群众的殷切期待,以整建制农转非工作为抓手,提升农民社会保障水平,破除城乡二元结构,加快推动将区域'三农'工作融入中关村科学城发展大局,推进我区农村城市化工作迈上新台阶。"

"整建制农转非"工作的监管主体和责任主体是镇一级政府。为做好整建制农转非工作,温泉镇结合当时实际情况,成立了由镇长、副镇长、各行政村书记以及镇相关科室主要负责人为成员的转非工作领导小组。温泉镇劳动科在其他科室的协助支持下,通过农转非指标摸底调查,制订了农转非工作计划、建立农转非工作台账等一些列措施,确保农转非工作有条不紊地进行。

《海淀区整建制农转非实施方案》部分摘要

以镇为监管主体和责任主体,在依法依规、镇村自愿、资金由村集体自担自付的前提下,参照现行"劳动力资金趸缴,超转资金分期缴纳"的整建制农转非政策路径,劳动力接收安置资金(以下简称劳动力资金)由镇村自行筹措、一次性趸缴,超转人员接收安置资金(以下简称超转资金)由区政府实施资金统筹计划,确保积极、稳妥、有序启动实施整建制农转非工作。

总体实施思路如下:

1. 区级政策顶层设计,镇为主体镇村主责;

2. 集体村民自愿选择,自下而上组织实施;

3. 劳力资金镇村自筹,超转资金全区统筹;

4. 财政统筹分期支持,镇村资金自担自付;

5. 资金筹缴两线运转,社保待遇一步到位;

6. 区镇监管确保缴款,配套措施有效保障。

温泉镇自2007年9月起实施征地农转非工作以来,共接到征地批文23个,批准指标3 676人。自2014年7月22日开始,温泉镇对剩余农民实行了整建制农转非,共接到整建制批文3个,批准指标7 309人。整建制农转非最先从太舟坞、东埠头、杨家庄3个村开展,辛庄、温泉两个村紧随其后。接到批文的5个村按年龄将所有农业户籍进行统计分类,将3类人员(超转人员、劳动力、学生)确定人数,分批上报温泉镇派出所进行初步审核,之后由海淀分局人口处审批;公证处办事人员到各村现场为劳动力办理《转非劳动力自谋职业协议书》,签订协议并进行公证;社保所将所有转非人员信息进行系统录入和错误报修;区劳动局就业科人员对所有已录入的转非人员信息进行审核;海淀区社保中心进行缴费;邀请职介进村办理转档手续。2016年,5个村的转非工作全部完成。2016年11月,温泉镇劳动科接到批文开展白家疃、高里掌两个村的整建制农转非工作。2017年,温泉镇整建制农转非工作基本完成。

成绩的背后是大量细致的工作。当年,温泉镇整建制农转非共涉及7个行政村,超转人员共1 617人,其中东埠头村731人,太舟坞村513人,杨家庄122人,辛庄2人,温泉村3人,白家疃村71人,高里掌村175人。按征地超转人员接收费用测算预计金额共约11.15亿元,其中东埠头、太舟坞和高里掌村由于超转老人较多,资金缺口分别为5.7亿元、3.1亿元和1.1亿元。7个行政村劳动力范围内人员3 880人,其中东埠头村793人,太舟坞村750人,杨家庄285人,辛庄340人,温泉村658人,白家疃村852人,高里掌村202人。劳动力转非需补缴养老、医疗、失业保险以及一次性就业补助费,7村预计共需约7亿元,资金缺口巨大。

超转人员资金全区统筹,但是财政统筹"分期"支持,劳力资金由镇村自筹,且要求"资金筹缴两线运转,社保待遇一步到位",这给温泉镇党委政府的工作带来了巨大压力,这么一大笔钱,短时间内从哪里去筹措呢?"这么一大笔钱短期内无法筹措,实现全面覆盖。当时的银行理财利率还比较高,就有人提出,是不是先拿部分小钱去'生'钱,拿'生'出来的钱先支付村民们,然后等回本赚足钱,再集体补缴社保。"时任温泉镇党委书记方海强回忆说,"我说,不行。因为理财利率不断下滑,而社保的缴费基数在逐年提高。这是村民们的保障线,咱们得一次缴到位,而且宜早不宜迟,当年年底前必须全员存缴到位。"事实证明,方书记的判断是正确的。随后几年里,社保基金统筹基数不断提高,银行利率不断下调,如果当年选择先理财后存缴的话,资金缺口只会越来越大。"在群众的根本利益面前,镇党委政府要做出明智的判断。"方书记坚定地说。

农转非人员的"城市居民化"不仅仅表现为户口的转变,更重要的体现是他们的社会保障方式和就业途径发生了根本性转变。"切实解决好整建制农转非人员的民生问题,实现人员就业和生活方式的转变。为此,必须加大工作力度,切实做到以人为本,妥善解决好转非人员的就业、就医、住房等现实利益问题,使他们能够享受与城市居民同等的公共服务,促进其生产生活方式的转变。"温泉镇整建制农转非工作领导小组在工作总结中写到。

整建制农转居后,农民最直接面临的问题是失业,就业事关广大农转非人员的后续生存和保障问题,不可小觑。在征地过程中,除部分农民外出打工外,大部分农民失去土地就意味着失业,一些农民由原来从事农业的不饱和就业集中转变为失业,隐性失业显性化。同时,农转非人员就业的结构性问题和素质问题也很快凸现出来。总体上看,被征地农民总体素质不高,缺乏必要的技能,部分人员年龄偏大,在劳动力市场缺乏竞争优势,参与就业竞争能力差。

征地农转非人员会得到一部分补偿费用,很多人缺乏理性的安排,因使用不当导致血本花光,生活无着落也屡见不鲜。很多农民不能适应自己身份的转换,无法合理地对自己今后的生活做好长远打算。农转非人员的就业和社会保障是一个不可忽视的问题。特别是在当时就业竞争压力增大、社会保障制度还不十分健全的情况下,农转非人员就必须客观面对"种田无地、就业无岗、低保无份、投资无门"的尴尬状态。

增加农转非人员的就业问题成为温泉镇政府工作的重中之重。早在2012年农转非以前,温泉镇各村就制定了鼓励本地农村劳动力自谋职业的奖励政策,2012年各村的补贴标准为每人每年1 000～3 650元不等。整建制农转非后,温泉镇政府通过多种形式促进转非人员的就业。

春风行动招聘会

温泉镇社保所对登记的就业困难人员进行100%摸查,提高有就业意愿的就业困难人员求职登记比例,为其提供一对一精细化的职业指导,并跟踪回访。每年,温泉镇政府会根据市、区的要求开展"春风行动""就业援助月""民营企业招聘月"等一系列促进就业活动。2017年的"春风行动"招聘会,为求职者提供消防中控、驾驶员、营业员等128个工种、2 500个岗位;针对90后青年失业者,还筛选出人事专员、电子电路工程师、幼师等符合其需求的热门岗位。当年,来自北部地区的3 000余名农村劳动力参加了此次招聘会,389人现场达成初步意向。

每年,温泉镇劳动科会针对辖区劳动力进行相关职业技能水平的培训。2020年的培训分为线上和线下培训两部分进行,共开展消防设施操作员、智能楼宇管理员、制冷空调系统安装维修工和中央空调系统运行操作员4项培训。

40岁的高春荣是温泉村人,以前是出租车司机。2016年,他通过村委会得知温泉镇正在组织就业培训,就抱着试试看的心情参加了一期消防中控的初级培训,"我记得当时是集中培训了几天,后来我就参加考试,拿到了消防中控的初级证书。"2017年年底,高春荣在一家老年公寓找到了一份稳定的对口工作,他说:"现在的工作不用起早贪黑,挣得跟开出租差不多,还给上保险。镇里的就业培训对我来说还真是发挥了大作用。"今年,为了职业提升,高春荣继续参加了温泉镇组织的职业培训,目标是拿到消防中控的中级证书。

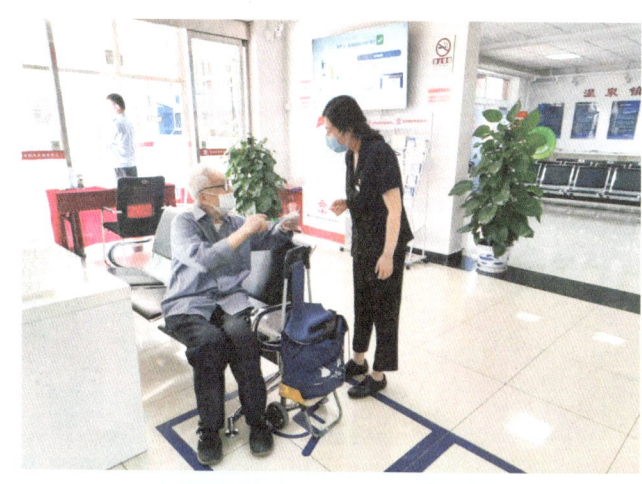

温泉镇便民服务中心工作人员悉心提供服务

2019年4月28日,"北京市海淀区温泉镇便民服务中心(退役军人服务站)"正式挂牌,原温泉镇社保所、温泉镇职介所的名称退出历史的舞台。新成立的便民服务中心在承担社会保障、医疗保障、就业管理服务、残疾人保障、退役军人就业创业等方面继续发挥重要作用。

在促进就业方面,温泉镇残联也是不遗余力。在认真做好残疾人失就业登记、职业介绍、指导、培训、推荐就业和就业后回访工作的同时,积极推行温馨家园职业康复站残疾人帮扶性就业基地建设。为推进残疾人职业体系建设,温泉镇残联开发了适合残疾人特点的职业技能培训课程,如扎染、艺术插花、手工椅垫、蜡染、手机摄影、老北京宫廷小吃面点、传统月饼、中国结编织等等培训班,多样化的职业技能培训有助于提升残疾人的就业竞争力。镇残联还积极保持与相关地区企事业、机关单位的联系,并不断开发新的企业单位,及时适时做好残疾人的就业推荐工作。

如今,温馨家园已经成为温泉镇残疾人的第二个"家"。2017年6月8日,新址温馨家园正式开园运行,这是温泉镇政府为民办实事的折子工程。在这里,残疾人朋友不仅能学到各种技能,还能参与多元化的康复活动。依托温馨家园建立的精神日间康复照料站自成立以来,极力为精神残疾人创造专业、融合、愉悦身心的康复课程,为智力、精神稳定期残疾人开展职业技能和日间照料康复服务。

温泉镇残疾人职业技能培训班

温泉镇残疾人趣味运动会

在康复活动之外,温泉镇残联还积极组织残疾人参加区残联开展的残疾人艺术汇演、飞镖比赛、特奥会、柔力球表演、群众体育活动展示等各类文体活动,以此培养残疾人的兴趣爱好,建立团体意识并提升自我价值的满足感。2019年,温泉镇残联主办了"走进电影院"、乒乓球联谊赛、"温泉地区第二届残疾人趣味运动会"、百人游园等活动,全镇近百名持证残疾人积极踊跃报名,拔河、托球跑、踢毽子、快乐森林等10个比赛项目将趣味、健身、康复融为一体。

除了温馨家园的各种贴心服务,多年来,温泉镇残联还为社区康复站提供康复器材,为老旧小区公共服务无障碍设施进行修复,积极开展扶残、助残志愿服务,进社区康复培训课程等等,所有这些举措的目的就是让温泉镇的残疾人能看得见、摸得着、感受得到生活如此的幸福。

生活在杨庄社区的魏建国一家对温泉镇政府对残疾人的关怀感受至深。魏建国的儿子魏峥今年38岁,属于重度残疾。从小,魏峥就由父母照顾,他无法上学、无法工作,生活也没有办法自理。自从2001年搬到温泉镇杨庄社区后,杨庄社区和温泉镇政府相关部门就对魏家给予了诸多的照顾。免费提供轮椅、浴凳等残疾人器具,免费安装残疾人扶手等。"这不,镇里考虑到我们家的情况,前几年还为我们免费安装了门禁系统,不出门就能通过摄像头看到门外的情况，真是太方便了。"魏建国说。提起镇里对他们家的帮助，魏峥的母亲白阿姨特别感动，她说："我们真不知道该说什么感谢的话才好。逢年过节，镇里的领导都上家来看看，送些慰问品。残联不仅帮我们家申请各种补助，帮孩子进行就业培训，还安排了工作呢！现在每个月单位给孩子缴社保，发工资，真是解决了我们家的大问题。"初见魏建国夫妻俩，你会觉得他们就是普普通通生活幸福的老北京。但当了解到他们家的情况后，你又会被他们的乐观心态所感染，在政府的帮助和他们夫妻的努力下，一家三口的小日子过得有滋有味。"疫情之前我们经常会带孩子出去玩，香港、澳门、台湾、重庆……天上飞的，水里游的，地上跑的，我们尽量让他去接触，去感受。说实话，没有政府的帮扶，我们两口子也不可能有这么好的心态去面对。"白阿姨动情地说道。

每周二和周三，魏峥在父母的陪伴下准时来到温馨家园参加康复活动。他安静地坐在角落里，用眼睛和心灵时刻观察和感受着周围的一切。虽然他不善于言表，但很享受沉浸在这欢乐和谐的氛围中。父母的陪伴、温馨家园和谐的氛围都让魏峥始终保持一颗友善的童心，在大千世界中感受着新时代的幸福生活。

温馨家园培训活动

温泉镇残联温馨家园

扫码观看
精彩视频

篇章七

面向未来见真章：教育扬帆先行

温泉镇
城市化
之路纪实

"甜蜜"的"烦恼"

采访温泉镇文教科是在 3 月的一个早上。这一天，根据北京市和海淀区教委的统一部署，整个文教科上下都忙着当天下午对属地教育培训机构进行大检查。文教科牵头，联合多部门共同走访相关机构，检查这些教育机构是否证照齐全，是否有违规开展线下培训的情况。"一个下午根本走不完，昨天来了紧急通知，周六之前线下要全部停了。我们下周还得再走一遍，看看有没有继续开的。"文教科工作人员介绍道。

2021 年的这个早春，伴随着网络民意的激烈讨论，课外培训班成为社会关注的热点。事实上，温泉镇文教科对于课外培训机构的管理一直没有缺位。每年的开学季、学期期中、春节等重大节假日前后，文教科都会对镇域工商注册的近百家机构进行地毯式、拉网式摸底排查。排查是否存在无照无证经营、营业执照注册地址与经营地址是否一致、教学场地是否有安全标识等问题。对存在问题的培训机构集中整改，有效治理部分机构"超标教学""提前教学""强化应试""违规招生"等违法不良办学行为。这些努力的目标，就是要建立健全监管长效机制，促进校外培训行业健康发展，给温泉镇营造安全、稳定、文明、健康的育人环境。

"10 年前，我们温泉地区的课外培训机构没有现在这么多。"文教科负责人介绍说，"这五六年来，各种机构像雨后春笋一样冒出来。学科类的、艺术类的、体育类的……还有机器人编程，种类繁多，不一而同。"要想从事课外培训工作，需要证照齐备。首先要有工商注册获得营业执照,然后是在教委备案获得课外培训资质,两者缺一不可。由于教委在批准课外培训资质方面比较严格,存在不少机构只有营业执照,没有办学资质的现象。要将这么多家培训机构管好,还要治理和监督"超标教学""提前教学""强化应试""违规招生"等违法不良办学行为,对于人手紧张的温泉镇文教科来说,压力着实不小。关键是温泉镇文教科负责的工作还包括非京籍入学审核、入园入学工作服务、校外实践、社区教育等,他们还要服务师生家长和社区居民。

"文教科怎么看待这些纷纷来到温泉镇落户的教育培训机构呢?"我们问文教科负责人。

"管理难度不小。但是从另一个角度来看,我们也是比较欣喜的。培训班纷纷开到我们温泉来,这就说明咱们温泉地区对于教育的需求比较旺盛。另外,也说明温泉地区的经济实力已经足够吸引这些嗅觉灵敏的市场机构来本地办班。"文教科负责人说,"温泉自古以来一直重视文化教育。上世纪八九十年代,我们温泉人要参加课外补习,只能跑到海淀少年宫。那时,周末起个大早赶公交车,346路和330路。单程一个多小时,一来一回在路上就得耗费两三个小时,中午只能在外面将就。培训班办到家门口,家长和孩子们省

温泉镇非京籍入学审核现场

去了奔波劳累之苦。另外，来到温泉镇的这些培训机构很多是机器人、编程、舞蹈、音乐等培养和提升孩子综合素质的。我们山后地区也能吸引市区的教育机构来落户，不仅拓展了孩子们的视野，也折射出家长教育理念的变化。"

易好教育是专门从事青少年机器人编程的机构，他们就是被温泉地区优越的发展条件和亟待开发的教育市场吸引而来的。在创客小镇，一家装修风格类似开放式工具间的店铺里陈列着各种获奖作品、获奖证书、参赛照片。易好教育原本开办在马连洼，听说温泉地区创客小镇项目还能职住平衡，可以为员工提供廉租房的优惠条件之后，抱着"试试看"的心态来到温泉镇。"通过一年多的亲身了解和市场开拓，我们公司就把总部从马连洼搬到了温泉镇。"公司负责人许小丽介绍说，"一方面，温泉镇提供的条件实打实，员工们在南边的创客共享空间工作，在同一个小区的北边人才公寓入住。'抬起脚'就能上班，免去了通勤的压力，也免除了经常搬家的颠沛流离之苦。另一方面更重要的是，经过一年多的观察，我们发现温泉地区的机器人、编程教育行业还在起步阶段，有很大的成长空间。"

栽好梧桐树　引来金凤凰

随着海淀北部新区的发展，中关村环保科技示范园、创客小镇等项目陆续落地，越来越多的科技人才、高知、创业人士开始"乐业在温泉""安居在温泉"，儿童教育市场发展得也越来越蓬勃。由他们引领，"上了楼"的居民们，"80、90"后的新一代家长们也越来越重视教育，愿意在教育方面更多的投入。两股力量汇流，共同构成了温泉镇本地的教育需求，特别是对优质教育资源的需求。

在时任温泉镇党委书记方海强的心中，有个温泉镇未来发展的"大布局"："温泉地区的土地上现在生活着两个群体。一个是通过环保园、创客小镇等项目吸引来的'新温泉人'。咱们温泉镇不仅要把高科技人才吸引过来，让他们能够在温泉的土地上找到事业发展的起点，更要把他们留住，让他们在这里安居。这就要求镇政府能做好服务，解决这个群体的后顾之忧。"方海强书记说，"还有一个就是'腾退上楼'的咱们镇的'老温泉人'。'新温泉人'的子女教育是'痛点'，'老温泉人'上了楼要真正告别'瓦片经济'，还得从教育抓起。要服务好这两个群体，目标都指向了教育。教育面向的是未来，所以温泉镇没有理由不把教育办好。"

2018年，中共中央、国务院印发的《关于学前教育深化改革规范发展的若干意见》中指出，办好学前教育、实现幼有所育，是党的十九大作出的重大决策部署，是党和政府为老百姓办实事的重大民生工程，关系亿万儿童健康成长，关系社会和谐稳定，关系党和国家事业未来。

为了解决温泉地区幼儿入托难的问题，由温泉镇农工商总公司出资 7 000 万元建设，海淀区教委管理、立新幼儿园承办的立新幼儿园温泉园在 2018 年 12 月正式投入使用。立新幼儿园温泉园执行园长韩秀荣曾在市区从事幼教工作 30 年整，一到温泉园就被"硬核"的硬件设施惊住了。建筑面积 1 万多平方米，即便设有 18 个教学班，540 个入园学位，也不觉得拥挤。走进立新幼儿园温泉园，最引人注目的当属一条长长的无障碍坡道直通二楼，室内设计都采用原木色，加上孩子们的手工作品，各种中国风的陈设，十分温馨。幼儿园的户外活动场地非常宽敞，每个班都有一个独立活动的小区域。他们还将绿地开辟为幼儿种植区，创建田原式风格的幼儿园。"温泉镇出钱出地，做好基础设施建设，转交给教委进行统筹管理。然后，海淀教委引入有丰富教学管理经验的立新幼儿园来运营管理，这种模式本身就是一个创新。"韩秀荣园长说，"温泉镇政府舍得把如此大的资金投入到幼儿园的建设中，本身就需要不小的魄力。"

"投入 7 000 万元建一家幼儿园，刚开始的时候也有同志想不通。'7 000 万元可以做点投资，就算是放在银行吃利息也能有不少的收益。'"时任温泉镇党委书记方海强回忆说，"我当时力主要建幼儿园。而且要建的话，就一定要高标准、高起点。不能小打小闹，不

立新幼儿园温泉园

能一建好就落后了。同志们有争论，思想上没统一。我在会上就说，充分地讨论非常好，把利与弊都讨论清楚了。同志们的顾虑是，咱们花大钱建了园，然后转交教委来管理，找了个第三方来运营，等于造了房子，最后交给了别人。咱们图个啥？"方书记顿了顿，继续说道，"我就跟同志们说，咱们做强做大集体经济最终的目的是什么呢？……不就是要为老百姓谋福利，让他们过上更美好的生活嘛！现在地区老百姓包括股东们的孩子入托难，这不就是咱们应该出手的时候吗？教委是专业的教育监管部门，找专业的第三方来运营，孩子们才能得到优质的教育。咱们建了幼儿园，交给专业的人来做专业的事，发挥人家的所长，最终受益的还是咱们的孩子，何乐而不为呢？"人心齐，泰山移，干起事业来，人心一齐，就顺风顺水了。

温泉镇农工商总公司集中的是全体股东的钱，所以立新幼儿园温泉园股东子弟入托优先。在这个基础上，再统筹其他居民还有各类"新温泉人"子弟。目前，立新幼儿园温泉园幼儿总人数 361 人，京籍人数占总人数 85%，非京籍人数占 15%。股东子女占比 77%，非股东子女占比 23%。立新幼儿园温泉园的创办圆满完成《海淀区三年学前教育行动计划》有关指标要求。

北部新区实验幼儿园、立新幼儿园温泉园、2020 年建成的京童温泉幼儿园……温泉镇的学龄前幼儿拥有了更好更舒适的活动空间。

提起温泉小学，温泉镇的年轻人可能一头雾水，但"老温泉人"对温泉小学却一点也不陌生。这是一所历史悠久的农村小学。1995 年，海淀区教委推行规模办学，将原温泉小学纳入翠微小学的办学管理之中，命名为北京市海淀区翠微小学温泉校区。经过近 20 年的发展，2014 年 9 月，翠微小学温泉校区进行了全面的改造和升级，集团投入大量的干部、骨干教师进入北部校区，将翠微的理念、课程、管理模式运用到新的校区，真正实现了城乡一体化的办学模式。2015 年 12 月，白家疃小学并入翠微小学一体化管理，更名为翠微小学白家疃校区。在之后的 5 年间，学校在北部地区充分发挥各种教育资源，带动周边学校，缩小城乡教育的差距，给孩子享受平等教育的权利，充分发挥"素质教育优

翠微小学温泉分校的孩子们参加围棋交流活动

质校"的示范作用,携手北部地区各校,共享翠微教育资源,实现教育均衡。2019年4月,经海淀区委机构编制委员会批准,翠微小学温泉校区独立建制,命名为北京市海淀区翠微小学温泉分校,白家疃校区更名为北京市海淀区翠微小学温泉分校白家疃校区。焕然一新的翠微小学温泉分校占地33 805平方米,建筑面积26 594平方米,拥有47个教学班,176名教职员工,是一所现代化的小学。

如今的翠微小学温泉分校硬件设施齐全,学校建有教学楼、综合楼、体育馆;拥有篮球馆、游泳馆、足球场、篮球场等;建有基于项目学习的博物馆、智慧阅读馆、文化展览馆、学生餐厅等;整个校园环境中学思天地、明德广场、笃行乐园、文化墙、植物园、安全基地等成为孩子们喜爱的场所。

文亚是翠微小学温泉分校三年级语文老师,2017年,文亚离开翠微小学总部,来到温泉校区。回忆当时的选择,文亚老师说:"从城里来到温泉工作,一是觉得这里的发展空间和平台更大,另外,温泉的环境特别好,住在这里很舒服。"来到温泉工作的第二年,文亚老师索性将家安在了温泉镇。如今,文亚老师已经成为翠微小学温泉分校的骨干教师,两个孩子也入读家门口的幼儿园。

翠微小学温泉分校目前有学生1 613人,京籍学生1 133人,占比70.24%,其中包括温泉地区879人。非京籍学生480人，占比29.76%。引入山前优质教育资源不仅大大缓解了温泉地区的就学压力，而且带来的是教育教学理念的更新。翠微小学温泉分校的教育理念先进，"明德至翠，笃行于微"，以翠·微教育为学校文化灵魂，追求"绿的生态""玉的品质""微的细腻""润的内涵"。从"培养明德笃行、自觉自为的阳光少年"这一育人目标出发，形成"明德笃行，人本精细，健康自我"的文化特质。

汪蕊是土生土长的温泉村人，1991年她上小学时，学校还叫温泉小学，4年后，温泉小学更名为北京市海淀区翠微小学温泉校区。如今，她的儿子王牧瑄也在自己的母校——如今的翠微小学温泉分校上学。"几年前孩子要上小学时，我们也考虑了很久，最终还是决定留在温泉上学。一方面离家近，更重要的是翠微小学温泉分校的办学理念与本校一脉相承，同样的办学目标、同样的课程、同样的师资队伍，我们相信孩子在这里一样能受到优质的教育。"

2015年，北京一零一中学温泉校区能够落户温泉，背后则是温泉镇党委领导多次对接海淀区教委，最终确定下来的。北京一零一中学温泉校区，是海淀区委区政府为促进海淀教育均衡发展，按照名校办分校的模式，于2015年投资近3亿元，按照完全中学36个班规模建成的。学校占地面积50亩，建筑面积近4万平方米。拥有教学楼、综合楼、办公楼、图书馆、实验楼、报告厅、体育馆、学生公寓、食堂、运动场等，普通教室以及各种功能教室合计78个。校区食宿条件优越，学生公寓为4人间，使用面积30平方米，上床下桌设计，配备中央空调、独立卫浴。餐厅可容纳1 200人同时就餐。

北京一零一中学温泉校区依托集团力量，在共享优质教育资源的同时探索自身发展优势，在温泉地区形成了以乡镇支持、区域共建、教研引领为主导的良好教育生态环境。建校6年来，对提高山后地区教育教学质量，丰富温泉地区文化生活视野做出了名校应有的贡献。仅2015年9月至2017年4月，不到两年的时间，已有著名经济学家厉以宁，诺贝尔文学奖获得者莫言，诺贝尔物理学奖获得者布莱恩·施密特教授，国际安徒生奖获得者曹文轩，著名作家毕淑敏，航天英雄景海鹏、王亚平，著名艺术家六小龄童，著名主持人敬一丹、崔永元、白岩松……以及国际球星罗纳尔多等众多名人走进校园，与学生零距离接触。

北京一零一中学温泉校区多次与周边图书馆、文化馆、创客小镇、温泉敬老院等企事业单位合作，深挖社会教育资源，在丰富学生社会实践活动的同时加强地域认同，推进文明乡约活动的深入开展。近3年来，学校不断引进优质教育资源，承办区级以上教育教学研讨会19次，其中国家级4次、市级3次，先后邀请北京教育学院生物教研室专家胡玉华，海淀区数学教研员张鹤、语文教研员赵岩、英语教研员聂成军、生物教研员杭跃男，一零一中学特级教师严寅贤、程翔、安军等教育教学专家到校交流指导，形成了良好的教研氛围，切实为大力推进海淀区教育均衡发展做出努力和贡献。

学校优质的校园文化活动不仅受到本校学生的喜爱，同时也会与友好学校进行共享，书香满园的"读书节"、神秘多样的"科学探秘"和精彩纷呈的"名人论坛"，是一零一中学温泉校区教育理念、师资力量、校园文化等方面内容的集中展示窗口，让前来体验的大朋友、小朋友学得不亦乐乎，也看得异常惊奇。

在温泉镇党委政府的教育大布局里，从立新幼儿园到翠微小学，再到一零一中学，从外部引入的优质教育资源已经做到了从学前到高中阶段的全覆盖。

面向未来见真章：教育扬帆先行

深挖内涵　走特色之路

其实，历史上温泉地区的教育一直处于比较高的水平。当年的和平小学、温泉二中一直以来都是海淀山后地区具有标杆性质的教育强校。引入外部优秀教育资源的同时，温泉镇也没忘巩固和升级自己原有的教育优势。

1920年，民国时期著名的教育家李石曾和蔡元培在北京创办了中法大学。1923年，李石曾在代理中法大学校长期间，以中法大学的名义，在温泉村买下一块庙产，改为学校，也就是"私立中法大学附属温泉中学"。先是"温泉男子中学"，"男中"迁址后，在

北京中法实验学校

原址上成立"温泉女子中学",著名女作家杨沫和颜一烟就是从这里毕业的。李石曾请人写的温泉中学校歌这样描写这所风景优美的学校:美哉、美哉,温泉学校。太行余脉,汤泽山麓,温泉涌出,高山环绕。真美兼全,陶性适读。奋发有为,为我所欲。美哉、美哉,温泉学校。

杨沫与温泉女子中学的渊源

1928年,14岁的杨沫考入温泉女中。那年,全校共招生22人,编为一班,均住宿。杨沫在《游子思慈母》一文中写道:"温泉女中我的母校——我的慈母,几十年来,每当想到她,我便荡漾起游子思母的真挚情感。永远不会忘记,当1928年我十四岁考入北京西山温泉女子中学时,还是一个浑浑懵懵的孩子……我一生只在温泉读过三年初中,但这三年却打下了我后半生从事文学事业的基础。我感谢母校的赐予,我也感谢母校的幽美环境,陶冶了我热爱美好事物、向往真实和自然的性情。我经常在课后来到流水潺潺的东河沟,在它的树荫下,捧着托尔斯泰、雨果或郭沫若的作品贪婪地阅读。学校对面的山上,矗立着一块大石,其上镌刻着"水流云在"四个大字,它常常吸引我到这里散步,流连忘返,望着青山,望着白云,望着水流云在,我感到人生的缥缈,也感到它的无穷奥妙。……"

杨沫所写的《青春之歌》中也有温泉地区景色和生活的描写。

当年的温泉中学因为是中法大学附属中学,所以学生们在校不学英文,只学法语。如今在温泉地区也有这样一所将法语课程纳入日常教学的学校——北京中法实验中学。

借着"中法实验学校"项目的契机,海淀区教委与法国凡尔赛学区签订合作协议,原温泉二中开始尝试走中法双语特色办学之路。具体的做法是,增设寄宿制小学部,办学类型变更为包括小学、初中和高中教育的十二年一贯制学校。法语教学方面,学校聘任法国老师和中方法语老师担任法语教师,与英语同步开课。法方将从法语教师派遣、中方教师培训、课程设置、教学资源、与法国高等教育衔接等方面提供支持和帮助。

法语老师在为中法实验的孩子们授课

自2017年起,温泉二中正式更名为北京中法实验学校,当年秋季,小学部开始在全区范围内招收中法双语项目的实验班学生。6年后,该实验班小学毕业以后,学生自愿选择升学的途径,可以

中法实验学校成为中关村第三小学的联盟校

直升本校初中。这一年,首批80名小学生与60名初中一年级新生同时开始法语学习,每周开设5个课时的综合兴趣法语课程,学校形成从小学到高中完整的法语学习体系。在海淀区教委的协调下,中关村第三小学也派出优秀教师驻校担任小学部教学工作。北京市教委副主任黄侃在北京中法实验学校揭牌仪式上表示,温泉二中转型成为中法实验学校是教育国际交流合作中的一个里程碑事件,学校将传承中法教育在海淀区温泉地区友好交流的历史,建设成为一所中法两国基础教育交流的示范学校和海淀区北部地区新优质特色学校,也将成为北京对外交流新的窗口学校,有利于首都国际教育水平的提升,更有助于两

国文化交流的合作。

北京中法实验学校校长孙继刚从温泉二中的普通老师做起,除了总务处之外,所有岗位都干过,一直做到了校长。从教23年的他这两年特别忙。"现在的情况是,申请入学的孩子太多了,我们没法全部满足。"孙校长说,"咱们温泉二中的不少校友,包括我十几年前教过的学生,纷纷找到我,询问咱们学校的入学政策。"一位"老校友",当年孙老师"治下"的"小捣蛋"如今也为人父了,他选择将自己的孩子送回母校就读。"他们都想把孩子送到自己的母校来学习。一方面,对母校教学有信心;另一方面,学校的特色办学能给孩子更多的发展空间。"

温泉镇另一所"牛小"当属和平小学。和平小学创建于1955年,当时是中航工业621所的子弟学校,因为家长都是军工企业的科研人员、高级知识分子,在当年,这所学校在山后地区是响当当的名校。随着国企转制、减负,不再兴办三产等主营业务之外的行业,这所小学转为面向整个温泉地区招生。我们的到访恰逢和平小学杨家庄新校址竣工,教职员工正在为校舍的正式投入使用做最后的准备。教室里面窗明几净、崭新整齐的课桌椅、现代化的教学设备一应俱全。

和平小学

北京市海淀区教科院未来实验小学

王爽是温泉镇太舟坞村人,师

范毕业后，她选择回温泉教书，现在是和平小学的语文老师。到今年，她已经来到和平小学从教 18 个年头了。"在这里，我们师生之间实现了'三代同堂'。"王爽笑着说，"当年教过我的老师们还在教学一线上默默耕耘，今年，我教过的一个孩子，大学毕业后也回来当了老师。曾经的老师、曾经的学生，如今都成了同事。"

和平小学校长丁刚是温泉镇白家疃村人，从教 33 年。他上学的时候，学校"刮风漫天土，下雨两脚泥"。如今的硬件和教学设施的改善，让丁校长发出由衷的感叹。

"这些年，温泉地区教育资源越来越集中，从'山外'引入了翠微小学、一零一中学。对于和平小学和北京中法实验学校来说，肯定构成了'竞争'。两位校长怎么看待这种无形的压力？如何应对这种压力呢？"我们问。

"肯定有压力。不过，温泉镇政府对于我们的帮助并没有因为优质校的迁入而减少，反而也在为我们出谋划策，提升我们自己的教育教学水平，以此来应对压力。"和平小学校长丁刚说。

"面对压力，我们中法实验学校走的是特色化、差异化办学的道路。人无我有，人有我精。我们的国际化办学，特别是多语种教学优势还是很明显的。转型之后，我们不仅面向温泉地区招生，许多海淀其他学区的家长也把孩子送过来。"中法实验学校校长孙继刚说，"现在，我们还处在创业期，等到第一批学生成材，我们的优势将会越来越明显。"

和平小学在全校教职员工大会上就明确了，面对竞争，消极逃避是没有用的。校长丁刚说："和平小学不怕竞争，取长补短、你追我赶之间，学校才会有更大的发展。"他们将压力转化为动力，投入更大的热情到教育教学的改革中，激发了教职员工的创新热情。2020 年，和平小学正式加挂"北京市海淀区教科院未来实验小学"的牌匾，学校将依托海淀区教科院的科研力量和资源，构建未来学校理念体系，在学校课程体系、课堂教学形态、学生综合评价方式、学校治理模式等方面，进行一系列探索实践。

温泉镇
城市化
之路纪实

甘为育人梯　投入强保障

　　温泉镇党委政府在教育事业发展上，秉持着"甘为人梯"的精神，切实做好各种服务保障工作，让专业的学校和老师们能有发展的空间，让学生们能在知识的海洋中挥洒自己的才智。配合区教委教育公平、均等的工作目标，争取区里更多的教育资源倾斜，统筹做好义务教育一盘棋，出资办幼儿园托好底，解决群众后顾之忧——温泉镇在走向城市化的过程中，在教育中肯花大价钱、愿下苦功夫，甘为他人梯的发展思路，就是为了瞄准未来。

　　温泉镇党委政府对于教学的关心体现在微小的细节上。国家、教育部、教委十分重视校园周边安全保卫力量的完善，要求孩子上学、放学、在校期间，必须配备专门的具有防暴能力的安保力量。"镇政府坚持在每天上学、放学时间，在相关幼儿园和学校周边，再布置一道安保力量，就是为了确保校园安保的绝对安全。"文教科负责人介绍说，"事情虽小，但是却贵在坚持不懈。"

　　对于学校来说，一到接送孩子的时间，学校周边交通必然瘫痪。过路司机抱怨不断，学生家长有车难停，孩子们匆忙下车跑来跑去十分危险。接送难、停车难，几乎每天在中法实验学校的校门口上演。这么重大的安全隐患，天天悬在头顶，北京中法实验学校校长孙继刚看在眼里，急在心上。可是凭借一校之力，根本没法解决这个问题。他第一时间想到了向温泉镇政府求援。主管副镇长出面，协调相关村委会，让出校门附近地块用来兴建

温泉镇2014年促进地区教育发展工作大会

停车场,学校没出一分钱。如今,北京中法实验学校周围有两个停车场,家长和学生们再也不用在危险中穿行,尽可从容入校、放学。"中法实验遇到了这样的问题,我们就想,其他学校也肯定有这方面的难题。"时任温泉镇党委书记方海强说,"我们就主动联系各个学校,询问他们是否也有停车难的问题。问题收集上来以后,就由主管副镇长一个村一个村去协调,一家一家去解决。现在,在温泉镇就不存在学校周边潮汐性拥堵的情况。"

温泉镇党委政府领导不打招呼,直接上门"嘘寒问暖"是和平小学校长丁刚对温泉镇党委政府领导班子最直观的印象。"主管教育的副镇长有机会就会来学校看看,不打招呼是因为不愿影响学校的正常工作,有时就是来聊一聊。来时一身轻松,走时往往带走一堆棘手的问题。"丁校长笑着说。2020年疫情暴发之初,正当学校因为缺少防疫物资、缺少防疫经验而手足无措的时候,温泉镇在防疫物资十分匮乏的条件下,还划拨了消毒剂、口罩、紫外线消毒灯等物资给和平小学,还邀请专业防疫人员上门培训教职员工,进行应急预案指导……对于当时一筹莫展的和平小学教职员工们来说,真是雪中送炭之举。和平小学新校区启用之前，校门口的路边堆满了建筑垃圾。温泉镇党委政府在得知相关情况后，不到24小时就派人来清运，不到3天的时间，垃圾山被搬运一空，保证了新校址的正常开学。

2019年，温泉镇政府投资113万元用于完善温泉镇各幼儿园软硬件设施建设，全面提升温泉镇学前教育的整体水平。为避免孩子在户外运动暴晒，2020年，镇政府出资100万元为立新幼儿园温泉园建设了电动遮阳帘；为丰富地区幼儿园教育资源，给孩子们提供更好的游戏材料，镇政府出资购买了10万元的高品质玩教具。同年，镇政府出资100万元为一零一中学温泉校区进行绿地景观建设，优化育人环境，助力创建绿色和谐校园。

为进一步提升海淀教育优质均衡发展水平，2015年5月率先成立温泉苏家坨学区作为试点，创新机制，将地区政府、单位、学校纳入学区委员会，突破家校社壁垒，共同谋划地区教育发展。

在我们的采访即将结束之际，翠微小学温泉分校为我们提供了一份近年来温泉镇党委政府为该校办实事做好事的8项重要工作清单。

1. 修建了拥有400个车位的大型停车场，占地面积30余亩，供学生家长接送孩子使用；

2. 温泉地区的海淀北部文化中心学校可以充分利用；

3. 温泉镇政府对地区教育极为重视，每年召开教育大会，表彰优秀教师和优秀学生；

4. 温泉镇水务站为学校修复损毁污水管道，并为学校争取并完成雨水收集系统市级专项，为学校节约水资源，美化环境，同时给学生进行了环保的科普教育；

5. 温泉镇碧水青山自来水厂定期为学校进行雨水管道和污水管道的疏通清淤，保障学校的教育教学顺利进行；

6. 温泉镇政府大力支持学校的基础教育，为学校解决实际困难，帮助学校改建教室，为学校扩充220个学位提供了有力保障；

7. 温泉镇政府协调温泉交通大队，对学校大门口路面进行交通道路划线、添置信号灯；每天上下学都会有温泉镇联防、交通协管进行疏导交通，确保学生安全。

8. 温泉镇宏泉物业有限公司定期为学校清洗操场、路面，定期专业消杀，为学生提供安全卫生的环境。

对于温泉镇党委政府而言，这些工作是力所能及之事，但是，这种对学校发展的细致关怀，却被有心的翠微小学温泉分校用点点滴滴的方式记录了下来，铭记在了学校发展的历史功劳簿中。

温泉镇党委政府高度重视人才，鼓励优秀教师扎根温泉。每年都会联合学区召开教师表彰大会。在所有学校、在全社会大力宣传和弘扬优秀教师的先进事迹和高尚品德；六一儿童节、教师节前夕，对教师走访慰问，为她们送去慰问品等；还经常关心关注教师日常生活及工作情况，积极为她们排忧解难，让广大教师安心从教、热心从教、舒心从教、静心从教，让广大教师在岗位上有幸福感、事业上有成就感、社会上有荣誉感，让教师成为让人羡慕的职业，营造全镇尊师重教浓厚氛围。"这种对教师的关爱是很难得的。"中法实验学校校长孙继刚说，"当年我只身一人从东北来到北京，因为业务能力强得到不少肯定，也有很多机会走出温泉。但是，老校长的鞭策，再加上自己亲身体会到温泉地区重视文教的氛围，一直鼓励着我扎根在温泉。如今啊，我就是半个温泉人！"

除了对教师的关爱外，温泉镇对通过考学走出温泉地区的学子也有奖励。温泉镇组建

2018年温泉镇教育大会暨学生奖助学金发放仪式

了以政府投入为主、多渠道助学为辅的学生奖助政策体系。2019年重新修订《温泉镇学生奖励及资助管理暂行办法》，提高了学生奖励和资助金额，细化管理办法，逐步形成了优秀学生奖学金、低保困难家庭学生助学金、残疾学生助学金等一系列学生奖、助学金，为学生顺利完成学业保驾护航。

2019年，温泉镇政府为考取职高中和大学的共138位股份经济合作社股东子女，发放总计45.2万元奖学金；为地区中小学优秀学生发放价值总计6.4万元的学习用具。此外，推进教育精准脱贫，重点帮助贫困家庭子女接受教育，向低保低收入家庭18岁以下儿童发放助学金3.2万元，镇工商联24家企业家对12位低保、低收入、精准救助家庭学生及未成年残疾青少年发放和捐助共计8.8万元的助学金。2020年，镇政府为考取高中和大学的300名股份经济合作社股东子女发放60万奖学金，为各学校优秀学生发放10万的学习用具，为精准救助困难家庭子女和18岁以下残疾儿童发放6.4万奖学金，镇工商联24家企业一对一向12位精准救助家庭学生共捐赠4万元助学金。

联动家校社　泉雁建故里

"温泉要从农村走向城市,最重要、也是最难做的,其实是意识的城市化。要让村民们适应城市化的生活,先要让他们从心里认识到自己已经是一位城市居民。"时任温泉镇党委书记方海强说。

党的十八大以来,全国正在积极推进《国家中长期教育改革和发展规划纲要(2010—2020年)》的实施,《纲要》要求建设全民学习、终身学习的学习型社会。与此同时,海淀区委区政府也提出加快学习型海淀建设步伐。《关于进一步深入推进学习型海淀建设的决定》紧紧围绕"构建完善终身教育体系,全面实施素质教育"工作思路,大胆探索,不断丰富社区教育的工作内容,积极营造"人人是学者、处处有学校、时时能学习"的社会学习环境,引导和培养广大居民树立"全民学习、终身学习"大教育观,充分利用社区内教育资源,为提升人们的文化素养、技术职能、科普知识、法律意识、环境保护理念等而努力。

温泉镇图书馆

在这方面，温泉镇基于自身城市化发展实际，将社区教育培训与城市化进程结合起来，利用不同形式、结合不同场景，一步步深入做好"居民的身份教育"。

首先，制度建设的规范化长效化。重新修订温泉镇社区教育委员会章程，切实加强温泉镇社区教育中心组织机构建设，由镇长担任社区教育中心主任，主管副镇长担任社区教育中心副主任，由文教科、各中小学负责人、相关科室负责人及各村、社区主任担任社区教育工作人员；完善社区教育指导教师的管理制度，档案管理制度等，使社区教育工作规范化、制度化；发挥社区教育优势，挖掘相关教育成果和先进经验。

其次，资源平台的多样性丰富性。以温泉镇社区教育中心（镇图书馆）、社区党校、市民学校、社区老年学校、社区科普学校、社区家长学校、各村益民书屋等多功能文化活动场所为依托，开展各类人群的教育、培训活动，提高社区居民的整体素质和生活质量。以政府主导、购买服务等方式整合镇域资源，拓展校外育人平台，依托四海孔子书院、凝爱乐学、飞跃培训学校等培训机构对辖区内儿童、青少年及家长开展了四大系列课程，即以四海孔子书院为平台的国学经典课程，全年开设国学传统文化和温泉好家风建设班共计100节课程，受益人数达3 000人次；以飞跃培训学校为平台的科技实践活动，在15个村、社区中开展科技手工等课程100节，受益人数2 000余人次；以凝爱乐学为平台的系列艺术课程，为立新幼儿园温泉园学生开展了舞蹈、围棋、水墨画等课程60节，受益人数达700人次；以中关村学院二分院为平台的手工素质提升课程，开展了扎染、插花、厨艺等课程74节，受益人数2 000余人次。通过引进社会资源，拓展教育平台，切实丰富了校外教育活动，提升了学生综合素质能力。

最后，学习氛围的烘托性营造感。创建由温泉镇离退休老干部、老教师、老专家、老专业技术人员组成的社区教育志愿者队伍，发挥志愿者队伍教育优势，开展多项特色活动，展现出温泉镇的教育特色和教育成果；以"小手拉大手，文明志愿我先行"为理念，温泉镇于2016年成立亲子志愿团，把家庭教育理念融入到社会志愿服务实践中，通过开展文明乡约宣传、海淀通史讲解、红十字应急救护、敬老院表演慰问、德馨读书会等丰富多彩的活动，在志愿服务的同时提升了家长孩子演讲表达、组织策划、应急救护等综合能力，让大人身体力行，为孩子树立榜样，让孩子积极参与，带动大人热心服务，进而让孩子在爱与奉献的环境中健康成长；创建学习型组织，每年开展"海淀区市民学习品牌"和"海淀学习之星"评选活动，努力创建学习型乡镇、学习型社区；开展"全民终身学习活动周"活动，在群众中广泛宣传终身教育思想，树立终身学习观念，激励大家终身学习的热情，引导青少年及全体居民群众参与终身教育，推进教育公平，形成人人学习、处处学习、事事学习的良好氛围。

2020年，温泉镇党委政府推出"泉雁工程"，目的就是要让温泉本地学子进一步了解家乡多年的成就和未来的发展蓝图，鼓励他们把握在家门口就业创业的机会。"泉雁工程"以"泉雁归乡共筑梦想"为主题，以"大雁"寓意温泉镇各村股份经济合作社股东家庭在外求学的子女，鼓励温泉学子们心系家乡发展，在经过高等教育的培养之后，像归来的大雁一样，回到家乡，依托地区城市化跨越式发展的大好时机和优质平台，利用自己的所学，服务家乡、建设家乡。"泉雁工程"是温泉镇党委政府深度服务本地学子回乡发展的一项重要举措，

居民取得老年大学毕业证

"泉雁工程"活动现场

也是本地学子奖励政策的延续和发展，更是温泉镇人才强镇战略的一部分。

强领导、聚合力、拓阵地，温泉镇党委政府努力构建家校社全方位的教育体系，多角度、全方位打造育人环境，助推新时代温泉镇的跨越式发展。

扫码观看
精彩视频

篇章八

十年逐梦换新颜：基础设施建设

温泉镇城市化之路纪实

一条土路，夏天一身灰，雨天两脚泥；一路公交，从温泉镇到颐和园，46路是当地人到城里为数不多的公共交通工具；要购物，得跑到航材院当时的院办国营商店。因为人多商品少，供不应求，能抢到俏手货，都要为自己庆幸良久。如今这一切过往都已成尘封往事，只留在老辈们夕阳下槐树边与儿孙们忆苦思甜的回忆中。

2011年，东埠头路完成拓宽改造工程，随后，东埠头中路、翠湖科技园规划横七路、翠湖科技园规划纵二路等多条城市次干路完成规划建设。2016年的最后一天，地铁16号线开到了温泉。市政、道路建设的不断完善让温泉人出行更方便，"说走就走"不再是梦想。

经年累月需要不断翻修的平房渐行渐远，温泉人家、水岸家园、凯盛家园、尚峰尚水等现代化小区拔地而起，再也不用为冬天的土暖烧煤而操心，温泉人也过上了冬暖夏凉的好日子。老旧小区的改造化解了老街坊们日常生活里悬着的"心病"。海淀北部文化中心开放，温泉人无处安放的"文艺梦想"有了落地的空间。

温泉人家小区

老小区换新颜

白凤琴家住温泉路 45 号院,这些年因为下水道的问题全家人经常发愁。愁什么呢?"哎……家里的厕所、厨房下水道经常堵,有时候还倒灌……奇臭无比。"白凤琴激动地说,"刚开始我就用布条堵,到后来堵也堵不住了,只能请房管办来疏通。"

"这就不是疏通的事。"这头,45 号院房管办的郑贵元说,"这就是长期淤塞之后发生的反水。最早下水是没有问题的,近年来随着住户的增多,各种生活垃圾、装修垃圾稍不注意都可能造成一层下水道的堵塞。"

因为反水问题经常跟维修队打交道,白凤琴和郑师傅早就成了朋友。"有时候家里没人,半夜反水了还得打电话麻烦他们来处理。"白凤琴家五六年前做了一次装修,崭新的橱柜没用多久就被下水道的反水给泡坏了,"心疼呀!全新的,没用过多久呢!"白凤琴说。

改造前入户进行调查

温泉镇
城市化
之路纪实

温泉路45号院原为海淀供销社家属院,是温泉镇最早的商品房之一。1995年为解决职工住房问题,在此地建造了1号楼,后又陆续建造了2号楼和4号楼。这个小区目前共有372户995人,居民大多为海淀供销社退休职工。这是一个典型的老旧小区。供销社在院内设有一个房管办负责收取水费、电费等,负责人郑贵元师傅介绍说:"我们并非正规物业,人员少,资金不足,我们房管办仅能处理小区里的一些简单问题,遇到建筑垃圾、堆物堆料、绿化等问题还需要有关单位帮助解决。"

为深入推进老旧小区综合整治工作,不断提升城市治理水平,改善人居环境,加快建设国际一流的和谐宜居之都,北京市政府颁布了《老旧小区综合整治工作方案(2018—2020年)》,方案要求坚持以人民为中心,按照自下而上、理顺机制、强化服务、标本兼治、完善治理的原则,健全完善老旧小区的各类配套设施,补齐短板,优化功能,提升环境,解决好群众最关心、最直接、最现实的问题,实现法治、精治、共治,努力把老旧小区打造成居住舒适、生活便利、整洁有序、环境优美、邻里和谐、守望相助的美丽家园,不断增强居民的获得感、幸福感和安全感。在该方案的指导下,温泉路45号院被列为2019年度老旧小区综合整治的范围。

"打两三年前就开始听说要给我们改造,2019年终于有了准信儿要开始动工了!"来自45号院的老住户杨阿姨非常感叹。"我是先看见的通知,后来小区又开了居民代表会,征求了我们的意见,还入户查看了情况。我们这小区真是有年头了,水管什么的都老化了,这次能彻底改造一下我太高兴了!"

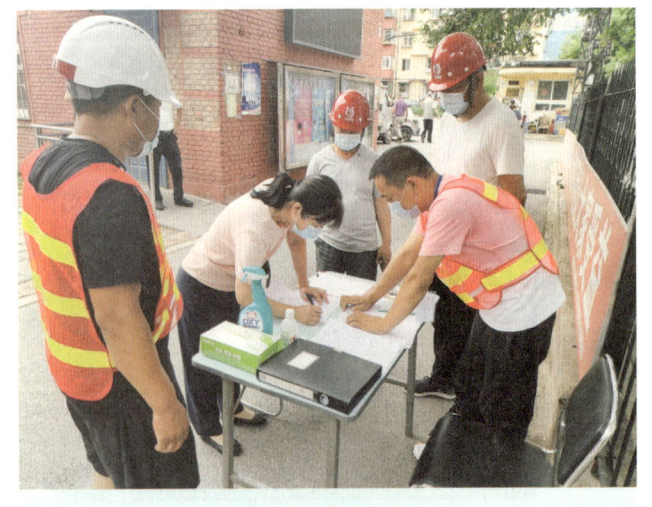

改造前广泛征求意见

改造工作正式开展前，温泉镇政府城建科会同社区居委会以问卷调查、居民代表会议、问访等方式开展居民意见征求工作。同时，对小区内整治改造施工现场开展安全大检查，认真分析老旧小区整治改造施工过程中存在的安全问题，逐一排查各类安全隐患。

温泉路 45 号院改造前的大门

"最初城建科做入户调查的时候，我就一直强调，一定要给每个楼道安一个自来水截门。"45 号院房管办负责人郑贵元说，"我们维修这么多年，太明白了。原来整栋楼只有一个截门。一家维修整栋楼停水！因为 5 个门洞连着，

温泉路 45 号院改造后的大门

维修的时候，放水要放半天，费劲不说，还耽误其他几十户人的正常生活用水。"

本次改造涉及温泉路 45 号院 1 号、2 号、4 号 3 栋 6 层单元式住宅，共 28 个单元、348 户居民，改造总面积为 26 467.59 平方米。温泉镇城建科从楼本体的结构、屋面现状、楼内管道情况、室外管线情况、公共区域部分等方面进行排查、摸底，从物业单位和社区居委会了解迫切需要改造的方面，通过走访居民了解群众最关心的方面，根据改造菜单把小区及居民迫切需求改造的部分纳入初步设计范围。

经过前期走访调研，最终确定此次老旧小区改造内容主要包括：楼本体外墙面增设保温层及装饰涂料，屋面增设保温及防水；外窗更换为中空双玻塑钢平开窗；空调室外机规

温泉镇城市化之路纪实

改造前的温泉路 45 号院 1 号楼

改造后的温泉路 45 号院 1 号楼

整并增设冷凝水管;粉刷楼梯间;厨房、卫生间上下水管道更换及室外路面翻新;公共卫生间外墙粉刷;绿化补植、围墙粉刷、预留弱电管线、飞线入地、路灯系统补充完善等。项目批复概算总投资 2 626.02 万元。

2020 年 11 月,焕然一新的温泉路 45 号院重装登场。崭新的楼道窗户、空调护网;重新布局的绿化带、停车位;粉刷一新的楼道……更重要的是住家内部的变化。

趁着这次改造,住在一层的白凤琴家终于彻底解决了下水的问题。"你们看,现在的厕所、厨房冲水麻利着呢。"为了让我们看效果,她特意给我们逐一演示了一遍。"真的是解决了我们的大麻烦,我们再也不用担心了。"最大的下水困扰解决了,政府还帮他们把地面和墙面进行了恢复。这次改造后,白凤琴下了"狠心",又把家里重新装修了一遍。"新的瓷砖、新的橱柜。您看看客厅里的木地板,配这套实木家具……"持家有道,白凤琴把家里装饰一新。

郑贵元师傅的建议也落实了,现在每个门洞都安装了自来水截门,"这下维修就方便多了。放水少,影响的住户少。我们维修时间也更宽裕了。"

白凤琴至今还记得工作人员入户登记时的艰辛,"由于上下水改造涉及一个楼道两边各6户人家,只有一边1至6层6家都同意才能施工。我们当时也十分担心楼上的邻居不同意,毕竟有的邻居是刚装修的。"白凤琴说,"镇里、社区工作人员苦口婆心一家一家做工作,好在我们单元邻里都能顾全大局,最终我们的居住环境才得到了改善。真的很感谢大家!"

为巩固老旧小区综合改造成果,全面改善居住环境并提高居民生活质量,温泉镇城建科、居民科协同产权单位及社区居委会坚持改造与管理同步实施的原则,建立起长效管理机制。"质保期"前后分别由施工方及产权方进行日常运维,全方位服务社区居民进行日常运维,实现社区治理模式的全面升级。

温泉镇老旧小区环境治理"八步走"

近年来,在海淀区建委等相关部门的统一部署下,温泉镇协同老年医院完成老年医院小区7栋住宅楼的改造,涉及建筑面积10 395.6平方米,其中整楼拆除改建1 300平方米,并同步实施配套工程含市政改造610米、道路翻修1 880平方米、景观绿化800平方米。

完成市卫生局党校、区属钢管厂家属区等3栋楼的综合整治工作,改造整治面积约4 100平方米,其中同步实施配套工程含市政管网改造5 370米、道路改造4 225平方米、景观绿化1 750平方米、围墙改造2 103平方米,拆除违建2 528平方米。

老旧小区改造是一项系统工程,涉及的工作千头万绪,温泉镇大致采取八步走的模式。

第一步：确定整治范围及项目实施主体

按照《海淀区2018—2020年老旧小区综合整治实施方案》要求，整治范围为市、区产权既有居住建筑所在的老旧小区，1990年以前建成的、尚未完成抗震节能改造的小区；1990年以后建成的、住宅楼房性能或效果未达到国家节能50%标准的小区。按照组织该项目实施需要确定实施主体的要求，依据区住房城乡建设委联合相关单位对实施主体进行统一招标并建立名录库，通过比选确定项目的实施主体。

第二步：召开启动会

为使项目尽快推进，过程中各参与方紧密协调，温泉镇组织召开项目启动会，改造小区的社区、产权、物业单位及镇相关部门参加，各参与方就改造项目所负责的方面进行阐述，并提出相关要求，为项目后续的开展奠定了基础，建立了沟通机制。

第三步：进行初步设计并进行设计方案沟通

小区改造的内容全、工序多，涉及楼本体及室外环境综合整治改造。实施主体单位安排技术人员就改造内容对小区楼本体的结构、屋面现状、楼内管道情况、室外管线情况、公共区域部分等方面进行排查、摸底。根据改造菜单把小区迫切需要改造、居民迫切需求改造的部分纳入改造范围。以初步设计方案为基准，对小区物业、社区、产权单位进行沟通，对居民进行摸底，根据收集的意见进行调整、修改方案，使方案达到最优。

第四步：改造方案宣传、摸底

为让小区居民提前了解改造内容，在实施改造期间充分参与、配合好改造，小区的改造宣传工作非常重要。首先由实施主体在小区悬挂硬质改造标语横幅，营造改造气氛；其次在小区明显位置摆放硬质宣传展板，主要就楼体外观、上下水改造、室外道路等工序的改造前后效果，用照片的形式更直观地进行宣传。提前制作好民意调查表，就主要改造的内容进行意向调查，让居民留下改造的建议和意见，以便在后期施工阶段更贴近民意。

第五步：建立长效管理机制

根据《关于建立我市实施综合改造老旧小区物业管理长效机制的指导意见》的文件要求，为巩固老旧小区综合改造成果，改善居住环境，提高居民生活质量，建立老旧小区物业管理体系，坚持改造与管理同步实施的原则。要建立长效管理机制，签订后期管理协议。为保证小区改造完成后能保持和巩固整治成果，改造"维保期"结束后小区一直能有序管理，项目正式实施前要与后期管理单位完成协议签订。

第六步：与产权单位沟通改造内容部分工序出资情况

按照相关文件要求，改造的部分工序需要产权单位进行出资，比如室外雨、污水、热力等管线的改造。就此项工作，实施主体需要和产权单位进行详细沟通，争取最后改造的全面性。

第七步：上报项目申请

根据初步设计方案及初步概算，编制"项目申请书"，上报区发改委。

第八步：进入施工周期

项目获得区发改委批复之后，施工单位进场施工。完成楼本体改造内容、小区室外环境综合整治内容。完成工程的扫尾及竣工验收工作，办理移交工作。

温泉镇城市化之路纪实

莫道桑榆晚　人间重晚晴

温泉体育中心

白凤琴今年64岁。2001年，她家从山前的蓝靛厂搬到温泉镇。"那时候，这边只有两路公交车。小区外面还是土路。"退了休的白凤琴喜欢锻炼，经常练习"抽陀螺"。"那时候小区也没有花园，就在土路边上抽。车来车往的，马路边上都是尘土。"白凤琴说，"现在好了，每天晚上吃完饭以后，我就去家门口的体育中心玩上一两个小时。那里环境好，锻炼的人多，我还认识了不少邻居呢！"

从白凤琴家步行到温泉体育中心只需要几分钟的时间。自从2012年夏天温泉体育中心投入使用以来，这里成为海淀北部地区唯一的一座大型现代化公益性体育场馆，也成为周边居民休闲娱乐的好场所。温泉体育中心项目是贯彻落实《北京市"十一五"时期体育发展规划》和实现《北京市海淀区"十一五"时期体育发展规划》，完善公益性体育设施的一项市级重大建设工程项目。在海淀区体育局的支持下，历时两年建设完成，总占地面积 45 601.87 平方米（约为 68.4 亩），共投资 4.59 亿元。体育中心主体是前后交错伫立的两座建筑，总建筑面积 32 460 平方米。其中地上 27 360 平方米，地下 5 100 平方米。

温泉体育中心场馆

温泉体育中心游泳健身馆面积 12 486.6 平方米，设有 50 米标准泳池、专业跳水训练池、儿童戏水池、健身房、瑜伽房等。球类综合馆面积 19 743.2 平方米，设有篮球馆、乒乓球馆、台球厅、网球馆、羽毛球馆，室外还设有网球场、篮球场、笼式足球场等。除标准先进的场馆设施外，温泉体育中心更是注重低碳、节能、环保的设计，多处采用节能环保材料和措施，如游泳馆的除湿余热回收系统、太阳能灯光照明、水源热泵、冰蓄冷等，都体现了国际领先的环保设计理念。

温泉体育中心正式投入使用后，承接了海淀北部地区许多免费公益性群众活动，例如：海淀老年体协软式网球培训，温泉镇献血活动，温泉镇、上庄镇残联的乒乓球赛，苏家坨镇篮球比赛等。每年寒暑假，温泉体育中心还为区体校的排球队、篮球队、柔道队、拳击队等竞技体育集训提供场地。

为全面响应以全民健身为主的工作理念，同时大力支持周边企事业单位的体育健身活动的开展，温泉体育中心实行低收费服务标准，积极支持航天 529 厂职工嘉年华、九州风神团建、联通公司篮球赛等活动。

> 温泉镇城市化之路纪实

海淀北部文化中心

2016年，一座现代化的综合文化中心在温泉镇拔地而起，这就是海淀北部文化中心。它南邻温泉路，西临白家疃路，东临杨家庄西路，北与温泉体育中心相临。

项目用地面积28 900平方米，总计建筑面积88 100平方米。作为政府重大的利民工程，当时海淀北部文化中心的设计目标为：形成海淀北部地区新地标；在文化馆、图书馆、档案馆和温泉文化中心闭馆后，仍有公共空间为市民所使用；构建服务周边40万居民的绿色三星示范建筑。最终，THAD清华大学建筑设计研究院本着"四馆连通 四位一体"的设计理念，完成了海淀北部文化中心的设计工作。4个场馆通过5层通高的阳光共享大厅互相连通，在4个方向均对外开放，在四馆关闭时仍能供市民使用；另外，各馆设有独立的出入口以分别管理。

海淀北部文化中心的造型酷似战国至魏晋时代的书写材料——"竹简"，建筑上部的粗细条带的花岗岩石材韵律，与建筑下部的连续玻璃体斜向动态地穿插在一起，既传达图书馆及文化建筑的内在含义，又具有活跃的现代感受。竖向的粗细条带以钢琴的黑白"琴键"的概念隐喻了文化馆的要素。

海淀北部文化中心是海淀区政府投资、全公益性的群众文化活动场所，面向社会免费提供基本的公共文化服务。它是海淀建区以来第一个完备的大型现代公共文化设施，填补了海淀北部地区缺少大型公共文化设施的空白，实现了海淀区文化设施的南北均衡。

海淀北部文化中心

海淀北部文化中心由文化馆、图书馆、档案馆和温泉中心4部分组成，二层共享大厅开辟了2 700平方米用于海淀通史展。

海淀区文化馆（北馆）即北部文化中心文化馆，是海淀区政府为进一步丰富海淀区特别是北部地区的公共文化服务供给，提高公共文化服务效能，实现从"办文化"到"管文化"的转变先例，带动了公共文化服务提供主体和提供方式的多元化。海淀区文委通过政府购买服务的方式，使北部文化馆开始了新的运营模式。文化馆有小剧场、多功能展厅、非遗展厅、1 000平方米的舞蹈排练厅及各类功能教室。

海淀区图书馆（北馆）即海淀区北部文化中心图书馆，总体面积2.9万平方米，分为地上5层，地下1层，设计馆藏量为80万册，阅览坐席1 200张。

海淀区档案馆北馆位于北部文化中心C座，建筑面积27 280平方米，共8层，其中地上6层，地下两层，档案库房面积可满足未来30年进馆档案的需求，可容纳馆藏档案200余万卷(件)。作为海淀北部文化中心的一部分，海淀区档案馆北馆的落成标志着海淀档案服务利用"一馆两址"局面打开，也标志着海淀档案事业迈上了新台阶。

温泉中心位于海淀北部文化中心的东北角，主要由超市、商场和电影院

> 组成，电影院共设有6个大小不同的影厅，最大的影厅可容纳观众170余人。位于首层的麦当劳餐厅使用面积约331平方米，成为温泉镇域内首家麦当劳餐厅，为周边百姓提供服务。
>
> 海淀北部文化中心综合展厅主要举办海淀通史展。海淀通史展系统梳理了千百年来海淀发展的历史脉络，呈现了海淀丰富多彩的历史文化和海淀人民自强不息、勇于创新的奋斗历程与时代精神。

2016年7月，海淀北部文化中心文化馆和图书馆采用整体社会化管理运营的模式，实现了公共文化服务体系的跨越式发展。因为是完全公益的性质，周边老百姓在家门口就能看一出精彩的话剧演出，听一场生动的名家讲座，免费体验不同类型的文艺培训。周边的文艺团队也有了固定舒适的排练场所。文化中心每天从早9点至晚9点正常对外开放，全年无休，极大地满足了周边老年群体的精神文化需求，也提供给更多中青年和少年儿童享受免费文化服务的机会。

颐阳山水居的居民徐国良教授研究了一辈子数学，几年前，退了休的徐国良参加了星光艺术团，如今是团里男低音部部长。"退休前没有时间和条件发展这方面爱好，退休之后才迷上的。我就是喜欢唱，一开始是在'全民K歌'，后来，听说咱们这有合唱团，我就加入了。"徐国良说，"刚开始就在社区里面唱，条件比较差，没有钢琴，教室也比较小。后来北部文化中心建好了，文化馆还办了免费的声乐培训班，我就报名参加了。"在他看来，唱歌不仅愉悦身心，也能结交朋友，给他们的老年生活增添了无穷乐趣。"唱歌能传播正能量，还能弘扬中华文化，像我们唱的《没有共党就没有新中国》《让世界都赞美你》《小康路上》等，都是歌唱祖国、歌唱党、宣传脱贫致富奔小康的红色歌曲。像《水墨温泉》是专门歌颂温泉的原创歌曲。"

成立于2012年的星光艺术团是温泉地区规模较大的老年合唱团，目前有70多位老同志参加。谈到当年为了兴趣爱好颠沛流离的日子,74岁的团长王宝兴感慨地说:"镇文服中心和北部文化中心文化馆建成之后,我们再也不用发愁场地了,条件好,还免费。文化馆还给我们提供免费的专业指导。现在,我们不仅有机会参加镇里的比赛,还能参加市里甚至全国性的比赛。"原来,合唱队组建之初,因为场地的原因,老人们还自己掏钱租过房,因为扰民被投诉,只能四处"打游击"。

"我们团一周在文化馆活动一次,在文服中心活动一次。我自己一周还要抽半天时间到文化馆学萨克斯,回家还得练合唱和萨克斯的歌篇——几乎天天跟音乐打交道了。"徐国良老师说。

"那就没时间跟数学打交道了?"我们哈哈一笑。

"退休后全部精力搞声乐了。音乐和数学差得挺远的,但都是理性的。刚开始学简谱,现在为了学萨克斯学了五线谱。对毕生搞数学的我来说,这虽然是完全陌生的领域,但我

海淀区文化馆(北馆)举办"送福到家"活动

温泉镇城市化之路纪实

海淀区文化馆（北馆）日常活动

一直坚持不懈，终于算是入门了。"他说。

王宝兴从2008年开始唱，一唱唱了13年。退休前，他是搞兽医的。退休后，他把全部精力都用在了自己热爱的合唱上。说起自己对声乐的爱好，王宝兴还记得自己刚记事那会，温泉地区刚刚解放，解放军驻扎于此，部队嘹亮的合唱深深吸引了当时年少的他。王宝兴的父亲、叔叔会弹三弦，唱大鼓，爷爷还会北方"莲花落"。从小耳濡目染的王宝兴虽然从事的是兽医工作，但当年在单位的时候，他也是文艺宣传的积极分子。退休之后，王宝兴全身心投入到自己当年的梦想之中。他一再说，他们的办团宗旨就是让他们这些老年人退休后老有所学，老有所用，老有所乐，"用我们的歌声来歌唱家乡，歌唱人民，歌唱共产党，歌唱伟大的祖国。"建团时，王宝兴有一个初步的规划：3年唱到海淀，5年唱到市里。"结果没用5年，我们不仅唱到市里了，还唱到了国家大剧院、中山音乐厅里了。"王宝兴自豪地说。

助力老人们实现心中的梦想，海淀北部文化中心文化馆功不可没。馆长岳昌涛介绍说，海淀北部文化中心文化馆是一个区级文化馆，服务不仅面向整个海淀区，还通过互联网覆盖了全国。"由于地处温泉，温泉当地的居民'近水楼台'能比较方便地享受我们的优质服务。"

岳昌涛馆长自海淀北部文化中心文化馆成立伊始便来这里工作，他是京城音乐圈具有一定影响力的文化活动策划人，曾参与过许多国家级、市级的大型文化活动。"温泉这边自古文化氛围就很浓厚，温泉人的素质也很高。"岳馆长说，"我们组织的一些无电声音乐会演出，在演出前，我们会为观众们'导赏'，就是面对面地引导观众保持观演过程中的注意事项，大家配合得都很好。"在海淀区文旅局的支持下，文化馆邀请了国家京剧院、北京京剧院、国家交响乐团、北京交响乐团、国家大剧院、解放军军乐团等顶级院团来温泉演出，以传统文化和高雅艺术引导百姓养成良好习惯，践行文明行为。"经过这些年的熏陶，温泉的观众们在许多方面都有越来越好的表现。更让我欣喜的是，现在观赏演出时，大多数观众都很自觉地把手机关机或者静音，几乎没有大声喧哗的。这就是一个地区文明文化素质提升的最直接的体现。"岳馆长是音乐人，讲到"觅知音""寻知音"，找到真正懂音乐、尊重音乐的人时，他的兴奋之情溢于言表。

钢琴房里，几位老奶奶正跟着老师一起弹琴，节拍器哒哒哒、哒哒哒地律动着；声乐教室里，戏曲队的爷爷奶奶唱起了越剧，"我家有个小九妹，聪明伶俐人钦佩，描龙绣凤称能手，琴棋书画件件会……"；舞蹈教室里，一哒哒、

海淀区文化馆（北馆）日常活动

二哒哒……温泉镇艺馨艺术团的阿姨们正在压腿。

艺馨艺术团成立于2019年，目前共有团员28人，平均年龄在62岁。"我们大家在一起，就是要让退休生活过得更好，夕阳更红。"团长刘翠荣介绍说。在北部文化中心落成之前，爱好舞蹈的她和姐妹们只能在公园排练。冬天冷、夏天热，没有钢琴，也没有练功压腿的设施，条件十分艰苦。"文化馆的落成让我们的排练有了正规的场地，窗明几净，环境美。这里提供的乐器培训、朗诵培训等公益活动大大丰富了我们的退休生活，我们都一节课不落的在学习。"

这些年，文化馆的三楼和四楼一直坚持免费向群众文化团体开放。他们通过预约，就可以很方便地享受这些公共服务。文化馆还安排了专业的指导，免费教授各种乐器。"有好的机会，我们会把他们推荐到更广阔的舞台去展现各自的风采。"岳馆长说。

交响乐演出

海淀北部书香飘

走进海淀北部文化中心的海淀区图书馆（北馆），2.9万平方米的馆舍分为地上5层，地下1层，目前图书馆一期面向读者开放了3层，设有图书阅览区、电子阅览区、报刊阅览区、无障碍阅读区、展览展示区、主题阅览区、自助借还区等不同类型的区域。目前馆藏图书近40万册，每天吸引着一千多名读者到馆。满眼望去，数百个座位座无虚席，读者或聚精会神地阅读，或在笔记本电脑上敲键疾书。

在一楼总服务台，读者可以在这里办理全市通用的读者证，可以咨询问题、反馈意见等。图书馆在醒目的地方放置了多台自助借还机和图书消毒机，先进的RFID技术、国际标准的编目规范和先进的图书馆管理系统是图书馆自动化的重要标志，它操作简单，易于使用，很受读者欢迎。

正值暑期，在一楼的少儿图书阅览区，不少"小书虫"正安静有序地进行学习和阅读着；也有活泼好动的学龄前儿童在家长的陪伴下读绘本，讲故事。每周，少儿馆还针对不同年龄层的小读者们推荐主题图书，举办丰富多彩的文化活动，如志愿者培训、手工制作、主题展览等。

二层的哲社、自科类图书阅览区分为主题阅读区、休闲阅读区、艺术专区以及无障碍阅读区等。整齐有序的图书、高低错落的书架、点缀其中的艺术小品，让读者身临其境，在阅读之余多了一份温馨和惬意。

三层为文学类及工业技术类图书和报刊阅览区。值得一提的是，这里还设置了展览区。整齐排列的展柜，不断变换着精彩的展品。当天，这里展出的是读者捐赠的《大家都可以画的中国绘画史》系列图书，吸引了不少热爱绘画的中老年读者前来观赏临摹。不仅如此，在报刊区域，海图北馆还专门为前来阅读报纸和杂志的老年人设置了智慧保健站，提供免费的血压仪和身高体重仪。临窗的休闲阅读区最受年轻人欢迎，坐在吧椅上，读书休息之余，还可以欣赏窗外的美景。抬眼望去，白家疃三炷香山山峦起伏，满山翠绿，传说中的曹雪芹小道就穿插在这崎岖的山路上。

海图北馆阅读区

2017年7月10日，是图书馆第一天开馆的日子，这一天前来办理借阅卡的读者高达6 000多人。如今，随着海图北馆阅读环境和服务水平的不断提升，基础设施的不断完善，活动内容和形式的不断丰富，吸引了更多周边百姓到馆体验、阅读。截至2021年3月，海淀区图书馆（北馆）共办理"一卡通"读者证4.33万张，到馆读者350.45万人次，图书借阅量335.03万册次,共举办各类读者活动2 058场,活动受众人数255.86万人次;接待全国各地前来参观交流的单位246批次,6 163人次。

自图书馆开放以来,有效填补了中关村科学城北区大型公共文化设施的空白,极大丰富了北部地区公共文化服务供给。通过走出去把服务延伸到学区、军营、社区、园区,图书馆探讨出了与四区融合服务的新模式。通过聘请社会各界人士担任"阅读推广大使",引领读者阅读,进一步推动了周边地区的阅读推广活动。

海图北馆日常活动

2020年新冠肺炎疫情暴发之后,为满足读者的阅读需求,海图北馆又积极开辟和推进线上服务。以"深挖北部资源,展现地方特色"作为发展定位,通过深挖海淀北部地区的资源,加强与区内各单位间的交流合作,搭建文化信息互通分享平台,创新优质信息产品与信息服务模式,共同营造书香海北、文化海北、科技海北和创新海北。通过立足海淀北部、服务周边的特色服务,得到了社会各界的高度认可,分别荣获海淀区温泉镇政府、苏家坨镇政府2018年、2019年度"助力教育改革奖",海淀山后网"2018年度网友最喜爱的休闲空间"。瑞赢智学少年读书会、温泉镇残联温馨家园、海淀区台头小学等单位也与图书馆建立了密切的合作关系。

"现在正是暑期,我们严格按照疫情防控要求,从预约进馆,错峰限流,到只借不阅,严格把控到馆人数，每天仍有近千人次来馆借书，其中绝大多数是周边社区的读者。"副馆长金春爽介绍说。

为了构建具有海淀北部特色的资源体系，满足海淀北部读者对专业性知识的强烈需求，海图北馆于2018年充分利用现有资源与条件，在馆内推出了参考咨询服务，开始为读者提供专题参考咨询和数字资源推广服务。2020年，海图北馆还特别聘请了原首都师范大学图书馆馆长、中国图书馆学会副理事长胡越先生担任海图北馆执行馆长，直接负责图书馆的运营管理工作。

胡越与海图北馆的结缘要追溯到2019年。当年，为进一步提升海图北馆的服务水平，图书馆特别聘请了图书馆行业资深专家倪晓健、胡越、陈进组建了海图北馆的专家团队，为图书馆的"十四五"建设和发展建言献策，为图书馆的专业干部队伍建设开展培训并提出专业指导意见。当被问及为什么从大学图书馆来到公共图书馆的原因时，胡越说道："我之前从事高校图书馆管理工作，主要服务于教学科研，服务的读者以师生为主。我对图书馆事业有着几十年的情结，由于长期在全国和北京市从事图书馆学会工作，也接触到过各类型的图书馆，但从来没有在公共图书馆工作的经历，这可能也是我从事图书馆工作的一个遗憾吧！恰好有这样的机会，于是我来到这里，在公共图书馆的运营服务上继续发挥自己的余热。公共图书馆所服务的群体更为多样，他们所关注的内容，他们的兴趣点、爱好和阅读习惯更为广泛，运营的难度其实更大。所以如何吸引更多的读者，让他们爱上阅读，成为建设'书香北京'、学习型社会的重要一环，这也是我一直在尝试的一项课题。"

来到温泉，让胡馆长印象最深刻的就是这里浓厚的文化氛围。"温泉自古以来就人才辈出，文化、历史底蕴深厚，革命战争年代还涌现了一批像周时这样的英雄人物。海图北馆就是瞄准包括温泉镇在内的山后四镇的历史、文化，广泛搜集北部四镇，包括中关村西区各科技园区的历史、人物、活动和文化物品，搜集图书、期刊、非正式出版物、非物质文化遗产等地方文献资料，并对资料进行收录，逐步形成具有海淀北部特色的馆藏资源，'海北文库'成为居住在这片土地上百姓世代传承的'海北记忆'。"胡馆长满怀深情地说。

读者冯全居住在凯盛家园，从事金融行业。从小就爱读书的他因为不用坐班，所以只要有时间就会跑到图书馆来看书。"这里环境还挺好的，周末基本都会带着家人、孩子来这里看书。"海图北馆的新书比较多，经济类图书也很全，为冯全的"职场充电"提供了十分好的资源。他喜欢静，每次看到一排排码放整齐的图书，莫名的喜悦便油然而生。

海图北馆在持续推进流动书车、服务站的基础上，进一步提出开放办馆、延伸服务、拓展资源、合作共享的方针，先后与温泉镇、中国航天五院图书馆、军盾学院、中华文化促进会、温苏学区等单位建立了合作共建关系，探讨建立服务园区、社区、营区、学区的新模式，不仅把海图北馆的服务延伸到了四区，还通过海图北馆的平台，连通了各方资源。

2020年5月，海图北馆与温泉镇达成了广泛的合作意向，双方就合作开发地方特色资源、共建学习读书会、合作举办文化展览等各项活动达成共识，"温泉镇大型抗疫展览"已在线上展出，"马克思主义读书会"已在积极筹备中。2020年9月10日，海图北馆在"温泉苏家坨地区第五届教育大会暨教师节表彰大会"上被温泉镇人民政府、苏家坨镇人民政府、温泉苏家坨学区委员会以及学区管理中心联合颁发授予"助力教育改革奖"的荣誉称号！

结束一天的采访，不觉天色已

温泉镇主要商业区

晚。街的对面,天兰商业中心霓虹闪烁,海淀北部文化中心这边各种卖场、餐饮还有电影城的灯箱也已点亮。暮色中,带着乐器、拉着音箱的老人们纷纷汇集到周边休闲区域,刚下班的年轻情侣依偎着走进电影院。

温泉中心里有物美超市、耀莱影院,还有温泉镇的首家麦当劳。天兰商业中心日用百货、服装、餐饮等样样齐全,温泉镇首家必胜客、肯德基……昔日的航材商店已难寻觅,今天不管身处温泉哪个角落,大家都可以随意选择一尝人间烟火,纵享现代化城市生活带来的便捷与舒适。

扫码观看
精彩视频

篇章九

美丽乡村共创建：公共服务一体化

温泉镇城市化之路纪实

3月初，春寒料峭之际，我们来到温泉镇白家疃村郭凤霞的家，屋子里暖意浓浓。郭凤霞爱收拾家里，里外4间房子被收拾得干干净净。她爱绿色，虽然冬天还没过去，家里暖气管的花架上，悉心打理的绿植还冒出了花骨朵，给冬日里的北方增添了几抹盎然的春意。

另一头，老街坊闫玉荣回忆起当年冬天家里的"艰辛"。"一个冬天4车煤，8吨重，8 000多块钱。"往事浮上心头，"就把煤堆在院门口的墙根。要用的时候，再敲碎了拿进家。从头生炉子可费劲了，得一个多小时。"

对于采暖，村民们有说不完的话。

"拉进几车煤，还得想办法找人拉走几吨灰……"

"炉子烧起来，煤灰到处飘……生炉子的时候，都得捂严实喽！"

"冬天出不了远门。炉子要是灭了，家里东西就冻坏了！"……

不过，如今这些都成了尘封的往事，留存在了村民们的集体记忆中。2016年8月中旬，温泉镇全面启动温泉村"煤改电"工作，共为733户住户安装环保自采暖设备；2017年11月15日起，白家疃村1 220户村民，还有白家疃社区、温泉社区、杨庄社区部分居民，也都用上了新型自采暖设备。至此，温泉镇彻底告别了燃煤取暖时代。温泉村村委会工作人员说："原来供暖季最头疼的就是煤渣破坏环境，三轮车每天得清十几趟。"如今抬头看，村子的天都变蓝了。闫玉荣说："原来一个采暖季得花8 000多元，还受累。'煤改电'后花费基本差不多，但轻省了很多，还干净。"郭凤霞家原本只有卧室有暖气，"煤改电"后，厨房、厕所全部装上了暖气。"5 000多（电费），跟用煤时差不多。不过，用电就不用担心炉子和中煤气了。"

2016年采暖季每天21:00至次日6:00，2017年以后的采暖季每天20:00至次日8:00，一度电计价是3毛钱，经过市区两级政府专项财政补贴，村民实际每度电只需自付1毛钱。"方便、干净、实惠"，提起"煤改电"的种种好处，村民们有说不完的话。

美丽乡村共创建：公共服务一体化

温泉村煤改电项目

温泉镇
城市化
之路纪实

城市化进程中的公共服务之困

经过改革开放 40 年的超高速发展之后，海淀区已经从传统北京市三大近郊跃升成为首都核心区。科技引领、人才密集、产业齐备……随着城市功能和结构的不断变迁，海淀踌躇满志，要继续领风气之先，探索发展"新型城市形态"。什么是"新型城市形态"呢？这是一种全新的发展理念，一种新的文明形态。海淀区委十二届七次全会指出，构建新型城市形态，是海淀解决发展中存在的不平衡不充分问题和科技园区与城市发展"两张皮"问题的迫切需要。海淀发展中不平衡不充分问题，集中体现在城市化进程中的城乡统筹问题上。

在 2016 年整建制转居前，白家疃村方圆 8.9 平方公里的地界上住着 3 种身份的人：农民、居民和流动人口。农民是村里的主体，居民是通过考学、工作等方式实现"农转居"的群体，而流动人口则是来北京找机会，奔着村子房租便宜的"北漂"群体。简单说，当时的白家疃村属于典型的"村居混合"形态，"住民身份多元"并且"居住空间分散"。住民身份按照是否具有北京户口可分为户籍人口与外来人口两大类，其中，户籍人口又可分为原住居民与非原住居民。整建制转居之后，原住居民已基本完成由"农民"向"市民"身份的转变，同时在人口结构上外来流动人口占比几近过半。在居住空间上，村里仍然保留着传统农村"院落式"分散居住的形态，流动人口主要以租住的方式居于村中。

当时的白家疃村中，村民、居民和流动人口3种类型的人混居在一起，难分彼此，停车、卫生、路灯照明、道路建设、饮水安全、污水处理和厕所改造等基础设施公共服务项目根本没法做到条块清晰。因此，承担公共服务职能的重担只能由村委会接过。在温泉镇，跟白家疃村情况类似的，还有温泉村。随着城镇化的不断推进，两村相继纳入城市发展轨道，2012年两村村民"农转居"后，公共卫生、社会保障、教育、文化体育等基本公共服务也相继纳入了政府财政支持范围，然而，有关发展型公共服务，如环境卫生、基础设施维护、社会治安，还没有完全实现政府财政兜底，仍主要由村集体承担，政府给予一定的补助这样的形式来维持，这3项公共服务成为白家疃村和温泉村公共服务发展的短板。

十九大报告指出，要"完善公共服务体系，保障群众基本生活，不断满足人民日益增长的美好生活需要，不断促进社会公平正义，形成有效的社会治理、良好的社会秩序，使人民获得感、幸福感、安全感更加充实、更有保障、更可持续。"实现基本公共服务均等化、推进村居公共服务一体化是实现社会公平的内在要求。

"要保证同一辖区内的居民同等享有一致的公共服务产品"——温泉镇此时面临的现实问题十分棘手：全镇农民整建制"农转居"后，由于客观因素限制，大部分居民已经"上楼"住进了现代化的小区，享有了跟城市小区一样的公共服务。但是，像温泉村与白家疃村因为仍是村居状态，人员构成相对复杂，还未能纳入城市化管理。但无论是本地居民还是外来居民，城市居民还是农村居民，享有基本公共服务是应有的权利，都应该得到保护和满足。

随着国家、北京市以及海淀区对新农村建设的关注和投入，上级单位对农村的建设寄于厚望：农村人居环境整治、美丽乡村建设、北京市新农村"五项"基础设施建设规划（道路建设、饮水安全、污水处理、垃圾处理和厕所改造）、"清脏、治乱、增绿、控污、拆违"等重点工作任务，实现村庄"干净、整洁、有序、安全"——"干干净净迎小康"；水冲式公厕提升，大力推进"一户多厕"；完善垃圾分类投放、分类收集、分类运输治理体系，开展垃圾分类示范片区、示范村创建工作；沟道、坑塘、马路边沟、公园池塘等小微水体，基本实现"无垃圾渣土、无集中漂浮物、无污水排入、无臭味、无违法建设"的"五无"目标；加大对违法建设的整治力度，狠抓源头治理，确保实现新生违法建设"零增长"，实现既有侵街占道私搭乱建清零；加大执法力度，坚决杜绝村内小广告、乱挂乱画、乱堆乱放、破旧牌匾、秸秆焚烧等顽疾固症；加大出租房屋、外来人口管理力度，依法合理规范出租条件，加强日常监管，引导外来人员形成爱护环境的行为自觉……海淀区提出美丽乡村工程建设"要融入科技、安全、智慧等要素，努力形成田园山水美丽乡村与国际特色创新街区交相辉映的城市新格局"。新居民们也对更美好的生活充满了期待。

2012年，海淀区开始创建文明城区，特别对城市管理、环境优化、民生工程和维稳工作提出了要求。"创文"的规划里强调了城乡一体化。2012年开始的公共服务建设综合表现为客观要求服务常态化、城乡建设均衡一体化。而对于温泉镇各村来说，人口居民化、宅基地腾退、暴雨突发事件等都对村集体的公共服务带来了较大压力。对此，白家疃村和温泉村试图通过增加村集体经济投入和寻求上级政府以及相关部门支持两条路径解决和改善公共服务紧张的局面。公共服务需求和建设要求日益增多增重，村集体提供公共服务的压力极大增加，主要依靠村集体经济支撑的公共服务建设路径已经出现较为严重的资源紧张状况。

从2013年开始，两村的公共服务新旧问题交替出现。居住人口不断增加，原有的公共服务供给达到饱和；以往没有彻底根除的老问题仍不断涌现，海淀区创建文明城区又提出新的要求……白家疃村和温泉村竭力在集体经济发展基础上，适应服务常态化、多样化、精细化的要求，扩大公共服务职能。根据两村村委会工作报告，公共服务已经成为村委会工作中相对独立的领域，主要体现在综合治安管理、环境建设、民生工程和保障等方面。随着农转居的过渡，白家疃村和温泉村村委会和居委会并存，共同秉持着"为民服务"的理念。在城乡一体化的建设要求下，两村开始整合当地资源。人口已经大致完成居民化，但是在城乡一体化进程中相对滞后的是，公共服务经费投入仍主要由村集体承担，原有的公共服务问题仍亟待解决。

《国务院关于印发"十三五"推进基本公共服务均等化规划的通知》中列出了公共服务各项清单，这使得原本琐碎和零散的服务项目更加精细。白家疃村和温泉村加大了公共服务的力度，但是在公共服务扩大和精细化的客观要求下，公共服务供给压力更加明显。尽管两村按照海淀区创建文明城区的要求承担了公共服务并有效治理环境，但是公共服务的要求增加与现有资源有限的矛盾更

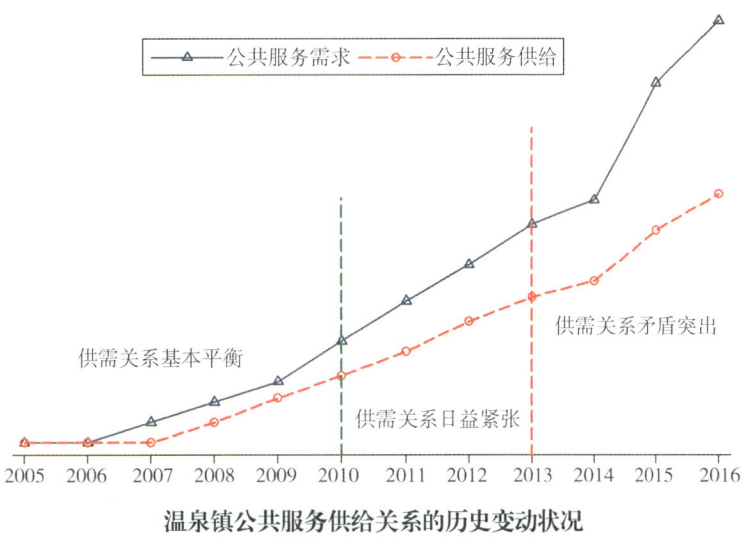

温泉镇公共服务供给关系的历史变动状况

白家疃社区服务站

加突出。在温泉镇党委政府的引领下，各村实施"煤改电"，组织拆违工作，实施对村卫生队的目标化管理等，公共服务朝着法制化、专业化不断迈进。温泉镇的公共服务建设虽然相较前几年更加精细，但面对均衡化、效率化和标准化的要求以及诸如需求增加、人口增加等结构约束，供需矛盾更加凸显。处于公共服务转型期的温泉镇，特别是面临发展瓶颈期的温泉村和白家疃村，现实矛盾亟待解决，公共服务建设水平亟待提升。

一个"无底洞" 大家都为难

随着城市化的不断推进，白家疃村和温泉村外来人口和非原住居民人数不断增多，公共服务经费来源未增，公共服务享有人数剧增，造成现行公共服务不仅要保证原有住民的基本需求，也要覆盖到人数庞大的其他住民群体；村民身份转制后，人员应纳入居委会管理，公共服务应纳入市政统一综合管理。但实际情况是，两村管理与服务费用仍主要由村集体承担，管理体制机制仍未理顺，进而使得身份与权利错位没有很好解决——简单来说，就是原本就已经捉襟见肘用来服务"村民"的钱，现在要照顾混居在一起的所有人——僧多了，粥就不够了。

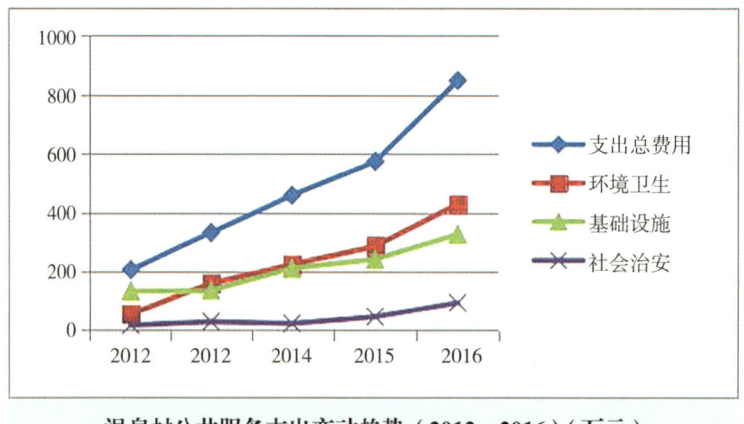

温泉村公共服务支出变动趋势（2012—2016）（万元）

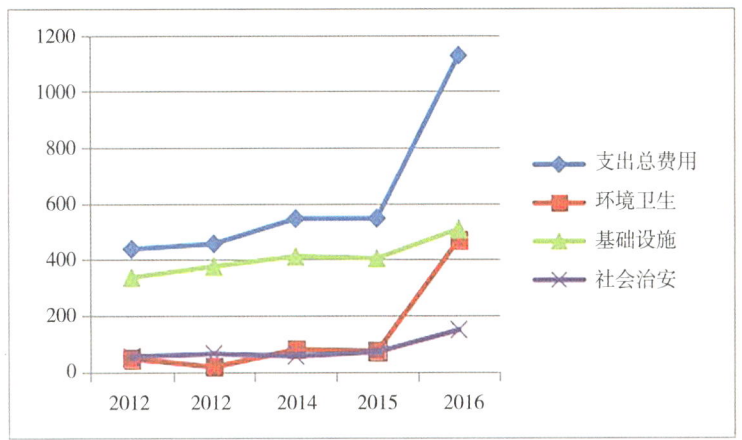

白家疃村公共服务支出变动趋势（2012—2016）（万元）

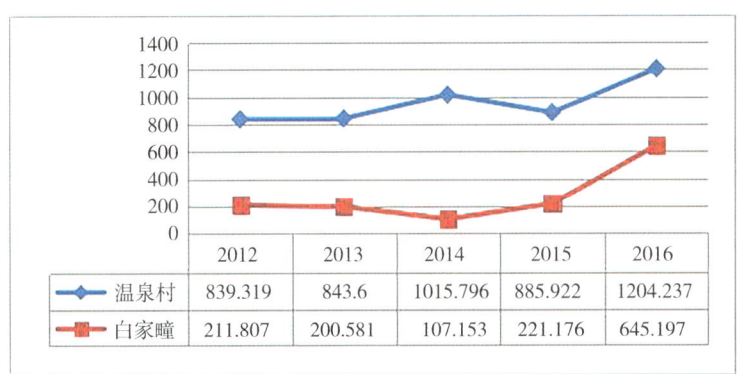

温泉村和白家疃村集体主要收入变动趋势（2012—2016）（万元）

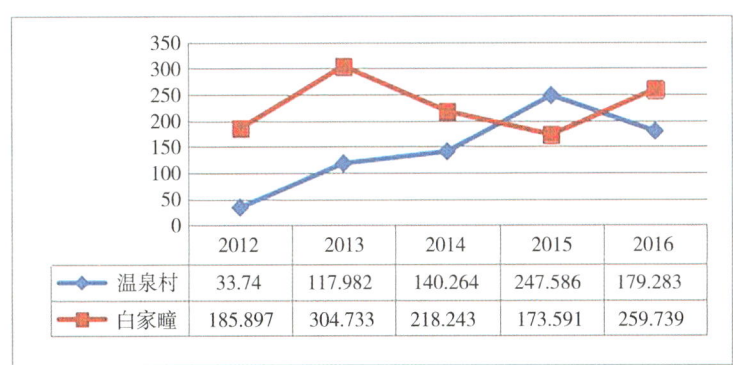

温泉村和白家疃村政府转移支付变动趋势（2012—2016）（万元）

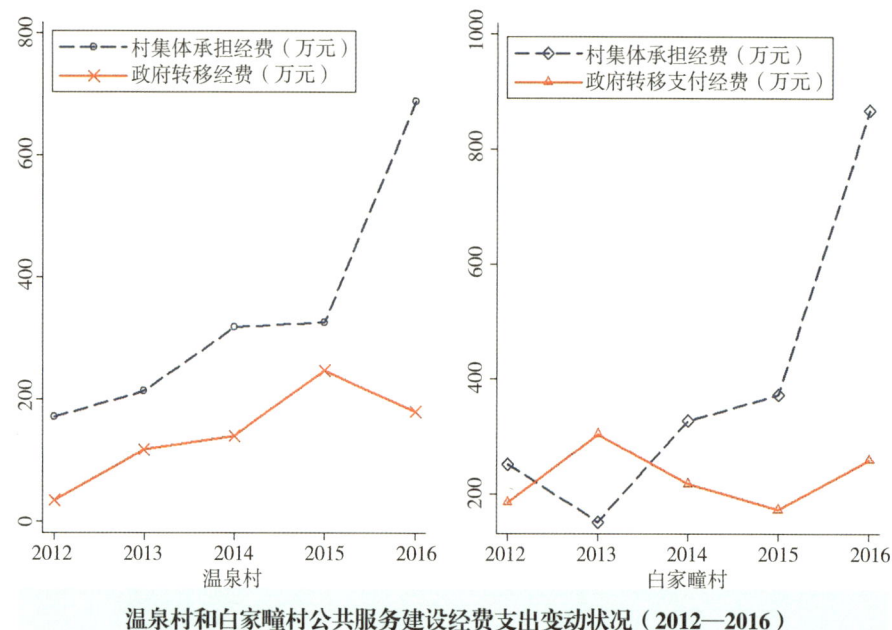

温泉村和白家疃村公共服务建设经费支出变动状况（2012—2016）

从汇总的数据不难看出，村委会承担的公共服务投入就像一个"无底洞""怎么都填不满"，每年"吃掉了"很大一部分的村集体收入。"每年的集体收入增收已经十分困难，投入大量的资金用于公共服务之后，村委会扩大集体经济发展的空间就很少了。"白家疃村党（总）支书记王博说。

白家疃村投入在环境卫生、社会治安、基础设施3项的费用2012年为437.805万元（当年村集体经济收入为211.807万元），2015年为546.223万元（当年村集体经济收入为221.176万元），2016年为1 127.311万元（当年村集体经济收入为645.197万元），公共服务投入年平均增长率为26.68%，尤其是2016年3项费用支出总额相对于2015年增加近1倍，同比增长率为106.38%。白家疃村公共服务支出增长趋势较为剧烈，2015年之前增长较为平缓，在2015年增长急剧增加，这与环境卫生费急剧增长有关；在3项公共服务支出中，基础设施维护费虽然增长较为平缓，但是其基数较大；环境卫生费急剧增长，且有超越基础设施维护费的趋势；社会综合治理费用也以一定比例在持续增长。

赚了 211 万却花了 437 万，赚 221 万花 546 万，赚 645 万花 1 127 万……"窟窿没有填满，反而越来越大"。自己不足，镇里来填。为了解决白家疃村和温泉村的难题，温泉镇政府想尽办法以专项补贴的形式进行转移支付。温泉镇的主要补贴项目包括基础设施管护费、公益事业补助基金、保洁人员工资一般转移支付和冬季环境整治专项资金。不过，这种补贴对于日益膨胀的公共服务需求来说也只能起到"治标"的作用，根本不是长久之计。

这头是人民群众生活质量提升，对美好生活的向往。那头却是村委会、镇政府"巧妇难为无米之炊"。公共服务成了大家都想做，却又都有心无力的改革攻坚之域。

温泉镇
城市化
之路纪实

一个"小目标" 牵动各部门

白家疃村街景

2014年,温泉镇东埠头村和太舟坞村的居民们高高兴兴地回迁入住水岸家园社区。28栋高楼拔地而起,车位整齐划一、社区景观错落有致、小区绿化风景宜人,商业配套、各类功能一应俱全。专业化、规范化的物业服务超出了"面朝黄土背朝天"的村民们的想象,干净、整洁、安全、周到……"报修一个电话""垃圾定时定点,专人来清理""楼道天天都要保洁"……

温泉镇党委政府领导班子调研水岸家园社区时,看着现代化的社区环境,心里却还惦记着白家疃村和温泉村——"要是白家疃村和温泉村的居民们也能享受到这样的服务该有多好！"——这时的镇党委政府领导班子就确立了"一个小目标"。

然而，要实现这个"小目标"却着实不易。有没有制度上的障碍，有没有操作上的困难，在实际中该怎么做呢……一系列的问题都浮上了水面。居民科、综治办、财政科、农经站……各个部门都被调动了起来。

为了实现这个小目标，首先要理顺的是镇政府的职能。这是明确思想，练好"内功"：镇政府应在组织动员、项目监管、资金扶助、政策制定中承担主导角色。针对当前两个村公共服务碎片化的治理情境，应提高镇政府的整合能力和水平，推进两个村公共服务的整体性治理。短期内要加大财政支持力度，打基础，补短板，同时也制定两个村公共服务建设中长期发展规划，以期实现可持续良性治理。这时，温泉镇党委政府把这个"小目标"叫做"公共服务一体化"，就是要探索在传统农村格局下如何实现城市公共服务覆盖。

两个村所有的村民都已经转居，既然是居民，按照城市居民管理办法，由市政提供基础设施建设服务、由政府财政支出进行公共服务投入，在政策上就是没有问题的。不论是户籍人口还是流动人口，"无差别"地提供公共服务，也符合国家政策。"解放"村委会、村集体经济的负担，也解决了"身份与权利错位"问题。经查，制度上没有障碍，确认。

以"政府买服务"方式解决物业管理问题，既提供了专业化的服务，又引入了社会竞争机制，有助于服务质量的不断提升。村委会"减负"，村民得"实惠"的好事，两个村自然不会有意见。不过，原本村委会以"解决就业方式"安置的工作人员，可能会面临分流的问题。这个问题也并非无解。跟物业公司协商解决用工问题，物业公司提供培训、员工能就近工作，应该也符合他们的利益。实在没法安排就业的，就政府兜底，提供社会保障。

物业公司的引入解决了环境卫生问题，部分承担基础设施建设和社会综合整治的职能。在此之外，白家疃村和温泉村的重大基础设施建设纳入温泉镇财政统筹解决，社会综合整治方面增加镇级职能部门对两村的管理力度。这样，环境卫生、社会治安综合治理、基础设施维护3个最主要的问题有望得到有效解决。

> 温泉镇城市化之路纪实

温泉村

所有的问题都集中到了一个——钱从哪里来呢?"咬着牙也要办!"在时任温泉镇党委书记方海强的眼里,"我们的初心就是要服务好大家,不能只算个经济账。"2017—2019年,温泉村和白家疃村的"公共服务一体化"全部由温泉镇财政资金支持。与此同时,温泉镇也积极向海淀区委区政府寻求帮助。"没想到,我们的想法跟区里的想法不谋而合。解决困扰城中村目前管理和公共服务方面的问题,也是区里当下工作的重点。"方海强书记说,"区里肯定了我们的想法,并决定在全区试点推广,2019年,区里将公共服务一体化服务内容和资金标准进行了细化和规范后,升格为'准物业化管理',将白家疃村和温泉村纳入'海淀区6个准物业化管理试点村',海淀区给予财政支持,其中纯公共产品由海淀区财政全额负担,准公共产品由区级财政负担70%,镇级财政负担30%。

所有的问题都迎刃而解,离"小目标"的实现又近了一步。接下来就是操作层面的考验了。

什么是准物业化管理中的纯公共产品和准公共产品?

根据《海淀区村庄准物业化管理试点工作方案》,准物业化管理内容分为纯公共产品和准公共产品两大类。

纯公共产品包括村庄公厕、街坊路、路灯、村邮站、治安岗亭维护和村庄治安巡逻、监视摄像头和监控室维护、消防设施维护、控违；准公共产品包括太阳能公共浴室、供水设施、排水设施、污水处理设施、垃圾运输车维护、垃圾分类设施维护、垃圾清运、村庄绿化养护。

纯公共产品管护政策资金由区财政全额承担；准公共产品管护政策资金由区财政承担70%，镇财政承担30%，运行养护管理资金严格执行专款专用。

温泉镇
城市化
之路纪实

综合整治"阵痛期"

"减负"村委会和村集体经济，制定当年规划，对接财政资金……以招投标方式引入物业公司、强化镇综治办实力整顿村容村貌……所有的事情都在有条不紊地进行着。只有真正深入基层，与普通村民们打过交道，才会体察基层工作之艰辛与不易。一方"净"土的背后，是无数基层工作者的默默付出。

要想建设美丽乡村，首先要解决的一个问题就是村庄的综合整治。自2017年开始，温泉镇围绕疏解整治工作搭建了一个"综合执法平台"，按照"清脏、治乱、增绿、控污、拆违"等重点工作进行联合执法。

温泉镇综治办相关负责人把这一时期（2017—2019年）叫作"阵痛期"。在这两年里，温泉镇集中开展了无证无照、散乱污企业、违规户外广告牌匾、侵街占道、私搭乱建等违法违规行为的集中清理整治。"群众不理解，百姓不配合！"综治办负责人无奈地说，"我们关停了无证经营的小吃店，村民们在现场就上来阻拦。'早上买个馒头，买点豆腐，都不知道上哪去了！'但是，我们走进这些小店的后厨，真的是脏乱差。在这么差的环境中做出来的东西，哪能吃呀！"在这个时期，不少黑心商贩利用村里比较隐蔽的特点，租住村民屋舍进行制假贩假，甚至还有倒腾假药、假农药的。综治办工作人员为了掌握线索和证据往往要连续蹲点好几天才能"重拳出手"。打击制假贩假是件好事，但是村民们却心生不满。原来，净化村里环境之后影响了村民们的出租收益。"温泉镇不做藏污纳垢自留地的决心是十分坚决的。"综治办负责人说。这些触犯法律行为的窝点被取缔，触碰了部分村民的利益，他们心里虽有怨言，但也不至于采取过激行为。

2019年7月中旬，温泉镇按照海淀区部署，启动农村人居环境整治"60天大会战"，白家疃村、温泉村共拆除私搭乱建353处，累计拆除面积12 174.3平方米；清理堆物堆料260余处，清运建筑垃圾渣土34 000余立方米。

经过这样一个阵痛期，如今的白家疃村和温泉村村容村貌有了很大的改观，商贩的经营行为也得到了有效规范。用温泉镇综治办负责人的话说，如今两个村的综合整治已经进入到了第二个阶段——"动态管理"阶段。在这一阶段，要确保实现新生违法建设"零增长"，加大出租房屋、外来人口管理力度，依法合理规范出租条件，加强日常监管。"如果说，阵痛期是攻坚，村民们还不怎么配合。那么，现在的动态管理期，村民们的意识已经得到了扭转，目前主要是日常工作为主了。"综治办负责人说，"和第一个阶段比起来，现在的工作相对容易了。"

如今的温泉镇村庄整治工作已经迈上了一个新的台阶，正在探索适应全面城市化的新阶段，建设城市管理联动联通机制、疏堵结合机制、社会化运作机制、智慧化管理"四大机制"，优化"大城管"工作体系，深入推动三级网格有效运行，深化文明城区长效机制建设，提升城市精细化管理水平。

温泉镇城市化之路纪实

村子里来了物业公司

"收厨余垃圾，收厨余垃圾……"远处扩音器的声音渐行渐近。快到中午时，郭凤霞家门口的小巷里开始热闹起来。"这是物业公司来收厨余垃圾了。"郭凤霞取出门口柜子里的积分印花，提溜上门口厨余垃圾篓里的垃圾，来到门口的"流动垃圾收集车"旁。她熟练地破袋入绿桶，把塑料袋和纸巾扔进黑桶。之后，她把积分卡递给垃圾分类2号车收集员任永才。收集员接过积分卡后，会在相应的日子下盖戳。"一天一朵花，积满这个月就可以去换礼物。有洗衣粉、肥皂，还有碗筷和其他纪念品，都是实用的东西。"郭凤霞说。

56岁的任永才就是白家疃的村民，现在负责白家疃村南至地震台、东至泄洪渠、西至村委会、北至主街的清扫和垃圾分类上门收取的工作。每天的8—11点、下午3—5点和傍晚6—7点，一天3次，他和同事们都要骑上装满分类垃圾桶的电动三轮，走街串巷，收取居民们家中的厨余垃圾。对于其他垃圾，则是随见随收。整个白家疃村共有大型垃圾收集车6辆，小型垃圾车30辆，回收人员80人。他们统一的橘色制服上写着"宏泉物业"。2020年6月开始，宏泉物业承接了白家疃村的物业服务，任永才就是北京宏泉物业管理有限公司的员工。任永才一直在白家疃村负责卫生工作，原先是由村委会聘用的临时工作人员。2020年，任永才跟宏泉物业签订了劳动合同。虽然工作内容没有改变，但是却成了公司的正式员工，收入提高的同时，还给上了社保。"物业公司吸纳了之前村里安置的服务人员，而且还解决了他们的身份问题，使他们有了稳定的社会保障。这是当年村里自己搞卫生时没办法提供的。"白家疃村党（总）支书记王博说。如今，宏泉物业成立白家疃村项目部，对白家疃村实施准物业化管理。"进了公司，人员管理也更加规范化。我们会有考勤、会有服务质量的跟踪，我们也会组织专业的培训。"宏泉物业白家疃项目部负责人崔绍志说。跟之前给村委会干相比，现在的工作强度更大，要求更严格，但任永才的心里还是很满意。

宏泉物业入驻白家疃村，提供的服务包括基础设施和公共服务设施维护、村庄保洁和村庄治安管理、消防设施维护和控违3个方面。经过近一年的运营，宏泉物业摸清了家底：白家疃村位于温泉镇中心地带，南至四季青香山，北至颐温路，西至温泉村，东至杨家庄，村域面积8.9平方公里，村内户数1 221户，村内西郊农场片区300余户，常住人口15 000余人。村内基础设施和公共服务设施主要包括：公厕4座；街坊路118 390.98平方米；太阳能路灯60盏；供水设施24 556米；排水设施30 890米；村邮站1座；街坊路绿化25 399.85平方米。治安及消防设施主要包括：治安岗亭8个；视频监控室1座；摄像头88个；微型消防站2座；消防栓10个。整个宏泉物业白家疃村项目部共配备专业人员313人。

与城市社区管理不同，村里在很多硬件设施上没有配套，只能由物业公司牵头组建专业抢修组来应对突发需求；为了做到有备无患，村里两座微型消防站的日常维护也由物业公司负责；村里的街道、建筑布局很难做到整齐划一，这就造成规范化服务处处有难题……在我们的采访中就发现，由于每一个小巷宽窄不一，因此，宏泉物业的垃圾分类收集车也形制各异……这些都无形之中增加了管理的难度和管理的成本，"（成本）要比规范的城市小区

洒水车作业

进行垃圾分类

高至少130%。"宏泉物业总经理何骏向我们介绍说。

就拿垃圾分类工作来说，推进初期，就算是城市居民对如何分类都犯迷糊，村民们就更难搞清哪类垃圾该投放到哪个垃圾桶了。"我们就和村委会、居委会一起坐下来想办法。"何骏说，"三家一起来分析垃圾分类工作的痛点与解决之道。村委会统一指挥，发动党员干部，通过大会小会，组织居民来学习。我们还走进学校，教孩子们如何正确分类，通过'小手拉大手'的方式，把正确的分类方式传递给村民们。"垃圾分类工作中，除了正确的分类投放外，集中回收也是重要的一环。可是，村里的居住环境比较分散，除了设置集中回收点外，如果没有更便利的方式，普通村民们很难配合。在白家疃村委会的支持下，宏泉物业采取上门回收的方式，定时走街串巷，方便村民们及时清理垃圾。回收员在垃圾桶旁的指导和监督，也能进一步普及垃圾分类的知识。提供了方便，接下来就是要发动大家参与垃圾分类的热情了——"集印花，换小礼物"的方式就推广开了。一年多下来，兑换礼物的月均参与达到了600余户。

"我们的经验就是，要和村委会、居委会做好无缝对接。"被问及村里准物业化管理的经验时，何骏向我们介绍，"村民们的诉求十分多元和复杂，要想服务好他们，就必须依靠村委会的组织和协调。像垃圾分类这样细致的工作仅靠物业公司一家家去对接居民，是很难做好的。在村子里，虽然有情况复杂的现实问题，但是，好在村委会很给力，村委会一发动，全村就都参与进来了。这点也是城市小区不具备，但是村里所具备的优势。"

何骏也是土生土长的温泉人，2019年回乡进入宏泉物业。他坦言，自从接手白家疃村的物业项目，自己每天都工作14个小时。而且由于疫情防控、垃圾分类等突发和重点推进工作,自己已经很久没有休周末了,整个宏泉物业白家疃村项目部的工作人员也都是连轴转。"在外人看来,物业工作十分琐碎,直接服务居民,即便120%的努力,依然会被人诟病。360行,为什么会选择做这一行呢?"我们问何骏。"2017年,咱们温泉镇开始推进回迁小区的物业化管理工作。当时,我就想着要回镇上,要让咱们的村民也享受到城市里优质的物业服务,改变一提起农村就感到脏乱差的印象……在不断的工作中,我的认识也在不断地提高。我们的温泉镇已经快速地进入了城市化轨道,对于白家疃村和温泉村这两个目前依然处于村居状态

宏泉物业工作人员在白家疃村口值守

的村子而言,我们现在除了提供物业服务之外,其实更是在帮居民们进行城市生活的前期适应。现在,他们的身份已经转变,终有一天他们要真正地融入城市生活中去,那么现在就要先适应城市的生活习惯。而适应城市生活,就是通过日常生活的点滴开始的。"

宏泉物业成立于2005年,是伴随着温泉镇城市化进程中首批腾退上楼的杨家庄应运而生的。当年成立的原因也很简单,很多物业公司一听说是回迁房、农村便望而却步,而宏泉物业由温泉人自己创办,扎根温泉,要服务乡里。如今,要在白家疃村和温泉村两个村实行"准物业化管理",这也是许多成熟的物业公司"不敢触碰"的"难题"。"宏泉物业没有后退的理由,只能迎难而上。因为这里是我们的家园。"何骏说。

也许有人会觉得宏泉物业"起点低",面向的都是回迁小区、农村农户,没有大型商业地产、豪华写字楼宇的管理经验,走的是一条"乡土路线"。然而,正是因为"环境十分恶劣"白手起家,宏泉物业不得不"苦练内功"做到"人无我有",凭借着这些优势,宏泉物业得以走出温泉,走进上地等街道,开启了一条不同于其他物业公司发展的"逆袭

进行消防演练

之路"。

为确保两个村准物业化管理工作高标准、高质量开展,温泉镇党委政府成立了温泉镇村庄准物业化管理工作考核领导小组,由主管领导任组长,确定7个部门、2个村为成员单位,对物业公司进行考核检查,要求发现问题立行立改,考核结果与镇级管护资金相挂钩,确保监督考核真正发挥作用,有效提升服务水平。

2020年,温泉镇镇域范围内31个小区均已实施并有序推进垃圾分类工作;针对综合整治后留下的生活服务空白,温泉镇积极为创客社区引进"便民菜车",在凯盛家园、颐阳一区等社区设置"多点"服务站;为向地区居民提供更加精准、有效的服务,引入全国首家"京东服务+",专注提供3C、家电、家居三大领域的安装、维修、清洗、保养等服务,打通为民服务的最后一公里;落实海淀区2020年重要民生实事项目,推进辖区便民商业建设,11个社区完成8项便民商业全覆盖,建成1家社区商业e中心;实施农村厕所革命,旱厕提升改造后的26座水厕于2020年全部移交环卫中心进行后期运营管理,确保于2021年年底前完成区域内所有非环卫产权公厕改造工作⋯⋯

如今,当你走进白家疃村,街道干净整洁,绿树掩映着红花,村口道路两侧的墙壁上,"美丽乡村"4个红色金属大字格外醒目。墙壁上的标识和文字会让你对白家疃村名的由来、白家疃村与红楼文化的关系、村民文化生活等有个初步的了解。白家疃苗圃附近的景观休闲园里,孩子们滑滑梯、研究花花草草;大人们则在打乒乓球、利用健身器材锻炼身体。沿着休闲园往山上走,你则会看到巨大的曹雪芹雕像,在水灵榭和废艺斋里,你又能好好追忆曹公在白家疃著书写作的过往……环境越来越美,生活越来越便利,原来的村民们越来越能适应城市的生活。

在这个基础上,温泉镇以新型城市形态为引领,深入推进美丽乡村建设,进一步提出要构建品质、品位、品格"三品融合"的温泉新形态、新面貌。"硬件达标、服务满意,接下来,温泉镇在城市化过程中还要探索的是实现人的城市化,真正让告别'瓦片经济',上了楼的村民们从思想上融入到北京这座伟大的城市里去。这个'课题'任重而道远。"时任温泉镇党委书记方海强说。

扫码观看
精彩视频

篇章十

山清水秀勤耕耘：生态保护利用

温泉镇
城市化
之路纪实

2017年，北京市开展了"优美河湖公众认可度调查"，玉渊潭、温泉镇的东埠头沟公园和东城区的龙潭湖、玉河，西城区的北海，朝阳区的奥林匹克公园龙形水系等20个河湖一起，成为争艳的北京美景。玉渊潭、龙潭湖、北海……这些都是举世皆知的北京地标，"东埠头沟公园"跻身北京生态新地标，必有其过人之处。让我们一同去感受这个新地标的水木清华！

东埠头沟公园位于温泉镇域东北，靠近北清路。公园沿东埠头排洪渠修建，分东西两岸。东岸有苇荡迷津、绿荫长堤、岸芷汀兰、荷塘月色；西岸有映霞夕照、银林枕云、水韵流芳。东埠头沟全长6.1千米，属于南沙河流域，是温泉地区重要的排洪河道之一。沟里水不太多，但长满了绿色芦苇和紫色的花。公园内有2 300米健康步道，并以不同景致主题打造多功能空间，构成连续的长条形生态绿廊，可观鸟、赏花、休闲、健身，成为周边居民与办公人员生活休闲的重要场所。

东埠头沟

山清水秀勤耕耘：生态保护利用

东埠头沟荷花满池

"如果你想远离城市的喧闹人群、车水马龙、高楼大厦，不妨到东埠头沟公园来。这个公园离城近但很幽静，游人很少。这里绿树成荫，可听蝉鸣鸟叫，蛙声此起彼伏，给人以郊野的感觉。治理后的河道及公园透着一份精致，或走路，或骑车，也不必担心安全问题。"有网友如此点评东埠头沟公园。"最美河湖在温泉，风送十里香两岸。碧水清悠雀鸟鸣，移步异景百花艳。"温泉镇居民王惠文这样描绘家乡的山山水水。

苇荡、汀兰、荷塘、长堤、夕照、浮云……怎的一番风流在其间。然而就在7年前，这里却还是另一番景象：沟道干涸，滩地两岸杂草丛生，沟堤之上好不荒凉。改变源自2014年。这一年东埠头沟中段河道综合治理工作全面启动，南起京密引水渠北至北清路，长2.6千米，占地面积约24公顷。东埠头沟公园综合治理工程方案由清华大学环境工程系设计，方案结合周边规划绿地，通过"浅滩、湿地、生态驳岸"的方式，对原有河道进行了治理，完成河道疏挖约56.4万立方米，铺设中水管道约2 000米，建筑河道护坡约975

米，建设滚水坝 3 座，既提高了防洪等级，又改善了水体质量，还维持了生物多样性，同时可满足城市型景观河道的需要，是北京市生态治河示范工程，设计方案获得北京市水务科学技术二等奖。如今的东埠头沟"生态治河、水景相融"，河道景观绿化达到约 10 万平方米，湿地约 7 500 平方米，水清、草绿、鱼儿欢、鸟儿跃，吸引了不少摄影爱好者慕名而来。

一条排洪沟，从默默无闻的荒凉到一跃成为北京生态"新名片"，这背后是温泉镇在城市化道路上的生态努力。

治理前的东埠头沟

治理后的东埠头沟

山清水秀勤耕耘：生态保护利用

河长一起来"巡河"

每天上班后，邱良都要从办公室出来，到东埠头沟、京密引水渠或者其他辖区内沟渠的堤岸上走走。作为温泉镇水务管理服务中心主任和温泉镇河长制工作办公室主任，他的重要任务就是对辖区内的河道进行巡视，"有没有污水流进去，有没有在河道边施工破坏河道的，河道内干不干净通不通畅……"温泉镇辖区共有主河道7条，12条支线，河道总长度25.49千米，水面面积17.76万平方米，岸坡面积46.69万平方米，绿地面积11.73万平方米。"我们温泉镇7条主河道，每条都由一个镇党委成员担任分段河长。镇村两级河长根据各自的职责范围，多次对镇域内各条河道进行巡查。"邱良主任说，"一般发现问题，都会上报到镇河长制工作办公室进行处理。如果处理不了，我会向主管副镇长汇报，再配合分段河长，沟通协调相关部门进行处理。"

治理后的杨家庄排洪沟

清理团结渠支渠

2015年,海淀区开始在全市率先试点河长制。2017年,北京市出台《北京市进一步全面推进河长制工作方案》,全面建立市、区、乡镇(街道)、村四级河长体系。

河长们巡查在河湖一线,通过"北京河长"App记录巡河轨迹、距离、时间等信息,及时上报巡河时发现的问题并及时处理。巡河时,河长们要全面落实三查(严查污水直排入河、垃圾乱堆乱倒、涉河湖违法建设)、三清(清河岸、清河面、清河底)、三治(水污染治理、水环境治理、水生态治理)和三管(严格水资源、河湖岸线管理、执法监督管理)责任,让辖区河湖实现水清、岸绿、安全、宜人。

2018年,海淀区水务局对"河长制"进行全面升级,修订出台了《海淀区全面推进河长制工作方案》,2020年8月,海淀区制定了《"水清岸绿"行动计划(2020-2025年)》,以水生态治理为主线,按照"分区规划,突出重点,滨水走廊,蓝绿交融"的"十六字方针"思路进行建设,立足解决"水不清""岸不绿""水不流"和"水不足"4个方面的问题。

早在海淀区实行河长制之前,温泉镇就已经在辖区内开展供水保障、污水治理、中水利用、河道管理、雨洪利用等专项工作。2015年,温泉、杨家庄、西河滩排洪沟治理工程基本完成,镇水务站协助完成南沙河流域截污治污一期工程;加强污水处理运行管理,全年累计处理污水120万余吨、污泥189吨。

2017年,温泉镇制定了《温泉镇全面推进河长制工作方案》,成立河长制办公室。镇党委书记、镇长为镇级总河长;镇班子成员为镇级河长;主管水务工作的副镇长担任镇级执行河长;各村党支部书记、村委会主任为村级河长,河长制办公室成员单位包括 10 个相关科室以及各村委会。

《温泉镇全面推进河长制工作方案》中指出,河长制工作办公室承担河长制的日常工作,依据本级及上级河长的决策部署,牵头制订年度工作任务计划,落实责任主体,按照年度财政预算编制工作时间安排,落实养护保洁、执法监管、综合整治资金的年度需求并编制项目预算上报区财政局,组织相关成员单位开展监督、检查、考核、评比、奖励、培训等工作。

2017 年,"河长制"刚开始实行时,有明确的岗位职责和责权划分,但是,"怎么做""做什么",每位新晋"河长"心里可能都犯嘀咕。"摸着石头干起来"。首先,从河道治理入手。2017 年,温泉镇各级河长就对全镇河道排污情况进行全面的摸底调查,找出原因和问题症结,编制了截污治污工作台账。对渗滤液排放、工业企业、畜禽养殖等重点排放领域和行业进行重点排查。当年,温泉镇水务站对 7 条主河道进行清理,累计清理河道垃圾 1 227 立方米,打捞漂浮物 356 立方米,除草 314 500 平方米,绿化面积 10 800 平方米,有效地改善了镇域内河道环境,维护了镇域居民的生活环境。

2017 年,温泉镇水务站还启动团结渠支渠生态治理工程,河道清淤、河道护底及植生砌块安装……该工程总投资 1 163.93 万元,是《海淀区水系生态治理工作方案(2016—2020 年)——"水清岸绿"行动计划》的重要组成部分。原来的团结渠支渠河道内杂草丛生,因长期排污,河道内流淌着又脏又臭的污水,底泥污染严重,给温泉地区的发展带来了一定的不利影响。新的团结渠支渠定位为生态、防洪排水及风景并重的河道,利用生态资源优势建设绿色休憩空间,营造滨水游憩空间,实现水草丰美、绿树如茵。

不过,河道治污更难的一关,在民众。生活污水直排入河的问题通过接驳市政管网等方式可以解决,但是,温泉地区相对落后的基础设施建设也给温泉镇政府的"治污"工作带来了一定的难度。利用现有管网、联系相关部门铺设新的管网,成为河长制工作办公室的重要工作。

治理后的温泉沟环保园段

温泉村内的污水流经管道，并通过村域内老年医院提升泵站排入市政管线，但因村内污水量较大，提升泵站提升能力略显不足，导致泵站堵塞无法正常运行，造成污水经溢流口直排入温泉沟。2019 年，海淀区水务局拨付专项资金，温泉镇水务站具体实施，铺设 300 米污水管线，将温泉村内的污水引入管线进行排放。同时，镇水务站还对河道两岸铺设护坡，恢复了河道整洁干净的环境。

为解决温泉路南侧颐阳山水居西区至温泉三角地的雨污合流问题，2021 年上半年，温泉镇水务管理服务中心实施了立新幼儿园温泉园至温泉三角地临时替代污水管线工程，解决了温泉路西侧 4 000 人左右产生的雨污合流问题。这不仅改善了周边居民的生产生活条件，也完善了温泉镇的基础设施和公共服务设施，提升了辖区内的综合环境水平。

回顾担任温泉镇河长制工作办公室主任的这 4 年来的工作，邱良主任说："原来的河道工作由水务局主导，镇级层面每个部门管辖自己部门范围内的职责。比如综治办管环境，执法管一些河道破坏……没有一个牵头部门去整体协调。实行河长制后，工作方式发生了巨大的变化。河道问题的第一责任人是地方党委政府，地方政府一把手担任总河长，统筹的力量大大加强。原来是单一部门的管理，而现在由河长制工作办公室统一上报、沟通和协调，部门联动的能力大大增强。"

除了巡河发现问题之外，每年6月至8月北京雨季来临的时候，河长制工作办公室和相关部门就要度过一段为期上百天的"看天吃饭"的日子。2021年6月的第一天，温泉镇党委书记刘件主持了温泉镇防汛工作会议，并部署《温泉镇2021年防汛工作方案》和《温泉镇防汛应急预案》。为应对即将到来的汛期，温泉镇组建了9支防汛队，实行24小时领导

立新幼儿园温泉园至温泉三角地
临时替代污水管线工程

在岗带班、值班制度，确保通信畅通，全程跟踪雨情、水情、工情、险情、灾情。

邱良主任说："我们干水务的，每年汛期都是紧绷神经的。下大雨对我们来说非常正常，我们早已习惯24小时待命，随时出发去抢险。"他至今难忘2020年8月12日的那场大雨的考验。

温泉镇防汛办公室也设置在镇水务站，邱良同样担任防汛办主任。11日，防汛办已经做好应对此次强降雨的准备工作：检查所有防汛车辆、水泵等设备，并进行调试，保证所有设备满油满电，保证能在抢险过程中正常运行。备齐救生衣、沙袋等物资，一旦出现险情，立即投入使用。

8月12日周三，"桑拿天"里水汽搅动着空气中的尘埃，连天都变得灰蒙蒙的。燕子在低空徘徊了好几日，鸣蝉也知了了几天，慢慢显得有气无力了。

黑云压境，@气象北京连续发布暴雨预警，警报、警报、警报！温泉镇抢险队集结

党员志愿者清理河道周边垃圾

完毕,按要求到达各自的值守点位,针对上次降雨出现的易积水点位,易倒伏树木,以及雨水口进行了再次排查和清理,为迎接强降雨做好各方面准备。温泉镇相关领导也再次对辖区内的危房、低洼易内涝地段、建筑工地等汛期重点点位进行了全面排查。

通过温泉镇政府公众号"泉镇通"和各村、社区的电子显示屏等方式第一时间告知村民们大雨将至,调动各部门应急力量上岗,是蓝色预警的第一要务。各单位各部门全员上岗,比如温泉镇自己的抢险队伍,早已部署的北京市排水集团进驻温泉地区的抢险队伍,还有民政科、居民科、宣传科,包括规划科等。

一项项工作按照不同的危急程度,有条不紊地启动。主汛期期间,各级河长都有任务,包村、包片、包社区。险情出现,责任人第一时间到现场,24小时随时待命。8月12日上午10点,温泉镇抢险力量已全部到岗到位,包括抢险人员142名,车辆15台,动力泵5台,全部处于备勤值守状态。全镇5个重点积水点位,每点位已安排8名人员专职盯守,并做好提前开启雨篦子,设置安全提示警示牌等措施。

一道闪电划破长空,一记闷雷响彻京城,中午12点,一场瓢泼大雨如期而至。抢险队员们立即进入工作状态,对出现积水的路段设置提示牌,并打开雨水口井盖进行排水作业,安排专人对井口位置进行值守,避免过往行人发生危险。下午3点,防汛办又马不停蹄对镇域内河道进行巡查,确保河道水位安全,行洪通畅。"一般清理河道用人工,实在不行用挖掘机,从岸两侧入手处理垃圾。我们每次大雨后都及时清理河道,这几年基本没有大型东西挡河道的情况发生。"邱良主任说。

山清水秀勤耕耘：生态保护利用

降雨前设置警示牌

开展河道清淤

降雨前的抢险准备

晚上 10 点 25 分，北京气象发布暴雨橙色预警，温泉镇抢险队员的对讲机里声音此起彼伏：

"太舟坞三角地有积水，已经有车辆熄火无法通行。"

"现场队员抓紧进行疏导，对路口进行管控，暂时不要让其他车辆通过，留两个人帮忙把车推出来！"

"颐阳东区点位有积水，请求支援！"

"其他点位是否正常，有没有需要帮助的？"

邱良主任告诉我们："一般道路积水超过 30 公分以上，我们就会提前封路，引导车辆绕行。有时候遇到车辆被淹，我们还要救人。"

当晚，温泉镇党委成员冒着大雨，趟着及膝深的积水到各个点位进行现场指导和调度，指挥安排各部门抢险队员有序进行排水、疏导交通等工作，到低洼地带了解居民家中情况。

"当晚你们是几点回家的?"我们问。

"回家?那天凌晨3点我们回到水务站,早上继续去巡查。"那次大雨,邱良主任和抢险队的队员们三天三夜没有回家。他说:"这对我们来说都是家常便饭。我们干水务的,对天气都特别敏感,时刻关注气象预报,也会自己看云图,以便提前做好各种防汛准备。"

发现问题就要及时解决问题,由于温泉沟(水江子段)河道宽度仅为3米宽,行洪断面狭窄,过流能力不足,造成汛期洪水出槽。每年汛期,温泉村下辖的自然村——水江子村都有多户人家及出行公路被淹,严重威胁两岸居民生命财产安全。

2018年,温泉水务站对温泉沟主沟(水江子段)及南、北支沟进行了治理。河道治理全长1 827米,护底长1 738米,护坡长309米,改建跌水1座,改建涵洞2座。温泉沟局部狭窄段新开挖临时分洪河道188米,与扩挖后的支渠相连,提高了温泉沟整体过流能力,缓解了水江子村住户连年被淹及公路出行问题。

温泉镇共有镇级河长11个,总河长(党委书记和镇长)每月巡河至少1次,村级河长每周巡河至少1次。温泉镇水务管理服务中心还配有河道专职巡查员,每天定时巡查河道环境卫生,并有专业保洁队伍保洁河道。

"东埠头沟公园"和温泉辖区内各个沟渠环境的蜕变,是无数温泉人用责任担当和汗水浇铸起来的,他们努力着营造温泉镇"水清、岸绿、河畅、景美"的生态环境。

温泉沟治理前,每到汛期,居民出行都会受影响

连好"绿水青山"和"金山银山"两座"山"

温泉镇位于上风上水的海淀区北部新区,镇域总面积 33.19 平方千米,2014 年有林地面积 17 215.95 亩,森林覆盖率 42.64%,林木绿化率 44.87%,人均绿地面积 15 平方米。西南是连绵起伏的大西山山脉,东北是以颐阳路、温阳路等道路和京密引水渠为骨架,森林为主体,花园式单位、村庄为点缀的绿色平原。温泉镇党委政府非常重视生态环境建设与绿化美化工作,多年来,政府加大对环境保护和绿化美化建设的资金投入,绿化美化工作取得了显著的成绩,先后获得"首都绿化美化先进单位""首都绿化美化园林小城镇""北京市环境优美乡镇""全国绿化模范单位""全国绿化环境优美乡镇""中国十佳绿色乡镇"等荣誉称号。

2015 年,温泉镇落实海淀区生态文明建设发展规划纲要,统筹推进"山水林田湖"生态环境系统治理。落实生态林和农田保护补偿标准,提升管护水平。经过多年耕耘,2016 年,温泉镇完成"大西山彩化工程"610 余亩,提升了整体景观环境质量和景区功能。持续推进增彩延绿和管绿护绿,当年完成 590 亩平原造林任务,全镇森林覆盖率达 42.64%。

在林区科学规划方面,温泉镇实行山区重点开展爆破造林、彩叶工程等建设,提高绿化覆盖率,丰富植物品种。春夏茫茫林海、金秋漫山红叶,不是香山胜似香山,吸引众多游客来此游山赏景。平原主要实施农业结构调整和第二道绿化隔离地区建设,重点建设生

温泉公园

态林、景观林和经济林，形成了以颐阳路、温阳路等景观道路为骨架，杨柳速生林为绿色版块，色彩浓重、气势浑厚的高标准生态林体系，提供了居民享受环境的健康之地。

在城市化进程的前几年，温泉镇以建设一个镇级公园和村村有公园为目标，积极开展村镇公园建设。投资 2 300 万元建设镇级公园——温泉公园，公园总占地面积 160 亩，以旱河、茅屋等园林小品为特色、集观赏性和休闲性于一体。2020 年，温泉公园三期建设启动，建成后，海淀北部新区将再添一座大氧吧。

截止到 2013 年，温泉镇共投资 1 700 万元建设了白家疃村文化休闲园等村级公园 7 个，面积 320 亩，使当时有公园的村庄占全镇村庄数的 100%。当时，温泉镇结合村庄环境整治，以环村林带绿化、街道绿化、村民庭院绿化等为重点，实现了"村庄周围森林化、村内道路林荫化、村民庭院花园化"的目标。东埠头村、白家疃村、高里掌村、温泉村、辛庄村、杨家庄村荣获"首都绿色村庄"荣誉称号。白家疃村被评为"全国绿色小康

山清水秀勤耕耘：生态保护利用

白家疃公园

村"。2019年，成立温泉镇公园管理机构，安排管理人员、固定办公场所和工作经费，温泉镇将公园的环境卫生、安全保卫、植物管护和游园秩序等全面管理工作落实到实处。

2021年，温泉镇拥有生态林面积9 219.70亩，其中集体8 126.38亩、国有1 093.32亩，一级林地143.12亩、二级林地1 997.82亩、三级林地4 401.16亩、四级林地2 184.02亩、五级林地493.58亩。目前，温泉镇由镇农林中心负责林地管护、林木病虫害防治、护林防火等工作。8家园林绿化养护单位拥有养护人员315名，山区护林员41名。

2018—2020年温泉镇农林中心在森林防火上的努力

一、研判防火形势、加强应急部署

每年进入防火期后，镇农林中心会召开森林防火会，与镇域内25家有林单位签订年度防火责任书150份，签订烟花爆竹责任书42份，与基层护林员签订责任书450份，严格落实森林防火责任制。

为做好应急准备工作，镇农林中心每年对防火检查站、防火瞭望塔进行维修，并开展防火公路周边清理及修建挡土墙工程，修建毛石（浆砌）挡土墙1 500余米。补充物资：风力灭火机20个、灭火弹4 000发、手锯160把、树枝剪160把、护林防火马甲300件以及应急包、应急照明、测距仪、望远镜等相关物资，力争森林火情早发现、早处置、早扑灭。

组织沿山3个村开展防火隔离带割荒工作，对隔离带林区道路、旅游观光道两侧进行集中清理，共投入人员150余人次，清运车辆200余车次，清理树枝杂物200余吨。对防火路周边开展隔离带打割工作，割荒30 000余米，清理林下可燃物约1 000吨。

二、开展防火检查、消除火灾隐患

组织开展"安全大检查、隐患大排除、问题大整改"行动，部署火源管控工作，消除野外火源。3年来共开展森林防火检查80余次，出动人员300余人次，发现火灾隐患并整改20条。对护林员开展集中培训6次，增强护林员扑火技能水平，提高应集处置能力。

在温泉北坡制高点新建监控铁塔1座，安装防火感应高倍监控摄像头2个，防火路监控布线1 150米，对重要点位监控摄像头进行维修定位，提高辖区森林防火监控水平。

三、加大宣传教育、营造防火氛围

为切实做好温泉镇森林防火宣传教育工作，进一步提高广大群众防火安全意识，温泉镇农林中心每年在11月9日集中开展森林防火宣传日活动，共悬挂横幅 100 余条，摆放宣传展板 50 块，同时搭建烟感逃生体验通道，普及森林消防法律法规，提高辖区群众火灾自救能力。

清明节期间，镇农林中心在防火检查站、散坟区域等重要点位共悬挂横幅 92 条，布置电子显示屏 7 块、防火语音提示杆 12 个，全天播放、播报护林防火宣传内容，倡导游客文明祭扫，禁止防火区内吸烟、烧纸等危险行为。其间，镇农林中心还配备 20 个手持金属探测仪，布置在各防火检查站、进山路口，严防火种进山。

王洪臣曾是温泉镇的一名护林员，对温泉镇的绿地树木倾注了多年的心血。1998 年，已是不惑之年的王洪臣进入杨家庄林业队，开始植树造林，保住绿水青山，这一干就是 20 年。

林业队的工作分季节，"冬季护林防火，掉了的树枝树叶都得清理。到了春季呢，开

南山彩叶

始要返青了,该浇水施肥打药了。夏季草起来了,拔草、修剪,完了还有排洪、排涝。秋天有秋检,树得涂白,涂白后消毒、美化,树根给它填点土,省得冬天西北风把树刮倒,有的还得做支撑、搭架子。绿篱有怕冷的,还得做防寒,得给它盖上,盖到来年再打开。这一年到头也没得闲。"说起护林工作,王洪臣滔滔不绝。

王洪臣1998年刚进林业队时,北京林业的主要目的还是为了应对当年秋冬两季的风沙。作为防沙治沙的第三道防线,王洪臣和他的前辈们在荒地上都种上了杨树——这个工作基本在1998年前后就完成了,此后的工作任务基本是护林。当年选择杨树的理由很简单,杨树长得快。但是,没想到,杨树每年的飘絮后来成为北京城的一大"顽疾",因此,这些年里,每年都会有"淘换"树种的任务,每年都有四五十亩的任务。

古树名木被誉为活的文物。保护古树名木,对于增强镇域文化底蕴,保护古都历史文化遗产和古都风貌具有深远的意义。据温泉镇农林中心统计,截止2019年年底,温泉地区共有古树514株,一级4株,二级510株,分布在9家单位管护。农林中心对古树进行了GPS定位和登记编号,建立电子档案,使每株古树都有了"户口",也形成了温泉镇古树名木的养护台账。每月巡查两次,了解其生长状况,采取保护、复壮等措施,使其健康生长。

伴随着这些年人们对生活品质追求的提高,林业部门提出要"三季有花,四季常绿"。随着业务范围的扩大,杨家庄林业队的业务也开始向园艺过渡。"现在主要种植国槐。观赏性的花木中,现在小区里基本种植碧桃、木槿、丁香。这些植物既能开花又能结果,是很不错的景观植物。"近几年来,温泉镇三个靠山的村子也想就着山林资源,做做"山下经济"的文章。王洪臣说:"村里想种点木耳、香椿、花椒什么的。比如花椒能防治病虫害,花椒叶能吃,花椒能卖,杆还能当拐棍使,是经济植物。经济植物对土壤环境的要求相对较高,这几年村里也一直在进行尝试。"

前些年,王洪臣从护林员的岗位上退休了,但还有许许多多像他一样的护林员奋战在温泉镇生态保护的第一线。

从种植防护林，到向园艺过渡，再到向"山下经济"发展，折射出的是温泉镇从环境治理向环境美化，从环境美化再向环境经济转变的发展变迁。

大西山彩化工程

采摘园里樱桃红

白家疃村果园公园化

温泉村樱桃园

每年五六月份,正是樱桃成熟之际,一大批亲近自然的市民就会驱车来到温泉镇的各个樱桃园采摘。能摘多少是次要的,回归自然、返璞归真、修养身心成为人们的时尚追求。观光采摘旅游将园林、旅游、果园生产采摘有机结合在一起,是经济效益、生态效益和社会效益相结合的综合产物。

2016年,"温泉樱桃"的品牌形象逐步树立,年产值达400余万元,温泉南山高端旅游区也加快建设的步伐。当年,为了进一步提升采摘体验,温泉镇提出要将果园公园化。果园公园化就是将传统的公园设计元素与果树有机地结合起来，突出果树特有的自然生态、养生、文化及农业生产价值等功能。发掘果园生产、生活和生态价值，拓展水果经营理念的外延。提升果园的园林美化景观效果，使果园成为人们休闲、品果、陶冶情操和开展文化活动的理想处所。

2021年5月，温泉镇杨家庄村观光采摘园、温泉村观光采摘园、白家疃村采摘园和白家疃村散户果农经营的樱桃采摘园就开始开门迎客了，总面积近1 150亩，预计有10万余斤成熟樱桃可供采摘。白家疃村采摘园是海淀区较早成立的观光采摘园之一，紧靠温泉南山，毗邻万木阁、牡丹园等景点，是温泉镇观光采摘农业的先行者。白家疃村村民个人经营的樱桃采摘园，则由于各园之间互相隔断，导致特色不明显，管理杂乱。温泉镇通过果园公园化一期及二期工程，在白家疃村西河滩地区和簸箕水地区对个人果园进行了统一改造，打破园子之间的界限，疏导交通系统，增加园路连通各个园子。2016年3月，白家疃果园公园化一期工程动工，5月上旬施工完成。在改造一新的果园大门口设立醒目的卡通标志，园内建设4个生态停车场、3个观景台和总长860米的艺术围栏；园区种植池绿化、道路两侧绿化、小景观绿化1 109平方米。同时，采摘区房屋也被重新刷漆，各采摘园围栏、大门统一规格，果农们承包的樱桃园被公园环抱，与南山景观融为一体。

温泉镇果园公园化建设工程二期项目实施成果

2017年3月，温泉镇果园公园化建设工程二期项目实施。修建白家疃村内果园围栏719.84米，新增绿地外木栅栏277.38米，新增绿地挡墙143.54米；新增入口广场、特色大门和展示休闲廊架；补充服务设施，其中垃圾箱16个、移动厕所3个、减速带5条、标识牌9个；清理村庄垃圾及杂物

> 16 000立方米，扩宽道路至6米，新增道路面积1 823.59平方米，道路彩化长为1 177.88米，宽为6米；移伐树木100株，增加绿地及补植补种，绿化补植面积共6 578.5平方米。

白家疃村集体采摘园负责人高胜利介绍说，村集体采摘园分东西两个园区，西园170多亩地，东园40多亩地，种植着樱桃、杏、苹果、梨等多个品种。除此之外，白家疃村浅山地带的个体采摘园也颇具特色。

白家疃村还建有一座高科技、节能温室大棚，可保持四季如春，形成苗木研发、种植等综合性科普教育基地，成为观光采摘农业的新亮点。

除了果园公园化，温泉镇还全力打造精品果园。杨家庄村观光采摘园总面积200多亩，分为3个主题区域：科普乐园广场种植池内栽植新优品种蔬菜，供游人采摘；对20世纪70年代的防空洞进行维护和重新装饰，建设成为酒窖；充分利用园内原有地势，在低洼处建造湖区水体景观，在原有独立山体上建造木屋及观景平台。

杨家庄村坐落在温泉镇东部。从村里极目远眺，燕山山脉连绵起伏，余脉不绝。山顶有隐隐的云

白家疃樱桃园

雾，山腰绿意葱茏，山脚坡地却因灌溉不便，不适宜种植作物。任由地表裸露，极容易水土流失，20世纪五六十年代，这里建起了果园。2004年，老果园成为北京市观光采摘定点果园。此前，村委会决定引进新品种樱桃树——樱桃价格高，更适合进行观光采摘。丁昆生就是当时杨家庄果林站站长。

尽管有之前管理果树的经验，但培育樱桃树并没有想象中那么简单。樱桃果实小，更娇贵，樱桃树对水土条件要求严苛，在其他地区试验成功的品种，种到杨家庄，果子口感不一定好，这就需要丁昆生一点点试验。第一批樱桃树培育5年才挂果，尽管品种对了，但是这个过程过于漫长。丁昆生就带采摘园的员工到处学习。在新技术的支持下，后边种植的樱桃树3年就可以结果，口感并不受影响。果园不用化肥，都施有机肥，最开始用鹿粪，之后用羊粪、牛粪，为果树生长助力。果树落花挂果之后，就不再施用任何果树用药，保证樱桃的天然口感。

采摘园在进山公路左侧，来到采摘园，才发现很多果树就种在了人工湖的层层边沿上，使得坡地看上去更加错落，不结冰的时候，湖里就会放满水，绿水青山，果林飞鸟，分外吸引人。到了采摘时节，每天都会有两三百人来这里度假、采摘樱桃，采摘园热闹非凡，活力满满。

杨家庄采摘园的樱桃还得过很多奖，园内的红灯樱桃曾在"海淀区第十一届樱桃节"评选活动中取得了3个奖项均第一的好成绩。2021年，在北京市休闲农业"十百千万"畅游行动推介会暨海淀区二十一届樱桃文化节中，杨家庄村的樱桃荣获北京市二等奖、海淀区一等奖。

2019年年底，在镇农林中心的帮助下，杨家庄采摘园引进"齐早""鲁樱4号""农科院8-5""农科院4-11"4个新品种果树苗，今年将为消费者带来更多口感的樱桃。前几年，丁昆生从果林站退休，但他也没闲着，又被返聘，继续在果园里忙活着。如今，杨家庄村观光采摘园的负责人是李瑞华，他说："为了让更多人足不出户就能品尝我们杨家庄的樱桃，今年，观光采摘园将与京东生鲜物流深度合作，客户下单后由工作人员进行采

温泉镇城市化之路纪实

施工中的杨家庄樱桃采摘园

改造后的杨家庄樱桃采摘园

摘，保证樱桃果离树后立即装箱打包发出，保证鲜果的质量。"

除了果园、林地外，温泉镇在现代都市农业方面也在进行积极探索。2018年，温泉镇农林中心在太舟坞村开展花生等种植业产业化发展新建项目，平整土地64 452平方米，混凝土护坡

太舟坞首届农业丰收节

6 496平方米，使用有机肥料3 540余千克，共种植花生23 488平方米、白薯32 238平方米，并安装994米铁艺围栏，通过改善现土壤质量、农业机具等耕种条件，为农田种植产品提供优良种植环境。

太舟坞都市菜园地处上庄路和画眉山路交汇处西北角，这里各种作物郁郁葱葱，生机盎然，2014年被北京观光休闲农业行业协会评为北京市休闲农业星级园区。2020年9月18日，温泉镇首届"农业丰收节"在太舟坞村隆重开幕，太舟坞都市菜园45斤重的角瓜王，刚从土地里刨出来的红薯、花生，嫩的能掐出水的鸡毛菜、小白菜、苤蓝、萝卜……近300名来自周边社区的居民现场品尝了都市菜园的新鲜绿色无公害农产品。太舟坞都市菜园不仅提供绿色无公害农作物，还有可认养的菜地。"共有200多块认养菜地，每块大约40平方米。我们免费提供30多个品类的蔬果菜籽，一块菜地最多可种植20种农作物。家长可以带着孩子走进大自然，认识植物，还能体会劳动的快乐。"太舟坞都市菜园负责人王金柱说。2020年春节期间，为了应对春节假期以及新冠肺炎对市场的影响，太舟坞村股份经济合作社充分发挥集体经济组织的作用，将村集体管理的都市菜园种植的蔬菜、草莓以低价或平价的方式提供给温泉镇的居民，及时地保证了市场供给，抑制了蔬果价格，解决了居民们的燃眉之急。

在新型城市化、经济快速发展的实践中，如何保护好生态环境是一道重要的"必答

题",而不是一道可有可无的"附加题"。环境是我们生存发展的根本,只有"留得青山在",才能"不怕没柴烧"。生态环境没有替代品,用之不觉,失之难存。时任温泉镇党委书记方海强说:"环境就是民生,青山就是美丽,蓝天也是幸福,良好生态环境是最公平的公共产品、最普惠的民生福祉。在经济高质量发展的进程中,生态环境质量是关键。我们要牢固树立'绿水青山就是金山银山'的绿色发展理念,把生态环境保护放在更加突出位置,像保护眼睛一样保护生态环境,像对待生命一样对待生态环境,在生态环境保护上一定要算大账、算长远账、算整体账、算综合账,不能因小失大、顾此失彼、寅吃卯粮、急功近利。要把不损害生态环境作为发展的底线,努力建设天蓝地绿水清的美好家园,成为每个温泉人的思想自觉和行动自觉。"